HSK 인강 · 할인 이벤트

맛있는 스쿨 HSK 단과 강좌 할인 쿠폰

할인 코드 **hsk_halfcoupon**

HSK 단과 강좌 할인 쿠폰
50% 할인

할인 쿠폰 사용 안내
1. 맛있는스쿨(cyberjrc.com)에 접속하여 [회원가입] 후 로그인을 합니다.
2. 메뉴中[쿠폰] → 하단[쿠폰 등록하기]에 쿠폰번호 입력 → [등록]을 클릭하면 쿠폰이 등록됩니다.
3. [HSK 단과 강좌] 수강 신청 후, [온라인 쿠폰 적용하기]를 클릭하여 등록된 쿠폰을 사용하세요.
4. 결제 후, [나의 강의실]에서 수강합니다.

쿠폰 사용 시 유의 사항
1. 본 쿠폰은 맛있는스쿨 HSK 단과 강좌 결제 시에만 사용이 가능합니다. 파트별 구매는 불가합니다.
2. 본 쿠폰은 타 쿠폰과 중복 할인이 되지 않습니다.
3. 교재 환불 시 쿠폰 사용이 불가합니다.
4. 쿠폰 발급 후 10일 내로 사용이 가능합니다.
*쿠폰 사용 문의 : 카카오톡 플친 @맛있는중국어jrc

전화 화상 · 할인 이벤트

맛있는 톡 할인 쿠폰

할인 코드 **jrcphone2qsj**

전화&화상 외국어 할인 쿠폰
10,000원

할인 쿠폰 사용 안내
1. 맛있는톡 전화&화상 중국어(phonejrc.com), 영어(eng.phonejrc.com)에 접속하여 [회원가입] 후 로그인을 합니다.
2. 메뉴中[쿠폰] → 하단[쿠폰 등록하기]에 쿠폰번호 입력 → [등록]을 클릭하면 쿠폰이 등록됩니다.
3. 전화&화상 외국어 수강 신청 시 [온라인 쿠폰 적용하기]를 클릭하여 등록된 쿠폰을 사용하세요.

쿠폰 사용 시 유의 사항
1. 본 쿠폰은 전화&화상 외국어 결제 시에만 사용이 가능합니다.
2. 본 쿠폰은 타 쿠폰과 중복 할인이 되지 않습니다.
3. 교재 환불 시 쿠폰 사용이 불가합니다.
4. 쿠폰 발급 후 60일 내로 사용이 가능합니다.
*쿠폰 사용 문의 : 카카오톡 플친 @맛있는중국어jrc

맛있는 중국어

HSK 6급

JRC 중국어연구소 기획·저

1000제

맛있는 books

맛있는 중국어 HSK 6 1000제

초판 1쇄 발행	2018년 11월 30일
초판 5쇄 발행	2022년 2월 10일

기획·저	JRC 중국어연구소
발행인	김효정
발행처	맛있는books
등록번호	제2006-000273호
편집	최정임
디자인	이솔잎
제작	박선희
영업	강민호
마케팅	장주연

주소	서울 서초구 명달로 54 JRC빌딩 7층
전화	구입문의 02·567·3861 ┃ 02·567·3837
	내용문의 02·567·3860
팩스	02·567·2471
홈페이지	www.booksJRC.com

ISBN	979-11-6148-022-0 14720
	979-11-6148-018-3 (세트)
정가	18,900원

Copyright ⓒ 2018 맛있는books

머리말

HSK를 준비하는 학습자들이 시간을 제대로 안배하지 못해 시험 문제를 풀지 못하거나, 최신 출제 경향을 파악하지 못해 합격하지 못하는 경우가 있습니다. 이런 학습자들을 위해 실전처럼 충분히 연습해 볼 수 있는 적중률 높은 문제를 수록한 『**맛있는 중국어 HSK 1000제**』를 기획하게 되었습니다.

『**맛있는 중국어 HSK 1000제**』는 HSK를 준비하는 학습자들이 좀 더 효율적으로 시험을 준비할 수 있도록 구성했습니다.

1. 최신 경향을 반영한 모의고사 10회분을 수록했습니다. 1000여 개의 문제를 풀다 보면, 자연스레 문제 유형을 익힐 수 있고 실전 연습을 충분히 할 수 있습니다.

2. 상세하고 친절한 해설집(PDF 파일)을 무료로 제공합니다. 해설집에는 단어, 해석, 공략이 상세하게 제시되어 있어 틀린 문제는 왜 틀렸는지 이해하기 쉽습니다.

3. 듣기 영역에 취약한 학습자를 위해 실제 시험과 동일한 실전용 MP3 파일과 복습할 때 유용한 문제별 MP3 파일을 제공합니다. MP3 파일은 맛있는북스 홈페이지(www.booksJRC.com)에서 무료로 다운로드 할 수 있습니다.

『**맛있는 중국어 HSK 1000제**』는 JRC 중국어연구소 HSK 연구위원들이 新HSK 시행 이후 출제된 문제를 다각도로 분석하고 최신 출제 경향을 반영하여 모의고사 10회분을 구성했습니다. 연구위원들이 엄선한 문제로 HSK를 준비하다 보면, 합격에 좀 더 쉽고 빨리 다가갈 수 있을 것입니다.

HSK에 도전하는 여러분이 HSK 합격은 물론, 고득점까지 취득할 수 있도록 『**맛있는 중국어 HSK 1000제**』가 든든한 버팀목이 되어 줄 것입니다. 이제, HSK에 당당히 도전해 보세요!

JRC 중국어연구소

차례

이 책의
특징

『**맛있는** 중국어 **HSK 1000**제』
합격을 향한 막판 뒤집기!

1. 최신 경향을 반영한 적중률 높은 실전 모의고사 10회분 수록

실제 HSK 문제와 동일하게 구성한 **최신 모의고사 10회분**을 수록했습니다. 최신 경향을 반영한 문제로 **문제 유형, 시간 분배, 공략 스킬** 등 HSK **합격**을 위한 **A부터 Z까지** 문제를 풀면서 충분히 연습해 보세요.

2. 합격은 기본, 고득점까지 한 권으로 완벽 대비

문제를 풀면서 시험에 대한 부담감은 줄이고 부족한 실력은 높이세요. 1회부터 10회까지 문제를 풀고 틀린 문제는 해설집을 참고하여 여러 번 복습하다 보면, **합격**뿐만 아니라 **고득점**까지 **달성**할 수 있습니다.

모의고사 1~2회
문제 유형 파악

모의고사 3~9회
실전 트레이닝

모의고사 10회
고득점을 위한 마무리

3. 상세하고 친절한 해설집 PDF 파일 무료 제공

문제를 제대로 이해하고 학습할 수 있도록 1000여 개의 문제에 대한 단어, 해석, 공략
이 모두 담겨 있는 **해설집 PDF 파일**을 **무료**로 **제공**합니다. 지금 바로 **맛있는북스 홈
페이지(www.booksJRC.com)**에서 다운로드 하세요.

4. 학습 효과를 높이는 듣기 음원 파일 제공

실제 시험과 동일한 형식과 속도로 녹음한 **실전용 MP3 파일**과 복습할 때 필요한 문
제만 골라 들을 수 있는 **문제별 MP3 파일**을 제공합니다. 모의고사를 풀 때는 실전용
MP3 파일로, 복습할 때는 문제별 MP3 파일로 편리하게 학습하세요. 또한, 듣기 영역
에 취약한 학습자들은 문제별 MP3 파일
과 녹음 대본을 활용하여 안 들리는 부분
을 집중적으로 트레이닝 할 수 있습니다.

HSK, 이렇게 시작해 보세요!

Step 1.

MP3 파일을 다운로드 해주세요. 도서에 수록된 QR 코드를 찍으면 **실전용 MP3 파일**이 바로 재생됩니다.

(MP3 파일은 맛있는북스 홈페이지(**www.booksJRC.com**)에서 **무료로 다운로드** 할 수 있습니다.)

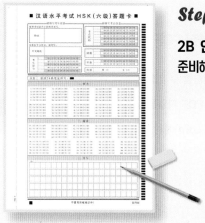

Step 2.

2B 연필과 지우개, 도서 뒤에 있는 **답안카드**를 준비해 주세요.

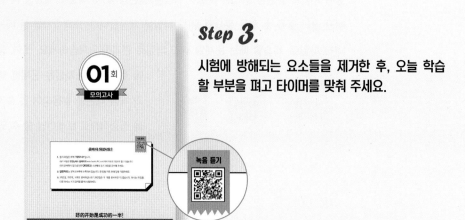

Step 3.

시험에 방해되는 요소들을 제거한 후, 오늘 학습할 부분을 펴고 타이머를 맞춰 주세요.

Step 4.

정해진 시간 안에 실제 시험처럼 문제를 풀고 정답을 맞춰 보세요.

(HSK 6급의 시험 시간은 **독해** 영역 50분, **쓰기** 영역 45분입니다.)

Step 5.

해설집 PDF 파일을 다운로드 한 후, 틀린 문제는 해설집을 보면서 복습해 보세요.

(해설집 PDF 파일은 **맛있는북스 홈페이지**(www.booksJRC.com) 자료실에서 무료로 다운로드 할 수 있습니다.)

Step 6.

듣기 영역을 복습할 때는 **문제별 MP3 파일**에서 편리하게 음원을 찾아 들으세요. 같은 문제를 여러 번 들으면서 듣기 트레이닝을 해보고, 잘 안 들리는 내용은 본 도서에 수록된 **녹음 대본**을 확인하세요. 녹음 대본은 잘라서 편리하게 활용할 수 있습니다.

학습 자료, 이렇게 다운로드 하세요!

듣기 MP3 파일 다운로드

▶바로 다운로드

해설집 PDF 파일 다운로드

▶바로 다운로드

PC에서

맛있는북스 홈페이지 접속
(www.booksJRC.com)

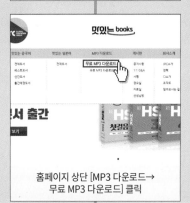

홈페이지 상단 [MP3 다운로드→
무료 MP3 다운로드] 클릭

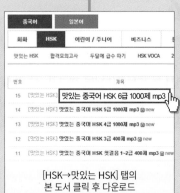

[HSK→맛있는 HSK] 탭의
본 도서 클릭 후 다운로드

PC&모바일에서

맛있는북스 홈페이지 접속
(www.booksJRC.com)

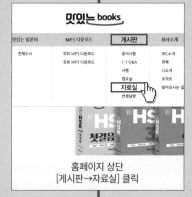

홈페이지 상단
[게시판→자료실] 클릭

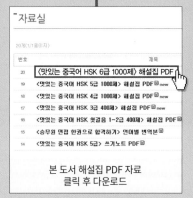

본 도서 해설집 PDF 자료
클릭 후 다운로드

HSK 소개

1. HSK란?

HSK(汉语水平考试 Hànyǔ Shuǐpíng Kǎoshì)는 제1언어가 중국어가 아닌 사람의 중국어 능력을 평가하기 위해 만들어진 중국 정부 유일의 국제 중국어 능력 표준화 고시입니다. 생활, 학습, 업무 등 실생활에서의 중국어 운용 능력을 중점적으로 평가합니다.

2. 시험 구성

HSK는 중국어 듣기·독해·쓰기 능력을 평가하는 **필기 시험**(HSK 1~6급)과 중국어 말하기 능력을 평가하는 **회화 시험**(HSKK 초급·중급·고급)으로 나뉘며, 필기 시험과 회화 시험은 각각 독립적으로 시행됩니다.

HSK	HSK 1급	HSK 2급	HSK 3급	HSK 4급	HSK 5급	HSK 6급
	150 단어 이상	300 단어 이상	600 단어 이상	1200 단어 이상	2500 단어 이상	5000 단어 이상
HSKK	HSKK **초급**		HSKK **중급**		HSKK **고급**	

3. 시험 방식

· PBT(**P**aper-**B**ased **T**est) : 기존 방식의 시험지와 OMR 답안지로 진행하는 시험 방식입니다.
· IBT(**I**nternet-**B**ased **T**est) : 컴퓨터로 진행하는 시험 방식입니다.

4. 원서 접수

1 인터넷 접수 : HSK한국사무국(www.hsk.or.kr) 홈페이지에서 접수

2 우편 접수 : 구비 서류를 동봉하여 HSK한국사무국으로 등기 발송

   ⁺ 구비 서류 : 응시원서, 최근 6개월 이내에 촬영한 반명함판 사진 2장(1장은 응시원서에 부착), 응시비 입금 영수증

3 방문 접수 : 서울공자아카데미로 방문하여 접수

   ⁺ 구비 서류 : 응시원서, 최근 6개월 이내에 촬영한 반명함판 사진 3장, 응시비

5. 시험 당일 준비물

1 수험표

2 유효 신분증

   ⁺ 주민등록증 기발급자 : 주민등록증, 운전면허증, 기간 만료 전의 여권, 주민등록증 발급 신청 확인서
   ⁺ 주민등록증 미발급자 : 기간 만료 전의 여권, 청소년증, 청소년증 발급 신청 확인서, HSK신분확인서(한국 내 소재 초·중·고등학생만 가능)
   ⁺ 군인 : 군장교 신분증(군장교일 경우), 휴가증(현역 사병일 경우)
   주의 학생증, 사원증, 국민건강보험증, 주민등록등본, 공무원증 등은 신분증으로 인정되지 않음

3 2B 연필, 지우개

HSK 6급 소개

HSK 6급에 합격한 응시자는 중국어 정보를 듣거나 읽는 데 있어 쉽게 이해할 수 있으며, 중국어로 구두상이나 서면상으로 자신의 견해를 유창하고 적절하게 전달할 수 있습니다.

1. 응시 대상
HSK 6급은 5000개 또는 5000개 이상의 상용 어휘와 관련 어법 지식을 마스터한 학습자를 대상으로 합니다.

2. 시험 내용

영역		문제 유형	문항 수		시험 시간	점수
듣기(听力)	제1부분	단문을 듣고 일치하는 내용 고르기	15	50	약 35분	100점
	제2부분	인터뷰를 듣고 5개 질문에 답하기	15			
	제3부분	장문을 듣고 3~4개의 질문에 답하기	20			
듣기 영역 답안 작성					5분	
독해(阅读)	제1부분	제시된 4개의 보기 중에서 틀린 문장 고르기	10	50	50분	100점
	제2부분	빈칸에 들어갈 알맞은 어휘 고르기	10			
	제3부분	빈칸에 들어갈 알맞은 문장 고르기	10			
	제4부분	장문을 읽고 4개의 질문에 답하기	20			
쓰기(书写)	작문	1000자 분량의 글을 읽고 400자 분량으로 요약하기	1		45분	100점
합계			101 문항		약 135분	300점

- 응시자 개인 정보 작성 시간(5분)을 포함하여 약 140분간 시험이 진행됩니다.
- 듣기 영역의 답안 작성은 듣기 시간 종료 후, 5분 안에 답안카드에 표시해야 합니다.
- 쓰기 영역의 준비 시간은 10분간 주어지며, 작문 시간은 35분입니다.
- 각 영역별 중간 휴식 시간이 없습니다.

3. HSK 성적표
- HSK 6급 성적표에는 듣기·독해·쓰기 세 영역의 점수와 총점이 기재됩니다. 성적표는 **시험일로부터 45일 이후**에 발송됩니다.
- 각 영역별 **만점은 100점**이며, **총점은 300점 만점**입니다. 영역별 점수에 상관없이 총점 **180점 이상**이면 **합격**입니다.
- HSK PBT 성적은 시험일로부터 1개월, IBT 성적은 시험일로부터 2주 후 중국고시센터(www.chinesetest.cn) 홈페이지에서 조회할 수 있습니다.
- HSK 성적은 시험일로부터 **2년간** 유효합니다.

HSK 6급 유형 소개

+듣기 (총 50문항, 약 35분)

제1부분(총 15문항)

● **녹음과 일치하는 답을 고르세요.**

단문을 듣고 보기 ABCD 중에서 일치하는 보기를 고르는 문제로, 녹음 내용은 한 번만 들려 줍니다.

제2부분(총 15문항)

● **알맞은 답을 고르세요.**

인터뷰 내용을 듣고 내용과 관련된 5개의 질문에 대한 정답을 고르는 문제로, 녹음 내용은 한 번만 들려 줍니다.

제3부분(총 20문항)

● **알맞은 답을 고르세요.**

장문을 듣고 이와 관련된 3~4개의 질문에 대한 정답을 고르는 문제로, 녹음 내용은 한 번만 들려 줍니다.

+독해 (총 50문항, 50분)

제1부분(총 10문항)

第51~60题: 请选出有语病的一项

51. A 适当锻炼可使人充满活力、改善睡眠质量。
   B 人们早在婴儿期就可以用简单的手语表达情绪。
   C 时间是治疗心灵创伤的大师，但绝不是解决问题的。
   D 一项调查显示，员工在休息期间看搞笑视频会更有创造力。

52. A 一个人读了一本好书，就像交到了一位知心的朋友。
   B 有些热带水果不宜冷藏，放进冰箱反而会腐烂得更快。
   C 据报道，今年展览会展出的作品数量比去年减少了一半。
   D 我爸爸是一位著名相声表演艺术家，相声对我从小就很感兴趣。

● 틀린 문장을 고르세요.

보기 ABCD 중에서 틀린 문장 1개를 고르는 문제입니다.

제2부분(총 10문항)

第61~70题: 选词填空

61. 孔子主张"有教无类"，是指受教育者不分贫富贵贱贤愚，应该拥有平等的接受教育的机会。这一思想_____了教育的等级界限，_____了教育对象的范围，使教育普及到了广大平民，这在当时无疑具有_____的进步意义。

   A 突破 扩展 宏大   B 撷取 扩张 重大
   C 冲破 扩充 伟大   D 打破 扩大 重要

62. 赛前在演唱完国歌后，现场主持要求全场为罹难枪击案默哀1分钟，_____整个球场陷入一片沉寂。这座容纳了将近3万人的体育场内，_____球员和观众都低头默哀，表达他们对遇难群众的缅怀。

● 단어를 골라 빈칸을 채우세요.

지문당 3~5개의 빈칸에 들어갈 알맞은 어휘를 고르는 문제입니다.

제3부분(총 10문항)

第71~80题: 选句填空

71~75.
   相信大部分智能手机爱好者都玩过"水果忍者"这个游戏，它要求玩家尽可能地多地"切"屏幕上不断涌现出来的水果。但是，_____(71)_____。一旦确切，游戏就结束了。游戏获得高分的关键在于玩家需具有较强的反应抑制能力。当你突然出现时，这种能力会让你即刻暂停"切"水果的动作。
   所谓"反应抑制能力"，是指抑制当前不需要或不恰当的行为反应的能力。它的作用是——(72)_____，避免冲动行为的发生。反应抑制能力尤其对儿童的成长有重要意义。
   那么，这种能力能否通过训练来提高呢？一项研究发现，一种名叫"喜羊羊说"的游戏

● 문장을 골라 빈칸을 채우세요.

지문당 5개의 빈칸에 들어갈 알맞은 문장을 고르는 문제로, 지문은 2개 제시됩니다.

제4부분(총 20문항)

第81~100题: 请选出正确答案

81~84.
   有些失业者会把自己失业后所经历的时间当成空虚当做精神上的空虚。因为失业，他感到自己活着无用，甚至觉得自己的生命毫无意义。这种精神上的颓废会导致失业者呈现出某种病态，这就是失业性神经症。
   很多失业性神经症患者会把自己患病的原因全部推给失业，因为这给他们提供了一个解释自己现状的有利借口。而且，失业的不幸对他们来说，似乎意味着责任的摆脱。他们认为自己失业了，别人不用再要求他们什么，他们自己也不必再要求自己什么。这些人甚至还会把自己所有失败的原因都归结为失业，他们以为只要失业这一问题解决了，其他一切问题都会迎刃而

● 알맞은 답을 고르세요.

긴 지문을 읽고 관련된 4개의 질문에 대한 정답을 고르는 문제입니다.

+쓰기 (총 1문항, 45분)

第 101 題 缩写.

(1) 仔细阅读下面这篇文章，时间为10分钟，阅读时不能抄写、记录。
(2) 10分钟后，监考收回阅读材料，请你将这篇文章缩写成一篇短文，时间为35分钟。
(3) 标题自拟，只需复述文章内容，不需加入自己的观点。
(4) 字数为400左右。
(5) 请把作文直接写在答题卡上。

　　2016年5月末的一天，巴西首都巴西利亚一家商场的公共区域出现了一台神奇的售货机。这台售货机上只需二三十根香烟形状的标志灯，还写着一句话：想用你手头的香烟购买这连金钱也买不到的时间吗？那就行动起来吧！一根香烟可以11分钟。
　　有一位中年男子抱着试一试的态度，往售货机里投进了一根香烟。结果，售货机上

• **요약하세요.**

1000자 분량의 지문을 읽고 400자 분량으로 요약하는 문제입니다.

⚠️ 주의 지문을 읽는 시간은 약 10분간 주어집니다. 10분 후에 문제지를 회수하며, 35분간 원고지에 답안을 작성해야 합니다.

알고 가자! 중국어 원고지 작성법

① 첫 번째 줄 중간에 전체 내용에 맞는 제목을 씁니다.

						神	奇	的	售	货	机								

② 문단을 시작할 때 두 칸을 비우고 세 번째 칸부터 내용을 기입합니다.

√	√	巴	西	首	都	的	商	场	内	出	现	了	一	台	用	香	烟	"	购

③ 중국어와 문장 부호는 한 칸에 한 개씩 씁니다.

买	"	时	间	的	神	奇	售	货	机	，	上	面	写	着	：	一	根	香	烟

단, 문장 부호가 두 개 연달아 나오는 경우, 문장 부호 두 개를 한 칸에 함께 씁니다.
문장 부호가 마지막 칸에 올 경우 중국어와 문장 부호를 함께 씁니다.

断	了	我	们	间	的	友	谊	桥	梁	！"	朋	友	们	这	才	恍	然	大	悟。

④ 아라비아 숫자는 한 칸에 한 개씩 쓰고, 두 자릿수 이상일 경우 한 칸에 두 개씩 씁니다.

	有	位	中	年	男	子	出	于	好	奇	，	投	入	了	5	根	烟	，	

能	买	到	11	分	钟	。													

⑤ 요약한 내용이 반드시 400자 이상이 되어야 합니다. 내용을 요약할 때는 자신의 의견이나 감정이 들어가서는 안 됩니다.

HSK 6급

목표 달성 프로젝트

나는 _____년 ____월 ____일

HSK 6급 시험에서 _____ 점으로 합격한다 !

모의고사 1회부터 10회까지 문제를 풀고 점수를 기입해 보세요.

HSK 6급은 듣기 · 독해 · 쓰기 세 영역의 총점이 <u>180점 이상이면 합격</u> 입니다.

	학습일	듣기(听力)	독해(阅读)	쓰기(书写)	총점
1회	/				
2회	/				
3회	/				
4회	/				
5회	/				
6회	/				
7회	/				
8회	/				
9회	/				
10회	/				

01회

모의고사

녹음 듣기

준비 다 되셨나요?

1. 듣기 파일은 트랙 'TEST 01'입니다.
   (듣기 파일은 맛있는북스 홈페이지(www.booksJRC.com)에서 무료로 다운로드 할 수 있습니다.)
   미리 준비하지 않으셨다면 QR코드를 스캔해서 듣기 파일을 준비해 주세요.

2. 답안카드는 본책 309쪽에 수록되어 있습니다. 한 장을 자른 후에 답을 기입하세요.

3. 2B연필, 지우개, 시계도 준비하셨나요? 2B연필은 두 개를 준비하면 더 좋습니다. 하나는 마킹용,
   다른 하나는 쓰기 영역을 풀 때 사용하세요.

好的开始是成功的一半!

시작이 반이다!

汉语水平考试
HSK(六级)

注　意

一、HSK (六级) 分三部分：

　　1.　听力 (50题，约35分钟)

　　2.　阅读 (50题，50分钟)

　　3.　书写 (1题，45分钟)

二、听力结束后，有5分钟填写答题卡。

三、全部考试约140分钟 (含考生填写个人信息时间5分钟)。

一、听 力

第一部分

第1-15题：请选出与所听内容一致的一项。

1. **A** 氢会污染环境
   B 水可以产生氢气
   C 氮化氢可循环使用
   D 氮化氢的燃烧产物是水

2. **A** 宣纸质地较厚
   B 宣纸烘干而成
   C 宣纸是手工制作的
   D 宣纸制作工序繁复

3. **A** 雪会吸收声波
   B 积雪内部的间隙不大
   C 雪天适合听舒缓的音乐
   D 声音在雪中传播速度较慢

4. **A** 专注模式有助于理解
   B 专注模式能培养想象力
   C 洗澡有助于开启发散模式
   D 工作时须同时开启两种模式

5. **A** 坐车时应携带晕车药
   B 坐在后座更容易晕车
   C 车的前部颠簸得更厉害
   D 坐车能欣赏美丽的景色

6. **A** 人要有主见
   B 要明确奋斗方向
   C 不要过分在意过程
   D 创作需要激发灵感

7. **A** 就业竞争很激烈
   B 有能力者更受欢迎
   C 年轻人是社会的希望
   D 社会发展只依靠年轻人

8. **A** 要善于处理信息
   B 信息社会压力大
   C 要防止暴露个人隐私
   D 老年人跟不上时代潮流

9. **A** 挑选衣服时应考虑发型
   B 该系统能帮顾客挑选衣服
   C 使用该系统时需佩戴耳机
   D 服装设计师了解顾客的想法

10. **A** 老园丁很谦虚
    B 老园丁种的是月季
    C 那个学生指导种花方法
    D 花圃里开出了5朵玫瑰花

11. **A** 莲雾不易栽培
    B 莲雾生长在温带
    C 多吃莲雾有助于减肥
    D 莲雾的香味和苹果略为相似

12. **A** 青龙峡位于云台山
    B 青龙峡门票价格低廉
    C 夏季青龙峡的游客最多
    D 青龙峡有"世界大峡谷"的美誉

13. **A** 苴却砚花纹单一

B 苴却砚制作耗费人力

C 苴却砚的石材开采困难

D 苴却砚是最有名的砚台

14. **A** 表哥是数学老师

B 经理获得了最大利润

C 表哥的问题非常容易

D 表哥的回答出乎我的意料

15. **A** 射击服不宜太厚重

B 射击服由单层帆布制成

C 射击服是不可或缺的装备

D 青少年用的射击服不足5公斤

第二部分

第 16–30 题：请选出正确答案。

16. **A** 艺术性
    B 学术性
    C 营利性
    D 国际性

17. **A** 创意性不足
    B 缺乏优秀作品
    C 过于追求唯美
    D 不重视市场宣传

18. **A** 遇到不少挫折
    B 从未取得过成绩
    C 领先于欧洲国家
    D 尚未形成较大规模

19. **A** 了解作品思想
    B 巩固摄影技术
    C 多与国际接轨
    D 模仿成功作品

20. **A** 男的是大学教授
    B 男的喜欢拍风景照
    C 连州摄影年展邀请专家
    D 连州摄影年展已举办四年

21. **A** 从事金融工作
    B 2000年开始打球
    C 高尔夫打得不好
    D 经营高尔夫俱乐部

22. **A** 爱情
    B 人生
    C 哲学书
    D 马拉松

23. **A** 组织、举办比赛
    B 展示中国的实力
    C 提高选手的知名度
    D 促进中国高尔夫发展

24. **A** 训练力度不够
    B 缺少高素质教练
    C 有巨大的发展潜力
    D 体质不宜打高尔夫

25. **A** 女的输球时容易急躁
    B 欧巡赛选手实力过硬
    C 女的经常代表俱乐部参赛
    D 高尔夫在中国是新兴运动

26. **A** 工序复杂
    B 简单易上手
    C 工作效率很高
    D 无需特殊技艺

27. **A** 纸质好
    B 时代近
    C 藏书环境好
    D 印刷技术先进

28. **A** 装帧粗糙

    B 错误较多

    C 最接近原本

    D 以诗集为主

30. **A** 半年

    B 三年

    C 五年

    D 六年

29. **A** 寂寞难耐

    B 精神充实

    C 特别辛苦

    D 身心俱疲

第三部分

第31-50题：请选出正确答案。

31. A 天气炎热
    B 晚上会降雨
    C 当地气候干燥
    D 次日天气晴朗

32. A 台风多
    B 非常稳定
    C 南北差异大
    D 昼夜温差小

33. A 夏季云层较厚
    B 沿海地区没有雾霾
    C 云层会吸收部分星光
    D 星星数量能反映温度变化

34. A 不能理解
    B 暗自窃喜
    C 专心构思
    D 不知所措

35. A 飞舞的蝴蝶
    B 飞翔的小鸟
    C 飞奔的骏马
    D 树上的花瓣

36. A 色彩鲜艳
    B 生动巧妙
    C 构图比较混乱
    D 偏离题目主旨

37. A 是一种视觉艺术
    B 自身情节很重要
    C 最多只能欣赏三遍
    D 受众可进行再创作

38. A 小说类艺术
    B 音乐类艺术
    C 情节类艺术
    D 情态类艺术

39. A 命运交响曲家喻户晓
    B 福尔摩斯小说百看不厌
    C 情态类艺术具有恒新性质
    D 情节类艺术让人发挥想象力

40. A 皮肤温度高
    B 激素水平高
    C 血液含糖量高
    D 呼出的二氧化碳多

41. A 遗传因素
    B 饮食因素
    C 心理因素
    D 环境因素

42. A 新陈代谢慢
    B 散发特殊气味
    C 菌群组成更稳定
    D 菌群种类多样化

43. **A** 蚊子爱叮咬哪类人
    B 被蚊子叮咬的危害
    C 怎样防止被蚊子叮咬
    D 被蚊子叮咬后的处理方法

44. **A** 意外停电
    B 驯兽师摔倒了
    C 老虎逃出了铁笼
    D 舞台灯光发生故障

45. **A** 老虎什么也看不见
    B 害怕老虎冲入观众席
    C 担心老虎攻击驯兽师
    D 老虎即将进行高难度表演

46. **A** 凶猛的野兽
    B 可怕的罪犯
    C 自私的生意伙伴
    D 人生中的困难挫折

47. **A** 要珍惜每一分钟
    B 做事不能半途而废
    C 陷入困境应保持冷静
    D 机会只留给有准备的人

48. **A** 效果不佳
    B 出现较晚
    C 应用范围小
    D 地位不被重视

49. **A** 食用方便
    B 卫生条件良好
    C 加工人员操作规范
    D 食物经过高温消毒

50. **A** 烟熏食品不利于健康
    B 罐装食品应冷冻保藏
    C 罐装食品处理过程严格
    D 腌制食品保存效果最好

二、阅 读

第一部分

第51–60题：请选出有语病的一项。

51. A 适当晨练可使人充满活力，改善睡眠质量。
   B 人们早在婴儿时期就可以用简单的手语表达情绪。
   C 时间是治疗心灵创伤的大师，但绝不是解决问题的。
   D 一项调查显示，员工在休息期间看搞笑视频会更有创造力。

52. A 一个人读了一本好书，就像交到了一位知心的朋友。
   B 有些热带水果不宜冷藏，放进冰箱反而会腐烂得更快。
   C 据报道，今年展览会展出的作品数量比去年减少了一半。
   D 我爷爷是一位著名相声表演艺术家，相声对我从小就很感兴趣。

53. A 信息填写完成后，请再检查一遍，以免避免出现错误。
   B 海岭是海底分裂产生的新地壳地带，也是生长扩张的边界。
   C 成功是小概率事件，只有坚持高频地实践，才会有成功的机会。
   D 该市建立了工资"月支付，季结算"的制度，维护了广大劳工的合法权益。

54. A 懂得为何而活的人，任何痛苦都承受得住。
   B 美丽的外表是给别人看的，却智慧的头脑是给自己用的。
   C 科学上的许多重大突破，都是由一点点细微的成绩积累起来的。
   D 他获得了去体育学校培训的机会，并在几年后成为了最有价值的球员。

55. A "福"是人类孜孜以求、极其向往的人生目标之一。
   B 基因序列在确认一个人的身份信息方面比指纹还要非常精准。
   C 如果说友谊是一棵常青树，那么浇灌它的必定是来自心田的清泉。
   D 我们现在的首要任务是研发新产品，先解决有无的问题，再追求精致、尖端。

56. A 打破一个旧秩序并不难，难的是建立一个新秩序。
   B 我们直观获取的生活经验很有限，所以行万里路替代不了读万卷书。
   C 白居易爱听琴、弹琴，常常以琴会友，对琴的性能非常透彻地了解了。
   D 即使是不那么心灵手巧的设计师，若拼命学习，也一定能设计出漂亮的服装。

57. **A** 最新研究表明，有氧运动比拉伸运动更能改善大脑健康状况。

    B 北京大学生电影节自诞生以来，已有超过100万人次观看了影片。

    C 这本书一发售就把读者抢购一空了，在读者中引起了强烈的反响。

    D 由于参加活动的小朋友们格外踊跃，原定于8点结束的活动直到10点才结束。

58. **A** 《尔雅》是中国第一部按照词义系统和事物分类来编纂的词典。

    B 现代计算机技术能否快速发展取决于培养出一批出色的计算机人才。

    C 台风的最高时速可达200千米，能产生相当于400颗2000吨级的氢弹爆炸的破坏力。

    D 人们写文章有很多目的，比如传播知识，然而还有更深层的目的，那就是为了挖掘新思想。

59. **A** 经过层层筛选，公司决定选择三人中技术实力最强的其中的一个。

    B 澜沧江是湄公河在中国境内河段的名称，也是中国西南地区的大河之一。

    C 地球上的地震大部分是浅源地震，它们释放的能量大约占地球上地震释放能量的85%。

    D 古人云：来而不往非礼也。意思是说，交朋友应该是双方的事，别人对你好，你也应该对别人好。

60. **A** 人在少儿时期，通过阅读科普读物培养的兴趣爱好和知识，可能会影响他的一生。

    B 气象台发布红色预警，提醒海南、广东等地进入戒备状态，以应对不断迫近的第25号台风。

    C 冰箱的低温环境并不能杀死由空气、食物等带入冰箱的微生物，而只是抑制部分微生物的生长。

    D 《女史箴图》是顾恺之以西晋著名文学家张华的《女史箴》为题材创作的，原图共有12段，每段讲述一个故事。

第二部分

第61–70题：选词填空。

61. 孔子主张"有教无类"，是指受教育者不分贫富贵贱贤愚，应该拥有平等接受教育的机会。这一思想_____了教育的等级界限，_____了教育对象的范围，使教育普及到了广大平民，这在当时无疑具有_____的进步意义。

A 突破	扩展	宏大		**B** 撞破	扩张	重大	
C 冲破	扩充	伟大		**D** 打破	扩大	重要	

62. 赛前在演唱完国歌后，现场主持要求全场为赌城枪击案默哀1分钟，_____整座球场陷入一片沉寂，这座容纳了将近3万人的体育场内_____。球员和观众都面色_____，低头默哀，表达他们对遇难群众的缅怀。

A 瞬间	鸦雀无声	凝重		**B** 霎时	万籁俱寂	凝视	
C 顿时	风平浪静	沉重		**D** 顷刻	噤若寒蝉	深沉	

63. 发烧时，除了服退烧药外，最安全有效的退烧办法就是物理降温，即用小毛巾或者纱布沾取25%~50%_____的酒精，轻轻擦拭患者的颈部、手心和脚心等_____，帮助皮肤散热，从而_____退烧的目的。

A 强度	部分	导致		**B** 浓度	部位	达到	
C 密度	方位	造成		**D** 高度	体貌	以致	

64. 有些人认为_____犯错的方法就是尽量不做没有把握的事。他们害怕被别人发现自己的缺点，行事总是_____。但历史的经验证明，这类人_____缺乏创造力，很难取得较大的_____。

A 逃避	拖泥带水	一度	进展
B 隐藏	故步自封	从来	进化
C 防止	谨小慎微	往往	进步
D 避免	小心翼翼	一贯	驰步

65. 凤凰古城是国家历史文化名城，这颗"湘西明珠"是_____的"小"，城内仅有一_____像样的东西大街，可它却被誉为中国景色最_____的小城。凤凰的风景将自然、人文有机融合，透视后的沉重感_____正是其吸引八方宾客的魅力所在。

A 叹为观止	把	好看	恐怕
B 不假思索	座	舒服	大概
C 实事求是	根	漂亮	大约
D 名副其实	条	优美	或许

66. 秋季养生重中之重是饮食。在_____的秋季，除了要注意补充水分以外，也要重视_____心肺。在_____养生食物中，尤以"三瓜"，即冬瓜、丝瓜和苦瓜为最佳。这三种食物有助于养心润肺，适合秋季食用，有条件的话_____多吃。

   A 枯燥　　调养　　丰厚　　随便
   B 干旱　　滋养　　大多　　妨碍
   C 干燥　　滋润　　诸多　　不妨
   D 干枯　　滋生　　众多　　何妨

67. 在日常生活中，许多家务活儿对人体脊椎的影响是相当_____的，不容小觑，但事实上，很多人都对此_____了。比如，厨房的水池过低的话很容易损害人的脊椎。因此，为了_____做家务对健康的影响，夫妻双方最好_____洗菜做饭。

   A 严峻　　轻视　　减轻　　轮回
   B 严重　　忽视　　减少　　轮流
   C 严格　　忽略　　降低　　交换
   D 重要　　蔑视　　减弱　　调换

68. 语言心理学家对汉语、英语和韩语等10种来源和文化背景不同的语言进行_____后发现，在这些语言中使用_____最高的一万个词里，具有_____色彩的词汇出现的次数更多。这一发现有力地证实了波丽安娜假说，即人类在_____过程中，普遍更喜欢使用能传递正能量的词汇。

   A 分析　　频率　　正面　　交流
   B 分辨　　效率　　积极　　交通
   C 解析　　数字　　负面　　交往
   D 辩解　　数额　　消极　　交涉

69. 人为什么会不够理智？有时是源于缺乏对事件的独立_____，他们往往_____依托于媒介的煽动，找不到事件的根源和真相，容易_____，也缺乏对事件_____的深入理解，久而久之就会陷入混沌。

   A 判断　　过分　　以讹传讹　　本质
   B 判别　　过火　　道听途说　　品质
   C 决策　　过度　　无稽之谈　　性质
   D 决定　　过渡　　闲言碎语　　实质

70. 《诗经》是中国第一部诗歌总集，其中_____爱情的篇幅占很大比例。爱情是人类美好的_____之一，《诗经》中表达的爱情，_____而浪漫，清纯而自然，是心与心的交流，情与情的_____。后世的很多爱情诗，在文学_____上远不及《诗经》。

   A 描绘　　情绪　　剧烈　　冲突　　评判
   B 表达　　感情　　猛烈　　碰到　　评价
   C 描写　　情感　　热烈　　碰撞　　价值
   D 写作　　感受　　强烈　　撞击　　价格

第三部分

第71-80题：选句填空。

71-75.

相信大部分智能手机爱好者都玩过"水果忍者"这个游戏，它要求玩家尽可能多地"切"到屏幕上不断涌现出来的水果。但是，(71)_____，一旦碰到，游戏就结束了。游戏获得高分的关键在于玩家需具有较强的反应抑制能力。当炸弹突然出现时，这种能力会让你即刻暂停"切"水果的动作。

所谓"反应抑制能力"，是指抑制当前不需要或不恰当的行为反应的能力。它的作用是——(72)_____，避免冲动行为的发生。反应抑制能力尤其对儿童的成长有重要意义。

那么，这种能力能否通过训练来提高呢？一项研究发现，一种名叫"喜羊羊说"的游戏可以提高儿童的反应抑制能力。(73)_____，比如摸摸头、拍手等。儿童动作的执行与否取决于游戏组织者是否以"喜羊羊说"为开头进行发令，例如，当组织者说"喜羊羊说，摸摸头"，孩子们需要摸摸头；反之，(74)_____，孩子们则不能摸头。在整个游戏过程中，孩子们需要根据指令的改变，迅速调整行为，来抑制不符合当前需求的动作反应。

事实表明，"喜羊羊说"这类游戏确实有助于提高儿童的反应抑制能力。在日常生活中，(75)_____。

A 让人们灵活处理不断出现的新状况
B 千万不能碰到偶尔出现的炸弹
C 当组织者只说"摸摸头"时
D 家长可通过此类游戏训练儿童的反应抑制能力
E 游戏中儿童需要执行简单的肢体动作

76–80.

(76)_____。食用后，对调理身体和平衡健康大有裨益，很适合生活节奏紧张的都市人食用。而且，雪莲果的碳水化合物很少为人体吸收，因此也很适合糖尿病病人及减肥者食用。

雪莲果还有丰富的药用价值：它的果实中富含水溶性膳食纤维和果寡糖，能消除便秘，防止腹泻，(77)_____；它能调节血液，降低血糖、血脂和胆固醇，对高血压、糖尿病、心脑血管疾病和肥胖症等有一定疗效；它还具有清肝解毒降火的功效，(78)_____，是养颜的天然美容佳品；其抗氧化的作用也是一绝，可预防结石症的发生。因此，雪莲果价值不菲。

雪莲果可食用的部分主要为根块，根块中完全不含淀粉成分，嚼起来香脆清甜，(79)_____。除了直接剥皮生吃外，还可以把雪莲果的根块和叶子榨成果汁或和鸡、鸭、排骨一起炖成具有高营养价值的浓汤。

雪莲果的培植过程是艰难的。它的植株生长在海拔1000~2300米之间的沙质土壤中，喜光照，生长期长达200多天，它在温暖的环境下较易存活，(80)_____，生长就会停滞。耐不住寒冷的果树，一遇霜冻天气，根茎很容易枯死。

A 是肠道疾病的克星
B 一旦温度降到15度以下
C 能有效地防治青春痘、暗疮
D 口感有点儿像甜度较高的白萝卜
E 雪莲果是纯天然的绿色保健食物

第四部分

第81-100题：请选出正确答案。

81–84.

有些失业者会把自己失业后所经历的时间上的空虚当做精神上的空虚。因为失业，他感到自己很无用，甚至觉得自己的生命毫无意义。这种精神上的懒散会导致失业者呈现出某种病态，这就是失业性神经症。

很多失业性神经症患者会把自己患病的原因全部推给失业，因为这给他们提供了一个解释自己现状的有利借口。而且，失业的不幸对他们来说，似乎意味着责任的摆脱。他们认为自己已经失业了，别人不用再要求他们什么了，他们也不必再要求自己什么了。这些人甚至还会把自己所有失败的原因都归结为失业，他们认为只要把失业这一问题解决了，其他一切问题都会迎刃而解。

冷落是失业性神经症的主要症状，它不仅是心理空虚的表现，而且也是心因性神经症的基本症状。许多失业者都同时患有心因性神经症。

然而，并非所有失业者都会患上失业性神经症，有些人失业后仍能保持快乐的心情，原因在于他们投身到了另外一种有意义的工作中。例如，自愿为各种社会组织服务，参加成人学习，或者是听讲座、听音乐、阅读书籍等。当然，他们也有失业的紧张与压力，但他们会通过充实自己的精神世界，从而把闲暇时间变得有意义。

由此可见，失业性神经症源于患者的一种错误观点，即工作是生命的唯一意义。

81. 关于失业性神经症患者，可以知道：
    A 想摆脱责任　　　　　　　　**B** 不配合治疗
    C 比较依赖亲人　　　　　　　**D** 常与人发生冲突

82. 失业性神经症的主要症状是什么？
    A 抑郁　　　　　　　　　　　**B** 冷落
    C 狂躁　　　　　　　　　　　**D** 恐惧

83. 根据上文，失业后应该怎么做？
    A 及时反省自己　　　　　　　**B** 找朋友倾诉苦恼
    C 专注于有意义的工作　　　　**D** 向社会组织寻求帮助

84. 失业性神经症与哪种观点有关？
    A 事业高于家庭　　　　　　　**B** 有钱能使鬼推磨
    C 年薪是社会地位的象征　　　**D** 生命的全部意义在于工作

85-88.

众所周知，细菌无处不在。即使是我们认为洗得很"干净"的手上，也布满了细菌。虽然有些细菌是无害甚至有益的，但无论如何也改变不了有害细菌让我们寝食难安的事实。人们"病从口入"的例子，绝大多数都是细菌惹的祸。

迄今为止，高温加热仍然是杀死细菌的最有效手段。一般来说，在121度下加热15分钟以上，即使没有把细菌全部杀死，剩下的也成不了气候。比如说牛奶，所谓巴氏灭菌的"鲜奶"，是把牛奶加热到72度，保持15秒左右。经过这样的处理，细菌量会减少到初始量的十万分之一，虽然还有不少，但是在冰箱里放两三周，细菌量也不会长到对人有害的地步。如果是超高温灭菌，则需要把牛奶加热到135度以上，1秒钟就几乎可以杀死所有细菌，即使是放在常温下，也能保存几个月没问题。当然，这都是指密封保存的情况。如果对着瓶口喝一口，这些处理几乎就算白做了，其中的细菌的生长速度会大大增加。其他事物亦是如此。

无数食品科学家和工程师呕心沥血，想要找到比加热更好的杀死细菌的方式。然而到目前为止，最经济实惠、应用广泛的还是加热。中餐原料有很多不注意卫生的地方，但是中餐的安全问题却不严重，关键就在于中餐一般都是经过高温烹饪、现做现吃的。西方的蔬菜多数是生吃的，所以从种植、运输、保存到分销的各个环节，都要进行严格监控。否则，沙拉吃下去，就开始拉肚子了。

对于个人来说，注意食品卫生，养成良好的卫生习惯非常重要。厨房、冰箱都是"藏污纳垢"的地方，必须经常清洁，并且保持厨房通风干燥，有助于减少细菌。另外，尽量减少家中食物的囤积，饭菜应吃多少做多少，少为细菌繁殖提供空间。

85. 人们"病从口入"的主要原因是：
   A 被细菌入侵
   B 身体抵抗力差
   C 对某种物质过敏
   D 食品加热时间太短

86. 根据第2段，将牛奶加热到72度后：
   A 牛奶已经变质
   B 细菌全部被杀死
   C 对人体健康无害
   D 可常温保存几个月

87. 根据上文，"杀菌"最经济实惠的方法是什么？
   A 冷冻
   B 加热
   C 现做现吃
   D 严格监控各环节

88. 上文最后一段主要谈什么？
   A 如何烹饪中餐
   B 怎样减少细菌
   C 挑选食材的方法
   D 食物中毒的对策

89-92.

臂搁是中国古代文人写字时用来搁放手臂的文案用具，又称腕枕。它的出现与古人的书写用具和书写方式有密切关系。过去，人们用毛笔写字，书写方式为自右向左，这样一来，稍不留意，衣袖就会沾上墨迹。于是，聪明的明代文人发明了臂搁。写字时使用臂搁，除了能够防止墨迹沾到衣袖上外，还能分担腕部握笔的压力，让腕部更加舒服。

臂搁的材质很多，如竹子、黄杨木、紫檀和紫砂等，其中以竹子制成的臂搁最为常见。竹臂搁一般都是用一整节竹子剖开制成，长度通常不超过一尺，宽度大约为七八厘米。仅从材质上说，竹臂搁并不是最值钱的，但如果是名家雕刻的竹臂搁，价值也不菲。明清两代的竹刻工艺发展极盛，出现了很多雕刻竹臂搁的大师。明末"留青圣手"张希黄所刻的臂搁浮凸有致；清朝名家周子岩曾跟随书画大师学习绘画，在臂搁竹刻方面也颇有建树。由此看来，臂搁不仅具有实用价值，还具有极高的艺术价值。

判断一件臂搁是否具有艺术价值，主要看它上面的雕刻是不是栩栩如生，即便是"梅兰竹菊"这样大众化的题材，各位名家的感受也不尽相同。构思、力度、技艺不同，所造就出的作品也各不一样。

不过，并非每位文人都有臂搁，只有那些有情调的、有经济能力的人才会使用。可以说，臂搁在古代文房用品中只属于锦上添花的东西，是书房里的奢侈品。

89. 臂搁的出现与什么有关?
   A 绘画的发展
   C 书写工具与方式
   B 纸张的材质
   D 古人书写的姿势

90. 关于臂搁，下列哪项正确?
   A 制作材质单一
   C 是书房里的必需品
   B 由唐代文人发明
   D 能避免衣袖沾到墨迹

91. 关于竹臂搁，可以知道:
   A 最为普遍
   C 长度超过一尺
   B 有固定的样式
   D 是最不值钱的

92. 第3段主要谈的是什么?
   A 臂搁的功能
   C 怎样推断臂搁的年代
   B 臂搁的制作工序
   D 如何鉴定臂搁的艺术价值

93-96.

贾思勰是中国著名的农学家，生活在距今1400多年前的晋朝，他写就了中国历史上第一部有关农业科学的著作《齐民要术》，这不仅是中国最早的、而且是世界上最早、最完整、最全面的一部农业科学巨著。贾思勰一直很重视农业，他认为一个国家要想强盛，首先需要农业兴旺。

贾思勰曾做过太守，做太守的日子里他更重视农业，他常亲自下地耕种，向技术高明的农民请教，同时也把好的种田方法传授给农民。

有一年，贾思勰养了好几百只羊，冬天到了，由于没有储备好充足的粮食，羊都饿死了。第二年他又养了一大批羊，同时种了许多大豆。秋天，大豆丰收了，贾思勰把大豆收割起来，在羊圈里堆得满满的。可是这一年羊又死了很多，而且还是饿死的。贾思勰到羊圈里仔细查看，发现羊根本不爱吃堆在羊圈里的饲料，这是为什么呢？他百思不得其解。

听说当地有一个养羊高手，贾思勰就亲自拜访了他。原来羊爱吃新鲜干净的饲料，把大批饲料堆在羊圈里，羊踩来踩去，饲料很快就变脏变烂了，羊当然不愿吃了。了解了这些，贾思勰就想了个办法，把青草大豆堆在羊圈中间，并用栅栏圈起来，这样既不会弄脏饲料，羊又可以随时吃到。果然，第三年贾思勰养的羊长得又肥又壮。

贾思勰掌握了养羊的方法，又传授给了其他人，后来为了让更多人掌握养羊的方法，他把这些经验都写进了《齐民要术》里。

贾思勰特别重视技术的改进及优良品种的开发。仅水稻一项，他就培育出80多个品种。他推出许多先进的生产技术，某些由于过于超前，长期不被有关专家接受，例如他指出矮秆与多产的关系，直到20世纪50年代，一批矮秆高产品种育成后，他的方法才被证明是正确的。

93. 关于《齐民要术》，可以知道：
    A 成书于宋朝　　　　　　　　　B 不被专家认可
    C 是一部军事著作　　　　　　　D 书中介绍了养羊经验

94. 第二年贾思勰的羊为什么又死了？
    A 羊不爱吃大豆　　　　　　　　B 没有足够的粮食
    C 羊为抢食而打架　　　　　　　D 羊不愿意吃脏饲料

95. 关于贾思勰，下列哪项正确？
    A 为人骄傲自满　　　　　　　　B 是晋朝的政治家
    C 认为农业是国之根本　　　　　D 开发了矮秆多产水稻

96. 上文主要谈什么？
    A 养羊的方法　　　　　　　　　B 贾思勰的贡献
    C 中国农业的发展　　　　　　　D 水稻的种植技术

97-100.

打车软件拥有开放的定位系统，解决了驾驶员与乘客信息不对称的问题，在一定程度上使乘客打车和出租车运营都变得更为便捷和高效。而打车优惠补贴这一营销手段的出现，更让"打车软件"风靡一时。

然而，公众还来不及"享受"打车软件带来的便利，一系列问题便随之而来：打车软件必须在智能手机上操作，这使得不会使用智能手机、只习惯电话约车的中老年乘客饱受"打车难"的困扰；因为司机通过打车软件可以看到乘客的目的地，司机"挑活"情况加剧，甚至有的司机还要加价；行驶过程中司机为接单摆弄手机，由此引发的交通事故也呈上升趋势。为此，有人呼吁，政府部门应全面禁用打车软件，使出租车市场回归原有的秩序。

手机打车软件并非国内首创，一些国外软件已经运行多年，其经验值得借鉴。

据媒体报道，纽约交通管理部门为了避免司机挑客，规定手机打车软件不能显示客人的目的地。美国某打车软件改进程序，在行驶时，手机屏幕会变成灰色而无法查看，车停后，司机才能看到附近打车人的所在位置。在新加坡，司机确定接下订单后，车载顶灯会显示"预定"，即在到达预定地点之前不能接受路人扬招，而打车软件在此时间段内也不会显示新的订单信息。英国某软件在打车付款时，除了计价器上显示的金额，没有任何额外费用。

照顾那些不会使用软件而打不到车的人群，确实是一种道义上的公正。但应当看到，打车软件通过技术提升了运营效率，促进了社会的整体福利。如果对打车软件一禁了之，看似满足了一部分人的要求，其实是剥夺了更多人的福利。

我们还应该看到，目前因软件技术造成的障碍并非不可逾越。请多一点儿信心，多一点儿耐心，随着技术的改进，障碍完全有可能不复存在。

97. 打车软件使打车变得便捷高效的主要原因是：
   A 开放的定位系统　　　　　　　B 智能手机的普及性
   C 打车优惠补贴政策　　　　　　D 司机可知乘客目的地

98. 下列哪项不是打车软件带来的问题？
   A 司机抢活现象严重　　　　　　B 容易引起交通事故
   C 中老年乘客"打车难"　　　　　D 司机加价增加乘车费用

99. 英国打车软件有何规定？
   A 不显示乘客的目的地　　　　　B 行驶时手机屏幕变灰
   C 只需付计价器上的金额　　　　D 接单后车载顶灯显示"预定"

100. 第5段中画线词语"一禁了之"中的"禁"与下列哪个成语的"禁"词义相同？
   A 弱不禁风　　　　　　　　　　B 令行禁止
   C 情不自禁　　　　　　　　　　D 忍俊不禁

三、书 写

第101题：缩写。

(1) 仔细阅读下面这篇文章，时间为10分钟，阅读时不能抄写、记录。
(2) 10分钟后，监考收回阅读材料，请你将这篇文章缩写成一篇短文，时间为35分钟。
(3) 标题自拟。只需复述文章内容，不需加入自己的观点。
(4) 字数为400左右。
(5) 请把作文直接写在答题卡上。

　　2016年5月末的一天，巴西首都巴西利亚一家商场的公共区域出现了一台神奇的售货机。这台售货机上闪着二三十根香烟形状的标志灯，还写着一句话：想用你手头的香烟购买连金钱也买不到的时间吗？那就行动起来吧！一根香烟可以买11分钟。

　　有一位中年男子抱着试一试的态度，往售货机里投进了一根香烟。结果，售货机上的第一盏香烟标志灯就自动灭掉了。他又投进第二根、第三根、第四根、第五根……他每投进一根香烟，售货机上的香烟标志灯就跟着灭掉一盏。第五盏香烟标志灯灭掉的时候，屏幕闪现出一句话：恭喜你，你的人生额外获得了55分钟，享受这些时间看一本书吧！然后，售货机的出货口就跳出了一本书。

　　看到这台售货机如此有趣，一旁的路人也纷纷使用起来。一位年轻的姑娘用她手上的10根香烟"买"到110分钟，兑换获得了一张电影票；另一位小伙子用他手头的香烟"买"到220分钟，兑换获得了一件白色的T恤衫……大家发现，自己投进的香烟越多，就能"买"到越多的时间，获得越丰厚的奖品。一整天下来，共有1469名路人使用了这台售货机。他们共投进13995根香烟，"买"到了153945分钟，兑换得到了各式奖品。

　　第二天，这台能用香烟"购买"时间的售货机，又出现在了巴西利亚另一家商场的公共区域，继续向人们"出售"时间。第三天，售货机又"转战"他处……你投进香烟就能"买"到时间，再用获得的时间换取相应的奖品，人人都说："这真是一台神奇的售货机！"

　　其实，这是巴西政府推出的一项禁烟公益行动，因为每年的5月31日是"世界无烟日"，而那台售货机就是这项公益行动的主角。巴西的人口大约有2亿，其中有2500万人吸烟，且90%的人都是从青少年时期开始吸的。在2014年的"世界无烟日"那天，巴西政府颁布了全国禁烟法令，禁止市民在全国各大封闭的公共场所内吸烟。尽管多数人都能遵守这个法令，但抽烟的人数还是居高不下。

　　考虑到这一点，巴西政府邀请专家精心打造了这么一台特殊的售货机，让它在各大公共场所与烟民进行一场不一样的"对话"。

　　少吸5根香烟，你就能阅读一本你可能从没看过的书；少吸10根香烟，你就可以在人生的漫漫长河中多看一部电影；少吸1000根香烟，你就可能比别人多活200个小时……售货机从"每少吸一根香烟就多活11分钟"出发，把相应的时间具体到能做些什么事情上。这样的转化，极大地触动了烟民的内心，所以，售货机每到一处便大受欢迎，绝大多数烟民都会大方地用他们手头剩余的香烟"购买"时间。

02 회

모의고사

녹음 듣기

준비 다 되셨나요?

1. 듣기 파일은 트랙 'TEST 02'입니다.
   (듣기 파일은 **맛있는북스 홈페이지**(www.booksJRC.com)에서 무료로 다운로드 할 수 있습니다.)
   미리 준비하지 않으셨다면 **QR코드**를 스캔해서 듣기 파일을 준비해 주세요.

2. **답안카드**는 본책 309쪽에 수록되어 있습니다. 한 장을 자른 후에 답을 기입하세요.

3. 2B연필, 지우개, 시계도 준비하셨나요? 2B연필은 두 개를 준비하면 더 좋습니다. 하나는 마킹용,
   다른 하나는 쓰기 영역을 풀 때 사용하세요.

失敗是成功之母!

실패는 성공의 어머니다!

汉 语 水 平 考 试
HSK(六级)

注　意

一、HSK (六级) 分三部分：

　　1.　听力 (50题，约35分钟)

　　2.　阅读 (50题，50分钟)

　　3.　书写 (1题，45分钟)

二、听力结束后，有5分钟填写答题卡。

三、全部考试约140分钟 (含考生填写个人信息时间5分钟)。

一、听 力

第一部分

第1–15题：请选出与所听内容一致的一项。

1. **A** 知识是真正的力量
   B 经验比知识更重要
   C 要具备运用知识的能力
   D 有些大学生缺少专业知识

2. **A** 人参汤可美容
   B 每天须吃三片姜
   C 徐霞客每晚吃姜
   D 吃姜能加速血液循环

3. **A** 绿岛常年高温多雨
   B 目前绿岛上人烟稀少
   C 绿岛曾经发生过火灾
   D "火烧岛"的名字有一百多年

4. **A** 爬行能训练协调能力
   B 婴儿3个月就会爬行了
   C 婴儿爬行须在柔软场地
   D 婴儿不能做高难度动作

5. **A** 伏尔泰善解人意
   B 作家经常赞扬伏尔泰
   C 伏尔泰和作家是好朋友
   D 伏尔泰不同意作家的评价

6. **A** 鱼头富含蛋白质
   B 鱼是最佳的减肥食物
   C 中老年人需补充钙质
   D 多吃鱼头可增强分析能力

7. **A** 国外技术更先进
   B 大学设立"数字地球"专业
   C "数字地球"的运用日益广泛
   D "数字地球"利用全球定位系统

8. **A** 做事应分轻重缓急
   B 不重要的事情慢慢做
   C 应先处理紧急的事情
   D 同时处理多件事情容易出错

9. **A** 西藏物价低廉
   B 西藏旅游业发达
   C 西藏植物品种繁多
   D 西藏出了很多科研家

10. **A**《味道》邀请名厨来做菜
    B《味道》每年分两季播出
    C《味道》很受年轻人青睐
    D《味道》只介绍中国美食文化

11. **A** 名人购买力较强
    B 名人效应有正面影响
    C 名人代言广告不可信
    D 名人效应有时弊大于利

12. **A** 八极拳已有500多年历史
    B 八极拳是一种舒缓的运动
    C 八极拳在老年人中广为流传
    D 动作迅猛是八极拳的特点之一

13. **A** 电视音量不宜过大
    B 人们过分依赖手机
    C 噪声污染损害听力
    D 人耳对某一频段声音敏感

14. **A** 姑嫂饼热量很高
    B 姑嫂饼的历史不长
    C 姑嫂饼的口感非常好
    D 姑嫂饼配料与酥糖完全不同

15. **A** 河马的汗液有异味
    B 河马汗液有防晒作用
    C 河马皮下腺体会分泌黑色色素
    D 河马刚排出的汗液是深红色的

第二部分

第 16-30 题：请选出正确答案。

16. A 技术创新
    B 企业文化
    C 内部竞争
    D 政策改革

17. A 是传统产业
    B 是高新技术产业
    C 是经济支柱产业
    D 是劳动力密集产业

18. A 生物技术
    B 工程技术
    C 高新技术
    D 互联网技术

19. A 制造先进设备
    B 培养专门人才
    C 多申请国家专利
    D 国家提供资金保障

20. A 纺织业是落后行业
    B 中国企业很难走出国门
    C 服装业不涵盖网络技术
    D 精细化需要"工匠精神"

21. A 继续追问
    B 表示抱歉
    C 改问别的问题
    D 匆匆结束采访

22. A 使矛盾加剧
    B 需定期总结
    C 是一种障碍
    D 能引导受访者

23. A 改造世界
    B 揭露事情真相
    C 唤醒人们的良知
    D 让树露出本来面貌

24. A 转移话题
    B 要不断认知
    C 懂得团队合作
    D 学会心理暗示

25. A 在读硕士
    B 准备创业
    C 当过歌手
    D 出版过书

26. A 博览群书
    B 学会思考
    C 参加演艺班
    D 了解人物背景

27. A 观众很挑剔
    B 导演特别严厉
    C 错误不可更改
    D 无法提前准备

28. **A** 没有发展空间

    B 演技遭到质疑

    C 角色受到局限

    D 易过于关注自己

29. **A** 机械地复制人物

    B 过分夸张的表演

    C 按照导演的意图

    D 主动地塑造人物

30. **A** 颜值很高

    B 出演过话剧

    C 是表演系教授

    D 从未改过剧本

第三部分

第 31-50 题：请选出正确答案。

31. **A** 镜子
    B 新闻
    C 照片
    D 广告

32. **A** 瞳孔大小与年龄有关
    B 眼睛能反映心理活动
    C 感到恐惧时瞳孔变小
    D 女性善于表达内心想法

33. **A** 瞳孔扩大
    B 双手抱拳
    C 改变站姿
    D 回避视线

34. **A** 需表现自然之美
    B 强调水污染危害
    C 星空与地景相结合
    D 是近期拍摄的作品

35. **A** 是第二次获奖
    B 是本届总冠军
    C 是中国摄影师
    D 展现了美丽的南极

36. **A** 画面上出现夕阳
    B 在市郊的山顶拍摄
    C 拍摄时正经历暴风雪
    D 是"夜空之美"组冠军作品

37. **A** 提前开花
    B 长出新芽
    C 枝条突然枯死
    D 枝条颜色变化

38. **A** 根系脱离水分
    B 树根被破坏了
    C 地壳发生改变
    D 根系受到电流刺激

39. **A** 植物能预测地震震级
    B 地震会引起气候异常
    C 地震前含羞草突然开花
    D 树木年轮能记录地震情况

40. **A** 敬重人才
    B 会演奏乐器
    C 每日都饮酒
    D 为人武断自负

41. **A** 左侧编钟音高
    B 演奏者弹错了音
    C 右侧编钟没有声音
    D 他因为喝醉听错了

42. **A** 以身作则
    B 奖罚分明
    C 不用事必躬亲
    D 多聘请几位乐官

43. **A** 很称职

    B 缺乏经验

    C 不务正业

    D 粗心大意

44. **A** 公平

    B 节约

    C 守恒定律

    D 物竞天择

45. **A** 生长期变短

    B 不容易被折断

    C 抗弯能力更强

    D 更利于光合作用

46. **A** 容积大

    B 表面积大

    C 重心稳定

    D 耗费材料多

47. **A** 有抗震功能

    B 内部光线昏暗

    C 节省材料和费用

    D 建筑师是法国人

48. **A** 以平等为基础

    B 办事手续简化

    C 可培养集体意识

    D 改善员工工作态度

49. **A** 平行交流效率达20%

    B 上下级信息反馈更完整

    C 存在于企业内部的沟通

    D 该结论是英国大学提出的

50. **A** 领导不信任下属

    B 员工们士气大跌

    C 业务流遇到阻碍

    D 各部门间交流更为通畅

二、阅 读

第一部分

第51-60题：请选出有语病的一项。

51. **A** 未经允许，任何人不得不擅自进入藏书室。

    B 和成功一样，失败对于人们来说也是有价值的。

    C 这几天天气真是太冷了，寒风吹在脸上，好像刀割一样。

    D 测试过程中，手指绝不能碰到金属触头，以免发生触电事故。

52. **A** 他瘦不下来的原因是因为他经常吃夜宵。

    B 唐古拉山车站是世界上海拔最高的铁路车站。

    C 音乐具有一种能把听者引入冥想和沉思状态的神奇力量。

    D 第一年的年终总结，他洋洋洒洒写了几千字，写满了3页A4打印纸。

53. **A** 南瓜子富含维他命E，具有抗老化的功效。

    B 能够坦然接受别人对自己的批评，这也是一种成长。

    C 研究显示，彻夜失眠会导致大脑接收新信息的能力。

    D 白居易在《钱塘湖春行》中描绘了春花初绽、春草吐绿的景象。

54. **A** 月亮绕着地球转，这是小学生都知道的知识。

    B 兰花的香气容易使人过度兴奋而失眠，最好别摆放它在卧室里。

    C 一种文明能够长盛不衰，有赖于克勤克俭、自立自强的工作伦理。

    D 在众人面前说话时，如果你过于在乎别人的评价，就会显得紧张拘束。

55. **A** 网络时代的到来使传统的媒体行业遭到了巨大的挑战。

    B 如果没有飞翔的翅膀，既然被送到了高处，也还是会跌落下来。

    C 研究发现，重大比赛的铜牌获得者往往比银牌获得者满足感更强。

    D 夏季，使用空调降温要注意一个原则：室内外温差以小于6摄氏度为宜。

56. **A** 北半球的英仙座流星雨近日将迎来超常规模的大规模爆发。

    B 手术机器人的诸多特殊优势为外科的精准手术提供了有利条件。

    C 数千名傣族群众身着盛装，手持鲜花，载歌载舞，迎接新年的到来。

    D 世界上没有比友谊更令人愉快的东西了，没有友谊，世界仿佛失去了阳光。

57. **A** 本次活动的截止日期为3月21日，希望大家踊跃报名。

B 世上没有绝对的自由，所谓的自由应以不影响他人为前提。

C 夏天的太阳像个大火炉，被大地烤得发烫，就连空气也是热烘烘的。

D 他在整场表演中能始终把现场观众的情绪调动起来，可以说舞台灯光师功不可没。

58. **A** 艾蒿生存能力很强，只要在向阳和排水顺畅的地方就能生长。

B 一个简单的笑容能够消除人与人之间的陌生感，给人带来心理上的亲切感。

C 演员只有自如地控制好自己的情绪，免得将角色的喜怒哀乐生动地表现出来。

D 很多时候，宽容比责难更有力量，宽容是一种博大的胸怀，更是一种散发着仁爱光芒的境界。

59. **A** 有些人总抱怨世界阴暗，其实是因为自己内心蒙上了一层厚厚的灰尘。

B 参加这个考察之前，我曾在三年时间里体验了辽宁省文物考古研究所的联合考察。

C 五花海素有"九寨沟一绝"，湖面能倒映出附近的景色，在阳光的作用下，幻化出缤纷色彩。

D "不识庐山真面目，只缘身在此山中"，意思是说一个人如果置身于某一事件中，就很难洞察它的本来面目。

60. **A** 信念一旦形成，就可以产生强大的推动力量，使人们为实现某个目标而坚持不懈地奋斗。

B 每个人都身怀天赋，但如果用是否会爬树的标准来评判一条鱼很有能力，它会以为自己是极其愚蠢的。

C 世界上没有绝对的悲剧和喜剧之分，如果你能从悲剧中走出来，那就是喜剧；如果你沉湎于喜剧之中，那就是悲剧。

D 中国民间一般把丁香、花椒、八角、茴香和肉蔻等香料的粉末混合在一起，称为"五香"，并由此创造出了很多风味小吃。

第二部分

第61-70题：选词填空。

61. 在中国福建省的西北部，有一座著名的山——武夷山。它的特点在于造型奇特、山势_____，山间溪水环绕。_____武夷山，你既可以爬山登顶，亦可以坐在_____的竹筏上，静静地欣赏两岸的美景。

A 险峻　　观察　　朴素　　　　　B 危险　　浏览　　古典
C 极端　　观赏　　淳朴　　　　　D 陡峭　　游览　　古朴

62. 有计划的目标就像地图，让你明白_____到达目的地。你必须定期_____地图以确保路径正确。此外，它还能让你明了有哪些别的路，_____你在此路不通时能有另外的选择余地。

A 何况　　研究　　从而　　　　　B 怎样　　了解　　否则
C 如何　　参考　　以便　　　　　D 究竟　　琢磨　　除了

63. 与实体博物馆相比较，虚拟博物馆可以_____所有的藏品，观众只需轻点鼠标就能轻松地从不同的_____欣赏藏品。不过，也有不少人担忧实体博物馆会因而逐渐失去_____。

A 展开　　视角　　潜力　　　　　B 展览　　眼光　　势力
C 展望　　角落　　魄力　　　　　D 展示　　角度　　魅力

64. 自然界中的蜗牛是只小可怜虫，_____长着一副肥美多汁的躯体，招来的天敌_____，几乎到了谁见谁灭的地步。_____有硬壳的保护，但行动_____的蜗牛依然逃不过天敌的捕食，就连小小的萤火虫也不放过它。

A 先天　　数以万计　　既然　　缓慢
B 天生　　多如牛毛　　尽管　　迟缓
C 天赋　　比比皆是　　虽然　　放慢
D 出生　　屈指可数　　难免　　敏捷

65. 众所周知，水对我们的身体大有益处。_____的水分不仅能帮助我们清除体内的毒素，使细胞有效吸收_____，还有助于消化过程的_____进行。另外，水分还能保持皮肤的_____。

A 充足　　营养　　顺利　　弹性
B 充沛　　养分　　舒畅　　光亮
C 充满　　资源　　畅通　　柔软
D 充实　　来源　　流畅　　韧性

66. 距离传统的中秋佳节还有半个多月时间，中国市场上的月饼_____大战已进入白热化状态。记者走访多家卖场_____，今年中秋月饼价格更为_____，包装更加朴实，也更契合阖家团圆的节日_____。

A 销售　　　察觉　　　合理　　　用意
B 宣传　　　体会　　　优惠　　　意图
C 促销　　　发现　　　亲民　　　寓意
D 打折　　　发觉　　　低廉　　　本心

67. 路之所以重要，不仅在于它的功能意义，还在于它的_____意义。老路_____的是一种古老的生活方式，_____着某种古老的价值观。走在老路上，你会_____地放慢脚步，慢慢回味过往。

A 审查　　　发表　　　内涵　　　情不自禁
B 审美　　　象征　　　包含　　　不由自主
C 审理　　　预示　　　享有　　　忧心忡忡
D 审阅　　　表达　　　怀有　　　步履蹒跚

68. 美国《大众科学》杂志评出最_____人类生存的七种食物。排名前三的分别是豆类、甘蓝、香瓜，而浆果、大麦、海藻和鱼紧随其后。地球上_____还有这七种食物，人类就能_____下去。当然，前提是物种平衡不会造成整个环境_____。

A 适合　　　只要　　　生存　　　崩溃
B 适当　　　只有　　　糊口　　　溃败
C 适应　　　即使　　　活命　　　解体
D 符合　　　倘若　　　生计　　　瓦解

69. 大部分人以为人最主要的_____是平衡，是不紧张的状态，其实这是心理卫生上一种危险的错误_____。人真正需要的并非不紧张，而是为了某个有价值的目标奋斗。我们所需要的不是_____消除紧张，而是唤醒等待我们去_____目标的潜在意识。

A 希望　　　概念　　　不择手段　　　展现
B 需求　　　观点　　　想方设法　　　实现
C 愿望　　　想法　　　千方百计　　　发扬
D 欲求　　　信仰　　　奋不顾身　　　发动

70. 与他人关系_____是快乐的一个重要标准。虽然父母不能支配孩子的社交活动，但却可以_____他与人和睦相处。父母可_____孩子常与别的孩子一起玩儿，比如：参加团队旅游，或带孩子到游乐场去与年龄_____的孩子们玩儿，定期在家里_____孩子的朋友们。

A 融洽　　　引导　　　安排　　　相仿　　　招待
B 融合　　　指导　　　命令　　　相近　　　迎接
C 和谐　　　教导　　　布置　　　雷同　　　接待
D 融化　　　领导　　　打算　　　仿佛　　　款待

第三部分

第71-80题：选句填空。

71-75.

　　鲁班生于公元前507年，他一家世世代代都是手工工匠，鲁班本人则是一个手艺高强的工匠、杰出的发明家。木工师傅们用的手工工具，如锯、钻、刨子、铲子、曲尺、画线用的墨斗，据传说都是鲁班发明的。而每一件工具的发明，都是鲁班在生产实践中，(71)_____。

　　他不仅是制造各种生活用具的能手，(72)_____。鲁班生活的年代，正值诸侯争霸之时，战争连年不休。那时，每个城市都修有又高又厚的城墙，守城的将士们关上城门，站在城墙上守卫着。而攻城者呢？手中的武器不过是弓箭、长矛之类，很难将城攻下，常常是把城围了多日，却怎么也攻不下来。(73)_____。鲁班想来想去，想起了自己盖房子时用过的短梯。踏着短梯，能登上房顶，造一个长梯，不就可以爬上高高的城墙了吗？如果在梯子上还能射箭，(74)_____？ 于是，鲁班造出了"云梯"。这种"云梯"，能在平地上架起来，够得到高高的城墙，在上面还可以站人射箭。

　　现代消防器材中的云梯，(75)_____。

A　不就可以打退守城的人了吗
B　经过反复试验研究的结果
C　就是从这个云梯发展演变而来的
D　而且是一个优秀的机械发明家
E　鲁国国王命令鲁班制造攻城的器械

76–80.

垂花门是中国古代院落内部的门，因檐柱不落地，垂吊在屋檐下，且通常绘有花瓣而得名。它是内宅和外宅的分界线，也是唯一通道。(76)_____，这里的"二门"指的便是垂花门。

外宅与内宅之间用垂花门和院墙相隔。(77)_____，内宅则是自家人生活起居的地方，外人一般不得随便出入。

为了保证内宅的隐蔽性，有的人家会在垂花门内侧的两根柱子中间再安装一道门，称为"屏门"。屏门大部分时间都是关闭的，(78)_____。平时，人们进出二门时，不通过屏门，而是走屏门两侧的门或通过垂花门两侧的走廊进入内宅。可见，(79)_____，又严格地划分了空间。垂花门外侧的两根柱子之间也安装着一道门，这道门比较厚重，白天开启，夜间关闭，具有一定的防卫功能。

垂花门各个突出部位几乎都有十分讲究的装饰，所以，垂花门在整个宅院中最为醒目。你如果想看传统的垂花门，(80)_____，颐和园中的许多小院都是以垂花门为出入口的，北海琼岛上也有几座垂花门。

A 不妨到北京的颐和园或者北海走走
B 垂花门既沟通了内外宅
C 外宅主要用来接待客人
D 人们常说"大门不出，二门不迈"
E 只在家族举行重大仪式时才会打开

第四部分

第81-100题：请选出正确答案。

81-84.

著名的调研专家维卡瑞曾经在新泽西的一家电影院做过一项实验。他使用一部特殊的放映机，在电影放映时，用微弱的光在屏幕上不时打出"请喝可口可乐"以及"请吃爆米花"的字样。观众在聚精会神地观看电影时，当然很难有意识地去关注这些广告，但眼睛却无意识地"读"到了。

实验带来的影响令人大跌眼镜。整个夏天，当地可口可乐的销售额上升了17%，与此同时，爆米花的销量也提高了一半左右。实验说明，潜意识的视觉广告能够影响消费者的认知或行为，刺激消费者的购买欲。

除了潜意识视觉广告外，潜意识听觉广告也会影响人们的消费行为。例如：当顾客在百货商店购物时，如果店家播放的音乐节奏比较快，顾客就会不自觉地加快步伐，提早结束购物；反之，如果音乐节奏较为缓慢，顾客心情舒坦，自然延长逗留的时间，那么购物的可能性也增大了。

此外，潜意识听觉广告还会影响人们的购买选择。为了证实这一猜想，两名英国研究人员轮流在同一家酒吧播放韩国舞曲和中国流行歌曲。结果发现，在播放韩国舞曲的两周内，80%的消费者购买了韩国烧酒；而在播放中国流行歌曲的两周内，大部分消费者则选择了中国啤酒。

可见，消费者很容易被看到或者听到的东西"催眠"，商家如果能掌握这些商业"催眠术"，一定会对提高产品销量有所帮助。

81. 根据第1段，下列哪项正确？
   A 广告的光线很强　　　　　　　　　B 观众捕捉到了广告
   C 观影需要佩戴特殊眼镜　　　　　　D 影院提供免费可口可乐

82. 维卡瑞的实验说明了什么？
   A 影院销售爆米花　　　　　　　　　B 观众完全被广告吸引
   C 潜意识广告会刺激消费　　　　　　D 广告对产品销量影响不大

83. 商家怎样做可以让消费者在店里多停留？
   A 经常搞打折促销　　　　　　　　　B 播放节奏较慢的音乐
   C 请模特进行时装表演　　　　　　　D 尽量多安排试吃活动

84. 下列哪项最适合做上文标题？
   A 酒吧的经营秘诀　　　　　　　　　B 银幕广告的利弊
   C 善于捕捉市场信息　　　　　　　　D 神奇的商业"催眠术"

85-88.

英国一项研究显示，女性很难长期保守秘密，她们往往在48小时内就将秘密转告给他人。研究人员通过对3000名18岁至65岁女性的调查发现，她们保守秘密的平均时间不超过47小时15分钟。

研究显示，大约40%的受调查者不论消息有多私密或多机密，都无法克制住透露给他人的冲动。超过半数的受调查者承认，可能在自己清醒和理智的状态，会提醒自己某些秘密必须忍着不说，但是，自己碰了酒精后就会忍不住想说一些别人不知道的秘密，或者对某些人某些事说长道短。

研究还发现，女性平均每周会听到三条小道消息，转而传播给他人。大约三成受调查者有泄密的欲望，半数以上的泄密者仅仅是为了"一吐为快"，但三分之二的泄密者事后会有负罪感。

在调查过程中，四分之三的女性声称自己能够保守秘密，83%的女性认为自己完全值得信赖。但超过四成的受调查者认为，可以接受将朋友的秘密泄露给不认识他们的人，大约40%的受访者说，丈夫是自己的"最终知己"。

对将秘密告诉女性朋友的人来说，稍有安慰的是，大约27%的受访者说，如果不是特别重要的、或者对某些人有巨大影响的事情，她们大多在第二天就会忘记前一天听说了什么。

85. 根据英国研究，可以知道：
    A 女性容易泄露秘密　　　　　　　　B 男性之间没有秘密
    C 朋友间不能分享秘密　　　　　　　D 女性通过聊天缓解压力

86. 根据调查结果，女性在什么情况下容易泄密？
    A 喝酒以后　　　　　　　　　　　　B 发脾气时
    C 理智清醒时　　　　　　　　　　　D 兴奋激动时

87. 超过四成的受访者认为，将朋友的秘密泄密给谁是可以接受的？
    A 父母　　　　　　　　　　　　　　B 丈夫
    C 闺蜜　　　　　　　　　　　　　　D 不认识朋友的人

88. 关于上述调查，下列哪项不正确？
    A 大多数女性记忆力都不太好　　　　B 超过半数的泄密者会有负罪感
    C 50%以上的泄密者只为了"一吐为快"　D 有四分之三的女性认为自己能保守秘密

89-92.

　　《孙子兵法》是中国古典军事文化遗产中的璀璨瑰宝，是中国
优秀文化传统的重要组成部分，也是世界三大兵书之一。其内容
博大精深，思想精邃富赡，逻辑缜密严谨，是古代军事思想精华
的集中体现。作者为春秋时祖籍齐国乐安的吴国将军孙武，成书
于春秋末年。

　　《孙子兵法》自问世以来，对中国古代军事学术的发展产生了巨大而深远的影响，被人
们尊奉为"兵经"、"百世谈兵之祖"。历代兵学家、军事家无不从中汲取养料，用于发展军
事理论和指导战争实践。三国时著名的政治家、军事家曹操第一个为《孙子兵法》做了系统
的注解，为后人研究打开了方便之门。

　　《孙子兵法》不仅是中国的谋略宝库，在世界上也久负盛名。8世纪传入日本，18世纪
传入欧洲。现今已翻译成29种文字，在世界上广为流传。

　　英国著名军事理论家里德尔·哈特向人透露：他的军事著作中所阐述的观点，其实在
2500年前的《孙子兵法》中就可以找到。他也确实对孙武及其著作有浓厚的兴趣，不仅为
《孙子兵法》英译本作序，还在自己的得意之作《战略论》中大段引述孙武的格言。

　　1991年的海湾战争中，美国海军陆战队军官都奉命携带一本《孙子兵法》，以便在战场
上阅读。

89. 《孙子兵法》被尊奉为"兵经"是因为：
　　A 它在世界上久负盛名　　　　　　　　**B** 它影响了古代军事发展
　　C 它影响了中国传统文化的发展　　　　　**D** 它是伟大的军事家孙武所写的

90. 关于《孙子兵法》，可以知道：
　　A 是曹操发现的　　　　　　　　　　　**B** 成书于三国时期
　　C 18世纪传入日本　　　　　　　　　　**D** 翻译成多国文字

91. 关于英国军事理论家里德尔·哈特，下列哪项正确？
　　A 剽窃了《孙子兵法》　　　　　　　　　**B** 翻译了《孙子兵法》
　　C 为《孙子兵法》英译文作序　　　　　　**D** 为《孙子兵法》做系统注解

92. 上文主要谈的是：
　　A 曹操与《孙子兵法》　　　　　　　　　**B** 中国古代的军事文化
　　C 《孙子兵法》的重要性　　　　　　　　**D** 《孙子兵法》与现代战争

93-96.

在计算机领域，云是互联网的一种比喻说法，云计算则是基于互联网相关服务的增加、使用和交付的一种模式。作为新一代信息技术变革的核心，云计算已成为全社会的<u>焦点</u>，它将从根本上改变人类的工作方式和商业模式。

云计算提供了最安全的数据存储中心，用户不用再担心数据丢失、病毒入侵等麻烦。很多人觉得数据只有保存在自己的电脑里才安全，其实不然。你的电脑可能会因损坏或者被病毒攻击而导致硬盘数据外泄、无法恢复等。假如把文档等资料保存在网络服务器上，即"云端"，就会有全世界最专业的团队来帮你管理，你也不用担心数据丢失或泄露了。而且，有专家表示：云端的数据会越来越安全。

云计算对用户端的设备要求很低，使用起来也十分方便，它可以轻松实现不同设备间的数据共享。由于不同设备的数据同步方法种类繁多、操作复杂，要在这些设备间保存和维护一份联系人信息，假如用最"原始"的方法，你必须付出大量的时间和精力。但是，如果使用云计算就会让一切变得简单。在云计算的网络应用模式中，数据只有一份，且都保存在云端。你只要有一台连接互联网的电子设备，就可以尽情享受云计算带来的无限乐趣。你可以在浏览器中直接编辑之前存储在云端的文档，也可以随时与朋友分享信息。

云计算为我们使用网络提供了无限的可能。作为一种最能体现互联网精神的计算模型，在不远的将来，云计算定会展示出更强大的生命力，并从多方面改变我们的工作和生活。

93. 第1段中画线词语"焦点"是指云计算：
    A 引起争议   B 存在隐患
    C 收益丰厚   D 受到极大关注

94. 根据上文，云计算有什么优势？
    A 维修简单   B 数据安全
    C 运行速度快   D 存储空间大

95. 第3段主要谈的是：
    A 用户的使用心得   B 如何创建云端文档
    C 云计算的发展前景   D 使用云计算的便捷性

96. 使用云计算的前提条件是什么？
    A 注册账户   B 激活电子邮箱
    C 手动同步数据   D 设备需接入互联网

97-100.

　　拟态是指一种生物在形态、行为等特征上模拟另一种生物，从而使一方或双方受益的生态适应现象。这可算得上伪装的最高境界了。

　　在青蛙的大家族里，就有一个具有这种神奇本领的"伪装高手"。它就是生活在非洲西部热带草原上的**热带稀树草原蛙**。这种青蛙体态娇小、色彩艳丽，看起来非常可爱。非洲气候干旱，为了能够保持表皮湿润，热带稀树草原蛙在旱季时基本上一整天都待在地表之下的巢穴中。

　　这样就带来了一个问题：热带稀树草原蛙常常会在挖洞的过程中误入一种名为非洲臭蚁的蚂蚁巢穴。这种蚂蚁腹部长有毒针，往往会猛烈地攻击入侵者。

　　但是，热带稀树草原蛙却能够<u>安然无恙</u>地待在蚂蚁群中。当它们闯入蚂蚁的巢穴中时，蚂蚁不但没有攻击它们，甚至都没有意识到这些"不速之客"的到来。而且，对于非洲臭蚁而言，青蛙一直都是它们捕食的对象之一，然而唯独热带稀树草原蛙能够与其和平相处。这究竟是怎么回事呢？

　　经过长期的观察研究，生物学家发现这一奥秘就在于热带稀树草原蛙皮肤上的分泌物。蚂蚁是通过触角来判断对方身份的，其触角起到了化学探测器的作用，具有极高的敏感性。而热带稀树草原蛙的皮肤会分泌出两种含肽的化合物，它会让蚂蚁产生错觉，使其误以为对方是自己的同伴。所以，它们对热带稀树草原蛙的侵巢行为就"视而不见"了。

97. 热带稀树草原蛙为什么整天待在地表之下？
　　A 保护巢穴　　　　　　　　　　**B** 为了捕食
　　C 维持表皮湿度　　　　　　　　**D** 躲避臭蚁的袭击

98. 根据上下文，第4段中画线词语"安然无恙"是什么意思？
　　A 反应迟缓　　　　　　　　　　**B** 没有受到伤害
　　C 主动攻击对方　　　　　　　　**D** 采用保守策略

99. 非洲臭蚁能与热带稀树草原蛙和平共处，是因为热带稀树草原蛙：
　　A 攻击性极强　　　　　　　　　**B** 腹部长有毒针
　　C 看起来非常可爱　　　　　　　**D** 会分泌含肽化合物

100. 最适合做上文标题的是：
　　A 合作与双赢　　　　　　　　　**B** 要保持生态平衡
　　C 非洲臭蚁的习性　　　　　　　**D** 拟态——伪装的高境界

三、书 写

第101题：缩写。

    (1) 仔细阅读下面这篇文章，时间为10分钟，阅读时不能抄写、记录。

    (2) 10分钟后，监考收回阅读材料，请你将这篇文章缩写成一篇短文，时间为35分钟。

    (3) 标题自拟。只需复述文章内容，不需加入自己的观点。

    (4) 字数为400左右。

    (5) 请把作文直接写在答题卡上。

    相传上古的时候，粮食和杂草长在一起，药草和百花也生长在一起。所以，哪些植物可以当做粮食吃，哪些又可以用来治病，没有人能分得清。那时，人们主要靠打猎为生，但后来，天上的飞禽和地上的走兽都越来越少，人们便经常饿肚子，而且生了病也没有办法医治，生活非常凄苦。

    有一个叫神农的人看到这一切后，十分难过。他苦思冥想了三天三夜，终于想出了一个办法：带领大家外出寻找粮食和药草。

    第二天天一亮，神农就召集了一批人从家乡出发，朝着西北大山走去。走了49天后，他们来到了一个地方。这里的高山一座接一座，峡谷一条连一条，山上还长满了奇花异草，大老远就能闻到香味。大家正想继续往前走，这时，突然从峡谷里窜出来一群野兽，将他们团团围住了。神农立即发动大家挥舞鞭子，一起向野兽打去。可是，他们打走一批又拥上来一批，一直持续了七天七夜，才把所有的野兽都赶跑。

    事后，大家都说这里太危险，纷纷建议神农回去。神农却摇摇头说："不能回！家乡的人们饿了没东西吃，病了也没有药治，我们怎么能回去呢！"说完，他带头走进了峡谷，来到一座大山脚下。

    只见这座山高耸入云，四面都是悬崖，根本没办法攀登。于是，大家又开始打退堂鼓，劝神农："算了，我们还是趁早回去吧。"神农又拒绝了，他跑到对面，对着这座高山左看右看。突然，他看见几只金丝猴顺着悬崖上的古藤和朽木爬来爬去。他灵机一动，立即把大家聚集起来，带着他们砍木杆、割藤条，沿着山崖搭架子。他们从春天搭到夏天，又从秋天搭到冬天，不管是刮风下雨，还是飞雪结冰，从不停工。他们搭了整整一年，一共搭了360层，才将架子搭到山顶。

    神农带领大家，沿着架子爬到了山顶。眼前的景色让他们惊呆了！这里简直就是花草的世界，密密丛丛地长着各种各样的植物。神农高兴极了，接下来的日子里，他白天在山上尝各种植物，晚上就生起篝火，借着火光把白天尝过的植物记录下来。哪些热、哪些凉、哪些能充饥、哪些能治病，他都写得清清楚楚。

    就这样，神农终于从众多植物中辨别出可以充饥的粮食和医病的药草。他把这些东西装好，准备和大家下山回乡。谁知，等他们来到之前搭架子的地方，才发现架子竟然不见了。原来，他们已经在山顶上待了数十年，原先搭架子用的木杆早已落地生根，长成了一片茫茫林海。正当神农为如何下山而为难时，天空突然飞来一群白鹤，把他们都接走了。

    后来，为了纪念神农尝百草、造福人间的事迹，人们便把这一片茫茫林海取名为"神农架"。

03회

모의고사

준비 다 되셨나요?

녹음 듣기

1. 듣기 파일은 트랙 'TEST 03'입니다.
   (듣기 파일은 **맛있는북스 홈페이지**(www.booksJRC.com)에서 무료로 다운로드 할 수 있습니다.)
   미리 준비하지 않으셨다면 **QR코드**를 스캔해서 듣기 파일을 준비해 주세요.

2. **답안카드**는 본책 309쪽에 수록되어 있습니다. 한 장을 자른 후에 답을 기입하세요.

3. 2B연필, 지우개, 시계도 준비하셨나요? 2B연필은 두 개를 준비하면 더 좋습니다. 하나는 마킹용,
   다른 하나는 쓰기 영역을 풀 때 사용하세요.

知识就是力量!

아는 것이 힘이다!

汉 语 水 平 考 试
HSK(六级)

注　意

一、HSK(六级)分三部分：

1. 听力(50题，约35分钟)

2. 阅读(50题，50分钟)

3. 书写(1题，45分钟)

二、听力结束后，有5分钟填写答题卡。

三、全部考试约140分钟(含考生填写个人信息时间5分钟)。

一、听 力

第一部分

第1-15题：请选出与所听内容一致的一项。

1. A 噪声易使人发脾气
   B 噪声不影响人的健康
   C 噪声主要有两大污染来源
   D 连续听摩托车声听力会丧失

2. A 两种鱼都很新鲜
   B 鱼的价格都是8块
   C 鱼老板卖了很多鱼
   D 第二种鱼不想起床

3. A 向日葵种子经济价值高
   B 向日葵的种子不可食用
   C 向日葵生长在寒冷地区
   D 葵花油含有较高的胆固醇

4. A 他学无所用
   B 龙动作迟缓
   C 他杀了很多龙
   D 他学习能力很突出

5. A 老年人不宜吃盐
   B 喝盐水有利于美容
   C 多吃盐容易得高血压
   D 每天的吃盐量最少为6克

6. A 五指山上有温泉
   B 五指山植物品种多
   C 五指山有五座山峰
   D 五指山常年气候寒冷

7. A 心里素质与射箭无关
   B 射箭对力量要求较高
   C 谁都可以成为射箭高手
   D 比赛中男女选手用力一样

8. A 游泳更适合男性
   B 游泳促进身体健康
   C 游泳有很多副作用
   D 游泳能治疗多种疾病

9. A 象棋的历史不长
   B 象棋规则比较复杂
   C 现在象棋不太流行
   D 象棋能磨练人的意志

10. A "福"字越大越好
    B "福"字一般倒着贴
    C 现代人不贴"福"字
    D 贴"福"字是中秋节的习俗

11. A 医生心情很低落
    B 医生的经验很丰富
    C 孕妇和孩子都去世了
    D 医生给婴儿父亲做了手术

12. A 北派魔术不说话
    B 南派注重手上功夫
    C 两派魔术各取所长
    D 现代魔术依然区分明显

13. **A** 赞美让对方愉悦

    B 赞美的技巧很重要

    C 赞美别人要发自内心

    D 赞美过头不利于人际交往

14. **A** 鸽子要搬家

    B 乌鸦和鸽子吵架了

    C 鸽子是乌鸦的邻居

    D 大家都不喜欢乌鸦的叫声

15. **A** 菠萝含有铁元素

    B 柿子可以消除疲劳

    C 菠萝适合体力劳动者

    D 疲劳主要由于缺乏休息

第二部分

第 16-30 题：请选出正确答案。

16. A 自高自大
    B 不追求名利
    C 为自己感到骄傲
    D 有巨大的发展潜力

17. A 传授经验
    B 多锻炼身体
    C 激励年轻人
    D 宣传运动项目

18. A 残酷的竞争
    B 充满机会的比赛
    C 比登天还难的比赛
    D 并非是人生最终目标

19. A 家人的关爱
    B 每次都得冠军
    C 比赛后的成就感
    D 受人关注的满足感

20. A 是网球选手
    B 打算转行做教练
    C 不是第一次参加亚运会
    D 不希望父母来比赛现场

21. A 只在周末播放
    B 是一部连续剧
    C 出了很多名人
    D 观众认可度不高

22. A 画家
    B 小说家
    C 收藏家
    D 大学教授

23. A 名气更大
    B 知识面比较广
    C 实践经验不足
    D 受到的限制少

24. A 有实用性
    B 可激发灵感
    C 充满想象力
    D 不容易理解

25. A 减少学术交流
    B 有助于文化传承
    C 树立学术权威性
    D 使文化发展受到阻碍

26. A 是社会角色
    B 是后天培养的气质
    C 成为领袖才是成功的
    D 家长都希望孩子成为领袖

27. A 能积累生活经验
    B 比同龄孩子成熟
    C 为成为领袖做准备
    D 让孩子更好地处理人际关系

28. A 稳定的情绪
    B 创造性思维
    C 参与实践的能力
    D 与他人沟通合作的能力

29. A 充分信任孩子
    B 仔细地教给孩子
    C 引导孩子自己感受
    D 培养孩子解决问题的能力

30. A 先表扬后批评
    B 永远不要批评
    C 具体到实际行为
    D 常常说"你真棒!"

第三部分

第31–50题：请选出正确答案。

31. **A** 完全赞同
    B 过分担忧
    C 怀疑批评
    D 很难做到

32. **A** 蚂蚁勤劳不懒惰
    B 蚂蚁有团结精神
    C 人们热爱自己的工作
    D 人们忙忙碌碌的样子

33. **A** 一寸光阴一寸金
    B 生命要看整体内涵
    C 做事应追求高效率
    D 读万卷书不如行万里路

34. **A** 他看错了
    B 担心狼真的来
    C 不喜欢村里的人
    D 想跟人们开个玩笑

35. **A** 人们没听见
    B 人们太忙了
    C 人们不相信
    D 认为男孩子能自己解决

36. **A** 狼被打死了
    B 羊被狼吃了
    C 人们救了男孩子
    D 男孩子觉得挺有趣

37. **A** 去打猎
    B 看望亲戚
    C 考验他们
    D 进行赛马比赛

38. **A** 亲戚
    B 弟弟
    C 哥哥
    D 没有人

39. **A** 人要有团结精神
    B 遇到难题不要灰心
    C 石头比钥匙更有用
    D 要多动脑灵活解决问题

40. **A** 改善心情
    B 产生困意
    C 分散注意力
    D 缓解驾车疲劳

41. **A** 浪漫的
    B 劲爆的
    C 嘈杂的
    D 舒缓的

42. **A** 会丧失听力
    B 影响判断力
    C 容易迷失方向
    D 对外界声音不敏感

43. A 喝酒后不要开车
    B 驾车时聊天很危险
    C 开车时不能随性换碟
    D 下雨天开车要慢一点

44. A 觉得驴太麻烦
    B 那头驴受伤了
    C 驴一直想逃走
    D 认为驴毫无用处

45. A 新奇
    B 可爱
    C 强壮
    D 是朋友

46. A 驴踢得不疼
    B 驴可以保护自己
    C 知道了驴没本事
    D 驴发脾气并不可怕

47. A 驴十分勇敢
    B 老虎受到了挫折
    C 老虎踢了驴好几次
    D 驴成为老虎的盘中餐

48. A 避免孩子犯错
    B 消除孩子的恐惧感
    C 使孩子能明辨是非
    D 让孩子学会自控和自信

49. A 要符合情理
    B 要模棱两可
    C 态度要严厉
    D 可随意改变规矩

50. A 教育应因材施教
    B 父母应尊重孩子的意见
    C 父母应制定明确的规矩
    D 规矩太多会阻碍孩子成长

二、阅 读

第一部分

第51-60题：请选出有语病的一项。

51. A 深秋时，银杏树全身金黄，极其绚丽。
    B 泉州木偶戏历史悠久，它始于汉、兴于唐而盛于宋。
    C 对于浪费人才的现象，王经理至今尚未拿出有效的解决方案。
    D 绿色有机食品越来越多地出现在人们的餐桌上，逐渐为大众所远离。

52. A 真诚待人可以维持和发展人际关系。
    B 李后主指的是南唐最后一位国君，真名李煜。
    C 感谢您的来电咨询，请您稍后进行评价对客服人员。
    D 陕西关中地区土地广袤肥沃，所以这儿的人们向来衣食无忧。

53. A 浙商头脑中的智慧是我们在书上学不到的商业圣经。
    B 秋天丰收时，到处是能看到农民们辛勤收割的景象。
    C 因定期维护，网站暂时关闭，如有不便，敬请谅解。
    D 我们不管做什么工作都要认真负责，大事小事都一样。

54. A 他因为诚实善良的品质而被认为国王的继承人。
    B 时光不能抹去我深深的思乡之情，这种思念反而随着年龄的增长愈发强烈。
    C "环球嘉年华"是与"迪士尼乐园"和"环球影城"并驾齐驱的世界三大娱乐品牌之一。
    D 预计未来三天，由于受西伯利亚强冷空气的影响，中东部大部分地区将迎来降温雨
      雪天气。

55. A 经过十几年的发展，他们的分公司已经遍布全球各地。
    B 真正的财富不是你的口袋里有多少钱，而是你的脑袋里有多少知识。
    C 九寨沟素有"童话世界、人间仙境"的美称，是国家5A级风景名胜区。
    D 西藏明媚的阳光、雄伟的雪山、美丽的冰川，无一不是吸引游客来的。

56. A 你去图书馆准能找到他，因为每天下午2点到6点，他在图书馆自习的时间。

B 电子书不需要用纸，比较环保，且携带方便，容量大，因此深受人们的喜爱。

C 盛唐时期，诗坛名家辈出，风格多样，流派纷呈，其中最为杰出的代表是李白和杜甫。

D 这部影片生动地展现了帝企鹅这一可爱而又坚强的物种与严酷的自然环境做斗争的过程。

57. A 俗语"天无绝人之路"是指人的处境濒临绝望时，上天总会给以出路。

B "书到用时方恨少"指的是，平常若不充实学问，临时抱佛脚是来不及的。

C 这次展览主要是关于猫的照片展，从这些照片中可以看到，猫的神态都能看到调皮、活泼。

D 飞行时间达三小时，人体内的水分就会减少一千克，长时间飞行造成的脱水可导致体内细胞无法正常工作，人就容易疲劳。

58. A 通过看一个人所读的是什么类型的书，我们能大概了解一个人。

B 栀子花芳香素雅，叶子四季常绿，是深受人们喜爱的庭园观赏植物。

C 纯天然食用菌茶树菇的特点是高蛋白、低脂肪，民间称为"神菇"的美誉。

D 水是生物体最重要的组成部分，它在生命演化过程中起到了重要的作用。

59. A 过去再辉煌，我们也无法回头；未来再困难，我们也要迎难而上。

B 鸟类在迁徙的过程中原本是以星星定向的，但由于城市照明光等人工光源的干扰，它们常常迷失方向。

C 研究表明，说话者触摸鼻子，意味着他在掩饰自己的谎话；聆听者做出这个手势则说明他对说话者的话语表示怀疑。

D 孔子之所以主张"因材施教"的原因是因为每个人的个性和观念都不同，所以，老师应根据学生的特点，用合适的方法教学。

60. A 机遇能让一个一文不名者腰缠万贯，也能让一个微不足道者功成名就。

B 很多父母以爱的名义为孩子提前准备好了一切，看似用心良苦，但结果却往往适得其反。

C 研究发现，月亮并不是自身发光，它只是反射太阳光，月亮反射的太阳光虽然只有7%能到达地球，但已足够照亮地球上的黑夜。

D 进化论的基本观点是：在生物进化过程中，适应自然环境的物种得以生存过来，不适应的就被淘汰，这就是所谓的"优胜劣汰，适者生存"。

第二部分

第 61-70 题：选词填空。

61. 据调查显示：中国女性的"幸福年纪"为28岁左右，这一年龄段的女性_____幸福的巅峰点，有_____的家庭，有"同甘苦共患难"的至亲_____快乐、分担烦恼，对未来也充满了憧憬，享受着无忧无虑的美好时光。

    A 处于   和睦   分享   **B** 坐落   和蔼   分担
    C 位于   亲切   分配   **D** 攀登   温馨   分布

62. 从严格意义上来说，温泉是从地下自然涌出的泉水，其水温_____高于当地年平均气温。形成温泉一般要_____地底有热源、岩层中有让泉水涌出的缝隙、地层中有_____泉水的空间这三个条件。

    A 显著   筹备   存在   **B** 明显   具备   储存
    C 显眼   包含   积累   **D** 突出   达到   储蓄

63. 中国人常说，好的开始等于成功的一半。但如果没有一个好的开始，_____试试一个坏的开始吧。因为即使是一个坏的开始也总比没有开始强。开始有可能让人丢下令人不满的_____，进入到一个全新的境界。无论你有什么_____，都请给自己一个新的开始吧！

    A 不必   现状   计划   **B** 不禁   症状   想象
    C 不敢   状况   打算   **D** 不妨   现实   抱负

64. 四川省西北部的黄龙风景区，1992年12月被_____《世界遗产名录》，以彩池、雪山、峡谷、森林"四绝"而_____。除了美丽的风景，这一地区还生活着许多_____灭绝的动物。因此长期以来，一直备受广大中外游客的_____。

    A 记录   举世闻名   靠近   爱慕
    B 登记   举世瞩目   几乎   喜爱
    C 列入   闻名遐迩   濒临   青睐
    D 登载   举足轻重   临近   宠爱

65. _____滕王阁的第5层是登临远眺的最佳去处。登上5层的回廊，放眼望去，天光水色，_____，心胸豁然开朗。要是赶上_____西下，也许就真要进入"落霞与孤鹜齐飞，秋水共长天一色"的_____了。

    A 听说   一泻千里   阳光   边境
    B 打听   一日千里   日光   处境
    C 据说   一览无余   夕阳   境界
    D 据悉   一望无垠   落日   界限

66. "行动比语言更响亮"的意思指，只有心动却没有行动，只能原地不动，这注定会_____。所以，假如你有一个_____，就应该_____行动起来。要知道，一百次心动_____一次行动，一个实干者胜过一百个空想家。

A 无精打彩　　理想　　尽力　　与其
B 梦想成真　　幻想　　马上　　比如
C 一事无成　　梦想　　立即　　不如
D 无所事事　　妄想　　立刻　　宁可

67. 磁悬浮列车是一种靠磁悬浮力来推动的列车，它主要由悬浮系统、推进系统和导向系统三大部分_____。磁悬浮列车启动时像浮在水上的小艇一样左右_____，但当列车加速后，车身却_____稳定，不会让人有眩晕的_____。

A 组织　　翻滚　　特别　　知觉
B 形成　　震动　　不太　　灵感
C 合成　　动荡　　异常　　感想
D 组成　　摇晃　　极其　　感觉

68. 世界三大涌潮之一的钱塘江大潮，是海水通过钱塘江喇叭状的入海口时形成的景观。农历八月十六是观潮的最佳_____，中秋佳节前后，八方宾客_____，_____睹钱江潮的奇观。潮来时，江面波涛_____，场面十分壮观。

A 机遇　　人头攒动　　目　　踊跃
B 时候　　摩肩接踵　　抢　　跳跃
C 时机　　蜂拥而至　　争　　汹涌
D 瞬间　　络绎不绝　　一　　雀跃

69. 有人说："没有比脚更长的路，没有比人更高的山。"我们总觉得路途_____，却忘了脚比路长。在奋斗的过程中，目标高远、任务_____并不可怕，可怕的是缺乏追寻的勇气和_____的精神。只要愿意努力，就能_____自己的理想。

A 顺利　　巨大　　固执　　达成
B 遥远　　艰巨　　执着　　实现
C 平坦　　困难　　坚固　　落实
D 颠簸　　繁重　　顽固　　兑现

70. 探险是人类对自身的一种_____。从高峻的山峰到深邃的海底，从浩瀚的大洋到茫茫的宇宙，哪里有_____，哪里就有人类的足迹。其间有成功的喜悦，也有失败的_____。探险过程中的任何艰难险阻，都遏制不住人类探寻未知世界的_____，也阻挡不了人类_____向全新领域的脚步。

A 挑战　　奥秘　　悲壮　　激情　　迈
B 较量　　秘密　　悲伤　　爱情　　跳
C 比赛　　机密　　悲痛　　热情　　蹦
D 竞争　　机关　　悲观　　激动　　奔

第三部分

第71-80题：选句填空。

71-75.

　　当你在公园赏花时，可能会有这样的体验：气温偏高时，随处都可以闻到花香，且香气较浓；气温偏低时，则(71)_____，且香气较淡。花香的浓淡与气温的高低到底有没有关系呢？

　　首先让我们来弄清"花香"是怎么回事吧。原来，大多数花卉的花瓣里都有一种油细胞，它能不断分泌出有香味的芳香油。芳香油挥发后扩散到空气中的芳香油分子会刺激人的嗅觉器官，(72)_____，这就是花香。所谓的香气浓淡，不过是进入人鼻孔中芳香油分子的多少罢了。

　　有实验表明，当其他环境因素完全相同时，(73)_____。气温越高，分子无规则运动的速度越快，扩散也就越快。

　　在低温无风的天气里，(74)_____，由花朵扩散出的芳香油分子大都聚集在花朵的周围。只有靠近花朵，才能闻到花香。而阳光明媚、天气暖和时，一方面，(75)_____，使其扩散加快；另一方面，花卉附近的地面受热辐射后，气流循环加快，从而不断将花卉附近的芳香油分子带走，这就进一步加快了花卉对芳香油的分泌和挥发，花的香气更加浓郁，从而让人产生香气袭人的感觉。

A 分子无规则运动的速度减慢
B 只有在花的附近才闻得到花香
C 较高的气温加快了芳香油分子的无规则运动
D 芳香油分子的扩散速度主要受气温影响
E 使人产生芳香的感觉

76-80.

湖北地处华中长江边上，北邻河南，南接湖南，自然条件不错，(76)_____。不南不北的地理位置使湖北人的性格有很强的兼容性，(77)_____，又有南方人的精明。

"天上九头鸟，地下湖北佬"，这是外省人评价湖北人。"九头鸟"源于神话《山海经》中的"九头凤"，(78)_____，具有旺盛的生命力，特别聪慧精明。"九头鸟"之于湖北人，实际上褒贬之意兼而有之。

现在，精明的湖北人把"九头鸟"变成了自己的一张名片，不少湖北商人把它作为自己的品牌标志，"九头鸟"饭店全国各地开得到处都是。有人说湖北人太精，作为个人，湖北人是大智若愚，作为整体，太精则不够团结，因小失大，干不成大事，(79)_____。

(80)_____，王昭君即是一例。在武汉，漂亮女孩不少，虽然一口武汉话显得有点粗，但说起普通话来，却柔媚多姿，别有风情。

A 所谓聪明反被聪明误
B 既有北方人的率直
C 湖北自古出美女
D 是有名的鱼米之乡
E 传说此凤有九个脑袋

第四部分

第81-100题：请选出正确答案。

81-84.

孩童时期的毛泽东，曾经先后就读于几个私塾，还在湘乡私小学和长沙第一高级中学读书。他觉得虽然学了不少知识，开阔了眼界，但是，不论私塾还是学校，都有很大的局限性，不能很好地满足他。

1912年7月，毛泽东下决心退学自修。他每天都到长沙定王台湖南图书馆去借书自学。在这里毛泽东第一次看到一张世界大地图，这张世界大地图叫做《世界坤舆大地图》。这对毛泽东的影响非常大。

毛泽东从小到大读了那么多年书，还是第一次见世界地图。他知道世界很大，10岁时离家走3天没走出韶山，他无法想象世界到底有多大。他在湖南图书馆每天都要经过这张世界大地图，不知看了多少遍，感慨万千。过去他认为湘潭很大，湖南很大，中国被称为天下，那就更大，但是从这张世界大地图上毛泽东看到中国只是世界的一小部分，湖南就更小。

毛泽东善于提出疑问、思考解答。他从世界大地图联想到——世界那么大，人也那么多，他们都过着怎样的生活呢？他从亲身经历看周围的人，很多都生活得很苦，很多普通老百姓都在受着统治，受着压迫剥削。他认为这非常不合理，必须改变。要改变就要消灭人剥削人、人压迫人的现象，而这种变化不会自己发生，就要进行革命。在毛泽东的思想里，从青年时代就树立了消灭剥削、解放大众、为人民谋幸福的思想。

他在那时候就想到，青年的责任重大，要为全中国痛苦的人、全世界痛苦的人奉献自己全部的力量，这是非常不简单的。一幅世界大地图，使18岁的毛泽东胸襟宽阔，立下<u>鸿鹄大志</u>。

81. 毛泽东为什么退学自修？
   A 想在图书馆打工   B 学校局限性太大
   C 学校课程太难跟不上   D 家庭贫困付不起学费

82. 毛泽东从地图上看到了什么？
   A 湖南太小了   B 中国的面积非常大
   C 很多地方他还没去过   D 世界跟他想象的一样

83. 下面哪项是毛泽东青年时代的思想？
   A 改善人民生活   B 科技就是生产力
   C 立志成为国家领导   D 读书是唯一的出路

84. 最后一段画线词语"鸿鹄大志"是什么意思？
   A 勤奋好学   B 眼界要开阔
   C 远大的抱负   D 像鸟一样飞得高

85–88.

在许多公园里，常常会看见有些老人用一种和扫帚长度相当、以海绵做笔头的特殊的"笔"，蘸水在地上写字。这种新兴的书写方式被称为"地书"。

公园里的花岗石是地书爱好者的首选之地，这是因为花岗石是方块儿的，这样写起来就好似在方格纸里写字一样，一格一字，工整规范；此外，花岗石平整光滑，便于笔在上面书写，而且能够使字迹在上面停留几分钟。既让书写者怡情，又可供过往者欣赏。

每天清晨，地书爱好者们都喜欢在广场和公园聚集，然后挥毫"泼墨"。他们拿着特制的地书笔，尽展各自的地书绝活儿。有一次，我看见两位老人同时用楷书书写苏轼的《水调歌头》，只见他们一边吟诵着"明月几时有？把酒问青天……"一边尽情挥洒。虽然书写内容相同，但书法风格却各有特色。

写地书的姿势可谓十分讲究，双脚分开，与肩同宽，两腿伸直，腰部挺直，手握笔杆，心无旁骛。同时，落笔行笔时要自然屏息，起笔时，呼吸要加深加长。写一段时间后，不妨伸伸肘，活动一下腰骨，便会感觉全身轻松，心情舒畅。地书的练字方法是一种令人耳目一新、独树一帜的练字方法，既方便又环保，不仅能提高练习者的书法水平，还能推动书法艺术的普及与发展，同时也集锻炼身体与陶冶情操于一身，可谓是一举多得。

如今许多年轻人也加入了地书爱好者的行列。他们积极地推广地书文化，希望它能受到更多人的喜爱。在他们看来，地书文化有着不可替代的积极作用，即提升城市形象、展现城市气质、凸显文化风采、推广书法艺术等。

85. "地书"得名的根据是：
   A 书写字体   B 书写内容
   C 书写方式   D 书写工具

86. 地书爱好者为什么选择在花岗石上写字？
   A 易于修改   B 花岗石容易找到
   C 平整光滑便于书写   D 字迹能长时间保留

87. 关于"地书"，下列哪项正确？
   A 可以坐着写   B 容易污染环境
   C 不需要用墨水写   D 地书爱好者都是老人

88. 最适合做上文标题的是：
   A 如何保留传统书法   B 城市新景观——地书
   C 怎样写出漂亮的地书   D 地书与传统书法的异同

89-92.

人与生俱来就会笑，笑很简单，它是人生中最美的一道风景线；笑也很复杂，它蕴含着许多人们可能从来没听说过的学问。你是否知道，笑具有很多神奇功效呢？

据心理学家研究发现，笑共有19种。每一种笑都会动用不同的面部肌肉组合，有时会调用数十块儿肌肉，有时则只用到四五块儿肌肉。这19种笑可以归为两类：一类是社交类的礼貌性笑容，调动的肌肉较少；另一类是发自肺腑的笑，用到的肌肉比较多。相对于皱眉来说，露出笑容所调动的肌肉数量更少，用力也要小一些。既然绽放笑容是如此简单，何不少一些愁眉苦脸，多一些开心笑容呢？

当人笑时，脑中的快乐激素便会释放出来。快乐激素是最有效的止痛化学物质，能缓解体内各种疼痛。因此，一些罹患风湿、关节炎的人如果经常笑，可以缓解病情。由此可见，笑是天然、无副作用的止痛剂。此外，笑也有助于新陈代谢，加速血液循环，让人更加年轻有活力。

另外，研究还发现，大笑是保持身材苗条的最佳方法。大笑10至15分钟可以加快心跳，从而燃烧一定量的卡路里。与此同时，大笑还可以驱走负面情绪，释放压力。俗话说得好，"笑一笑，十年少"，微笑可以使人看上去更年轻，因为微笑能调动肌肉群为我们的脸做"美容"。

从现在开始，多笑笑吧，更多的人将被你吸引。因为微笑可以让人看起来更有魅力、更有自信。当一个人在笑时，整个房间的气氛变得轻松，从而改变其他人的心情。

89. 根据第2段，可以知道：
   A 生气容易加速人的老化
   B 礼貌性微笑更易使人愉快
   C 真心的笑调动的肌肉较少
   D 皱眉比笑调动的肌肉更多

90. 关于快乐激素，下列哪项正确？
   A 人笑时会分泌
   B 年纪越大分泌越少
   C 不能缓解体内的疼痛
   D 风湿病患者体内缺乏

91. 关于笑的功效，下列哪项不正确？
   A 加速血液循环
   B 保持身材苗条
   C 减缓新陈代谢
   D 提升个人魅力

92. 最适合做上文标题的是：
   A 笑的种类
   B 笑的副作用
   C 笑的神奇功效
   D 怎样笑得更美

93-96.

你或许从未想过，夜晚当你进入梦乡时，体内的大量器官还在辛勤地值着夜班呢！

首先是心脏在"值夜班"。即使在睡眠环境下，心脏恐怕一分钟也不能停止跳动。不过心脏并不是一刻不停地在工作，它也会抽空休息。它收缩时是在工作，舒张时是在休息。当每分钟心跳75次时，每一次心跳，心房和心室的收缩时间分别为0.1秒和0.3秒，而舒张时间分别为0.7秒和0.5秒，休息时间比工作时间还长。

说到"值夜班"，别忘了肺。人们夜晚睡觉时，肺就像一台鼓风机，不停地把富含氧气的空气吸入体内，把含有二氧化碳的废气排出。科学家们认为这台鼓风机停止工作5分钟，人便会"断气"。当然肺也要休息，它的7.5亿个基层单位——肺泡采用轮休制，每次呼吸只有部分肺泡在工作。

消化系统也在"值夜班"。根据实验，玉米在胃内消化要停留3个多小时，在小肠内吸收要停留5个小时，在结肠内要停留16个小时，经过消化吸收后，开始由"环卫部门"——直肠排出。

另外，许多人大概还不太清楚，调节人体功能的内分泌腺体也坚守在"夜班"岗位上。研究证明，有大约1/3到一半的激素在夜间达到最高值。例如，腺垂体分泌的一种生长激素能促进蛋白质合成，加速软骨与骨头生长，使人长高，这种对发育极其重要的激素在人熟睡5小时后达到分泌的最高峰。至于神经系统这个人体活动的"总司令部"，在夜间当然是"灯火通明"。

正是有了这些"夜班工人"的日夜操劳，我们的生命才得以平稳地延续。

93. 根据第3段，可以知道：
    A 肺白天吸入氧气　　　　　　　　B 肺泡采用轮休制
    C 肺每次休息5分钟　　　　　　　　D 所有肺泡同时工作

94. 食物在哪个器官停留时间最长？
    A 胃　　　　　　　　　　　　　　B 小肠
    C 结肠　　　　　　　　　　　　　D 直肠

95. 根据上文，下列哪项正确？
    A 心脏不会休息　　　　　　　　　B 心跳毫无规律
    C 腺垂体会分泌生长激素　　　　　D 神经系统夜间更加活跃

96. 上文主要谈的是：
    A 人体内的构造　　　　　　　　　B 青少年发育过程
    C "值夜班"造成疲劳　　　　　　　D 夜间工作的人体器官

97-100.

众所周知，一般来说，像树木、农作物等植物的根是由主根和须根组成的。这些名词听起来不免太专业了，但是，不管是主根还是须根，植物的根都是在土壤里向下生长的，为的是能吸收土壤中的水分、营养和氧气。

然而，就是有一种奇怪的植物，它却多出了一种根，而且多出的这种根是钻出地面朝天生长的。这种植物的名字叫海桑。海桑生长在广东和福建沿海一带，它们生长茂盛，繁殖力极强，高可达5米。它们生长在海边滩涂的淤泥里，经常受到潮汐的侵袭，生存环境极为恶劣。

但让人觉得奇怪的是，淤泥中缺氧，在没有氧气的环境里，海桑是怎么生存的？而且生存得那么旺盛、那么繁茂？

答案很简单，因为海桑比别的植物多长了一种根——呼吸根。为了吸收到新鲜氧气，呼吸根拼命钻出淤泥朝天长，然后，把吸收到的氧气传回到淤泥中的主根和须根。所以可以说，朝天长的呼吸根是海桑赖以生存和生长的源泉，没有朝天长的这种根，就没有海桑的生命。

为了生存和生长，不论是植物还是人类，都要<u>不遗余力</u>的，即使再恶劣的环境，也能找到生存和生长的办法。找到这种办法，需要像海桑一样，具有让根破土而出朝天长的勇气。

97. 根据第2段，海桑：
   A 生长在海边
   B 繁殖力较弱
   C 生存环境舒适
   D 是东北特有的植物

98. 关于海桑的呼吸根，可以知道什么？
   A 长在地下
   B 长度达5米
   C 吸收新鲜氧气
   D 是海桑唯一的根

99. 文中画线词语"不遗余力"最可能是什么意思？
   A 早已所剩无几
   B 把全部力量使出来
   C 有锲而不舍的态度
   D 轻而易举就能实现

100. 上文主要谈的是：
   A 海桑的种植方法
   B 海桑的药用价值
   C 海桑的生存秘诀
   D 海桑的分布地区

三、书写

第101题：缩写。

(1) 仔细阅读下面这篇文章，时间为10分钟，阅读时不能抄写、记录。
(2) 10分钟后，监考收回阅读材料，请你将这篇文章缩写成一篇短文，时间为35分钟。
(3) 标题自拟。只需复述文章内容，不需加入自己的观点。
(4) 字数为400左右。
(5) 请把作文直接写在答题卡上。

在很久以前的战国时期，靠近北部边城，住着一个老人，名叫塞翁。塞翁已经七十多岁了，身体非常硬朗。他家里养了许多马，一天，他一大早起床去喂马，却惊讶地发现马群中有一匹走失了，家人四处寻找也不见踪影。

邻居们听说这件事，纷纷跑来安慰他，劝他不必太着急，多注意身体。塞翁见有人劝慰，笑了笑说："丢了一匹马损失不大，没准会带来什么福气呢。"邻居听了，心里觉得很好笑。马丢了，明明是件坏事，他却认为也许是好事，这老头显然是自我安慰而已。

过了几天，家人们正围在一起吃早饭，突然听到外面传来几声马叫。跑出去一看，他们丢失的那匹马竟然自己回来了。更令人意想不到的是，后面还跟着一匹匈奴的骏马，这匹跟来的骏马比自己的马还要昂贵得多。

邻居听说了这个好消息，对塞翁的预见非常佩服，觉得塞翁对自己的马太了解了，已经预料到它还会回来。于是赶紧跑来向塞翁道贺："还是您有远见，马不仅没有丢，还带回一匹好马，真是福气呀。"塞翁听了邻人的祝贺，反而一点高兴的样子都没有，满脸忧虑地说："白白得了一匹好马，不一定是什么福气，也许惹出什么麻烦来。"邻居们以为这老头真怪，明明是一件大好事，他却故意表现出忧虑的样子，心里明明高兴，却有意不说出来，这也太虚伪了吧。

塞翁有个独生子，非常喜欢骑马，从小就天天跟马混在一起。他发现跟回来的那匹马身长蹄大，嘶鸣嘹亮，一看就知道是匹好马。于是他每天都骑马出游，在草原上、山上跑来跑去，心中洋洋得意。一天，他高兴得有些过火，打马飞奔，一个趔趄，从马背上跌下来，摔断了腿。幸亏救助及时，没有生命危险，但是从此以后他每天只能挂着拐杖走路了。

邻居听说这个噩耗，纷纷前来慰问，希望塞翁想开点，不要悲伤过度等等。塞翁听后，似乎一脸平静，不紧不慢地说："没什么，腿摔断了却保住性命，或许是福气呢。"邻居们觉得他又在胡言乱语。他们想不出，摔断腿会带来什么福气。

不久，匈奴兵大举入侵，青年人被征入伍，所有身体健康的年轻男子都到前线当兵去了。而塞翁的儿子却因为摔断了腿，不能去当兵。战争非常残酷，持续了很久也难分胜负。几年以后，入伍的青年大部分都战死了，没死的也伤得非常严重，唯有塞翁的儿子保全了性命，活了下来。

生活中有太多类似的事情，表面上看起来是一件大好事，却暗藏着危机；表面上看起来糟糕透了，也可能蕴藏着转机。我们看待事情时，应该学会用变动的眼光去看，不要只专注于一时的得与失，也不要因为失去了什么就郁郁寡欢，得到了什么就兴高采烈。

04회

모의고사

녹음 듣기

준비 다 되셨나요?

1. 듣기 파일은 트랙 'TEST 04'입니다.

    (듣기 파일은 **맛있는북스 홈페이지**(www.booksJRC.com)에서 무료로 다운로드 할 수 있습니다.)

    미리 준비하지 않으셨다면 **QR코드**를 스캔해서 듣기 파일을 준비해 주세요.

2. **답안카드**는 본책 309쪽에 수록되어 있습니다. 한 장을 자른 후에 답을 기입하세요.

3. 2B연필, 지우개, 시계도 준비하셨나요? 2B연필은 두 개를 준비하면 더 좋습니다. 하나는 마킹용, 다른 하나는 쓰기 영역을 풀 때 사용하세요.

细节决定成败!

디테일이 성패를 결정한다!

汉 语 水 平 考 试
HSK(六级)

注　意

一、HSK (六级) 分三部分：

   1.　听力 (50题，约35分钟)

   2.　阅读 (50题，50分钟)

   3.　书写 (1题，45分钟)

二、听力结束后，有5分钟填写答题卡。

三、全部考试约140分钟 (含考生填写个人信息时间5分钟)。

一、听 力

第一部分

第1-15题：请选出与所听内容一致的一项。

1. **A** 寓言都是真实故事
   B 寓言故事情节较长
   C 寓言蕴含深刻的哲理
   D 寓言的主人公只是一些事物

2. **A** 黑土富含养料
   B 黑土是碱性土壤
   C 黑土分布在西北地区
   D 黑土地不宜种植农作物

3. **A** 心情沮丧时应穿亮色服装
   B 服装颜色能反映女性性格
   C 爱穿粉色的女性童心未泯
   D 性格内向的女性爱穿暗色服装

4. **A** 路上车很少
   B 老王跟别人吵架了
   C 老王打死了一只蜗牛
   D 老王发生了交通事故

5. **A** 老年人不会上网
   B 老人手机辐射小
   C 老人手机屏幕较大
   D 老人手机价格低廉

6. **A** 传统贺卡缺乏魅力
   B 电子贺卡不够真诚
   C 传统贺卡已被取代了
   D 传统贺卡让人更有幸福感

7. **A** 目的是反对侵略
   B 这是一场罢工运动
   C 该运动体现了爱国精神
   D 参与者主要是中上阶层

8. **A** 多读书有助于成功
   B 名师的指点最重要
   C 对读书的看法因人而异
   D 要积累丰富的实践经验

9. **A** 动物比人反应敏感
   B 有些动物能预知天气
   C 动物有独特的沟通方式
   D 所有动物都能感知天气变化

10. **A** 京剧在当今更受欢迎
    B 年轻人比较了解历史
    C 京剧主要反映历史故事
    D 老人也喜欢轻松的音乐

11. **A** 懒汉非常气愤
    B 懒汉的工作很难
    C 懒汉的同事们更懒
    D 懒汉看坟地看了一个月

12. **A** 飞机应顺风起飞
    B 飞机迎风降落很危险
    C 跑道方向跟主导风向有关
    D 飞机滑跑距离由机长决定

13. **A** 不应该溺爱孩子

B 孩子的人格应从小培养

C 儿童教育要追求因材施教

D 父母要培养孩子的沟通能力

14. **A** 女孩儿打算搬家

B 我给女孩儿指错了路

C 女孩儿住在我家附近

D 女孩儿长得像我前女友

15. **A** 二十四节气已有500年历史

B 节气是古人主观感受的产物

C 二十四节气是古人智慧的结晶

D 当时中国社会尚未进入农业社会

第二部分

第16-30题：请选出正确答案。

16. A 尚未退役
    B 会一些乐器
    C 出身于音乐世家
    D 奥运会得过金牌

17. A 选定合适的曲子
    B 有助于理解作品
    C 情绪上得到满足
    D 更合理地分配人员

18. A 三天
    B 三周
    C 三个月
    D 一、两周

19. A 历史不长
    B 会分散注意力
    C 指挥时可有可无
    D 可延伸手臂长度

20. A 比想象的更难
    B 必须科班出身
    C 对技巧要求较高
    D 要精通一两门乐器

21. A 应读者要求
    B 受前人影响
    C 相关阅历较多
    D 表现手法简单

22. A 属于非主流文化
    B 各时代差异很大
    C 富有节奏感和韵律
    D 是中国文化的精髓

23. A 诗画结合
    B 被人冷落
    C 配有背景音乐
    D 题材丰富多样

24. A 受读者青睐
    B 以失败而告终
    C 引起各界争论
    D 没有太大的反响

25. A 业余爱好摄影
    B 比较了解诗歌市场
    C 早年写过电影剧本
    D 只创作爱情相关的题材

26. A 要勇往直前
    B 要获得成功
    C 不放弃学艺术
    D 不能盲目自信

27. A 要专心致志
    B 要学会克服困难
    C 要采取漫不经心的态度
    D 成功需要付出巨大代价

28. **A** 很反感
    B 感到很无奈
    C 心里不舒服
    D 心里不服气

29. **A** 充满争议的
    B 能抓住读者的心
    C 获得媒体的好评
    D 得到专家们的高度评价

30. **A** 经常去打猎
    B 受到的批评更多
    C 是画坛重量级人物
    D 后悔放弃工科的学习

第三部分

第31-50题：请选出正确答案。

31. **A** 空气振动
    B 氦气振动
    C 颅骨振动
    D 空气及颅骨振动

32. **A** 氦气浓度低
    B 氦气中阻力大
    C 氦气会妨碍我们的听觉
    D 氦气中声音传播速度更快

33. **A** 声音会"变"的原因
    B 录音时的注意事项
    C 空气和氦气的区别
    D 怎样调节音调高低

34. **A** 不聪明
    B 不爱吃糖
    C 缺乏耐心
    D 禁得起诱惑

35. **A** 一生
    B 几十年
    C 二十分钟
    D 整个中学时期

36. **A** 思维能力
    B 团队精神
    C 竞争意识
    D 自控能力

37. **A** 更谦虚
    B 感到平静
    C 缺乏信心
    D 更小心谨慎

38. **A** 很嫉妒他
    B 知识面很窄
    C 只是初学者
    D 是电脑牛人

39. **A** 不要轻易去尝试
    B 羡慕是正常心理
    C 做事要精益求精
    D 嫉妒别人是愚蠢的

40. **A** 眼睛感觉疲劳
    B 雪地里空无一物
    C 积雪对强光的反射
    D 眼睛长时间看一个落点

41. **A** 导致失明
    B 引发焦虑症
    C 使人头晕目眩
    D 引起视网膜脱落

42. **A** 佩戴墨镜
    B 加快前行速度
    C 拿着深色旗帜前行
    D 在雪地里设明显的标志

43. **A** 人要有目标

 B 要勇于挑战

 C 保护眼睛的重要性

 D 要有锲而不舍的精神

44. **A** 火城

 B 火炉

 C 火洲

 D 火焰山

45. **A** 皮袄很保暖

 B 早午温差很大

 C 早上夜里很热

 D 纱质衣服很流行

46. **A** 上午和中午

 B 下午和中午

 C 上午和下午

 D 早晨和晚上

47. **A** 墙特别厚

 B 建在树丛中

 C 阳光直射少

 D 全部建在地下

48. **A** 大雁是雄性

 B 大雁曾受过箭伤

 C 大雁能躲避攻击

 D 不用箭就能射下大雁

49. **A** 大雁很瘦弱

 B 大雁飞行高度低

 C 大雁的伤口流血了

 D 大雁的叫声及飞行速度

50. **A** 大雁逃跑了

 B 箭射中了大雁

 C 魏王箭艺高超

 D 更羸观察力敏锐

二、阅 读

第一部分

第51–60题：请选出有语病的一项。

51. **A** 中国玉石中的佼佼者要数新疆玉石了。
    B 下面我们有请张校长给获奖选手颁发荣誉证书。
    C 他向来我行我素，从来把老师的教导不放在心上。
    D 随着经济全球化进程的不断加快，国际人口流动更加频繁。

52. **A** 他的许多作品都在全国美术家展览会上展出过。
    B 若没有飞翔的翅膀，既然被送到了高处，也会跌落下来。
    C 虽说实验最终失败了，但大家都知道他已经竭尽全力了。
    D 高原病指海拔在3000米以上的地区，由高原低氧环境引起的人体低氧性疾病。

53. **A** 这件雕塑作品的创作者出自罗丹之手。
    B 如果要躲避燃烧的痛苦，火柴一生都将黯淡无光。
    C 人才与资源的短缺极大地限制了这座城市的经济发展。
    D 纪念币由于发行量小且具有纪念意义，因此往往具有较高的收藏价值。

54. **A** 殊不知，只要你留心，身边机会到处都是。
    B 在人生中，我们并非缺乏机遇，而是不懂得如何把握它。
    C 晚上9点到11点是人体免疫系统的排毒，此时应安静地听听音乐。
    D 工作间隙做些转颈、后仰的简单运动，可以有效缓解颈部肌肉的疲劳。

55. **A** 俗话说聚沙成塔，看似不起眼的小工作可能正是大事业的开始。
    B 那一刻，观众席上鸦雀无声，所有人都被他的精彩表演吸引住了。
    C 通过国内生产总值，是衡量一个国家或地区总体经济状况的重要指标。
    D 羽绒的保暖性能要比其他人造材料好得多，它是目前最好的天然保暖材料。

56. **A** 到昨天为止，此网站的注册用户已超过50万。
    B 一个人值不值钱与一个人有没有钱是两个截然不同的概念。
    C "吃一堑，长一智"，每受一次挫折，你就积攒了一些智慧为未来的成功。
    D 西溪国家湿地公园位于杭州市区西部，距离杭州西湖仅5公里，是罕见的城中次生湿地。

57.　A 《牛郎织女》、《孟姜女》、《梁山伯与祝英台》与《白蛇传》被称为中国四大民间传说。

　　B 鲜花饼是一款以云南特有的食用玫瑰花入料的酥饼，是以"花味、云南味"为特色的云南经典点心的代表。

　　C 饭后人常常会犯困，这是因为血液集中供向消化系统，导致流向大脑的血流量减少，大脑兴奋性有所降低很多。

　　D 香菜富含香精油，香气浓郁，但香精油极易挥发，且经不起长时间加热，所以香菜最好在食用前加入，以保留其香气。

58.　A 就这样通过不断地失败，不断地准备，不断地完善自己，他成为了经济舞台上的风云人物。

　　B 人类从河流、湖泊、含水土层和湿地取来的水，74%用于农业，18%用于工业，8%用于生活。

　　C 南锣鼓巷全长786米。以南锣鼓巷为主干，向东西各伸出对称的八条胡同，呈鱼骨状，俗称蜈蚣街。

　　D 一个人在读书时，应该带着自己的经历与体验，看待作者笔下的世界。只有这样，你读过的书才会变化你的财富。

59.　A 想要真正领略黄果树瀑布的雄奇和壮观，怎可到了黄果树瀑布而不进水帘洞呢?

　　B 传统观念认为动画片的受众只是儿童，因此越来越多的公司开始推出多元化产品，供不同年龄的人们享受。

　　C 奋斗令我们的生活充满生机，责任让我们的生命充满意义，常遇困境说明你在进步，常有压力说明你有目标。

　　D 人最悲哀的，并不是过去失去得太多，而是还沉浸于过去的痛苦之中；人最愚蠢的，并不是没有发现眼前的陷阱，而是第二次又掉了进去。

60.　A 关于长寿老人的一项调查报告称，亲密的朋友关系与和谐的家庭氛围是人长寿的两大秘诀。

　　B 京杭大运河，始建于公元486年，全长1794公里，是中国重要的南北水上干线，也是世界上最长的一条人工运河。

　　C 蜘蛛结网可能逮不到昆虫，但蜘蛛不结网就永远逮不到昆虫。人亦如此，努力可能没有回报，但不努力一定没有回报。

　　D 海参全身的骨头多达2000万块儿，但这些骨头极小，用肉眼从来看不见，要在显微镜下放大几十倍甚至几百倍才能看见。

第二部分

第61-70题：选词填空。

61. 曾经有位植物学家突发奇想，把不同时间开放的花种在一起，做了一个_____的花圃，他把花圃修建得像钟面一样，组成花的"时钟"。这些花在24小时内_____开放。你只要看看刚刚开放的是什么花，就知道现在_____是几点钟，这是不是很有趣？

A 奇怪　　一向　　大概　　　　B 别致　　顿时　　几乎
C 独特　　陆续　　大约　　　　D 特长　　继续　　暂时

62. 冬天，我们常能在大街小巷看到冰糖葫芦，由于山楂和外面的那层糖被寒冷的气温_____住，所以咬起来的感觉很硬，像在吃冰一样。然而到了夏天，由于天气炎热，外面的糖衣会_____，所以味道和冬天的比起来_____。

A 冷　　溶解　　相提并论　　　B 冻　　融化　　相去甚远
C 裹　　溶化　　不相上下　　　D 围　　熔化　　相差无几

63. 提到中国少数民族的民间传统纺织印染手工艺，就不得不提蜡染，它有着悠久的历史。蜡染品种_____，色调素雅，风格独特，用于制作服装服饰和各种生活实用品，显得_____大方、清新悦目，还_____民族特色。

A 繁多　　朴素　　富有　　　　B 繁杂　　坚固　　享有
C 丰盛　　切实　　具有　　　　D 复杂　　扎实　　占有

64. 凡是存在于自然界的一草一木都有其价值和_____。大自然总是会用一双_____的手，巧妙地_____和平衡好各种生物之间的关系。人类应该尊重自然的_____和规律，与自然和谐相处。

A 多样性　　隐形　　遥控　　制度
B 合理性　　无形　　调节　　法则
C 必要性　　虚假　　控制　　政策
D 实用性　　空虚　　调解　　规范

65. 盛唐时期著名诗人王维，现存诗400余_____。他的诗大多是描写山水田园之作，语言_____，音节较为舒缓，在描绘自然美景的同时，也_____出作者闲逸潇洒的情趣。后人_____他的作品是"诗中有画，画中有诗"。

A 首　　优美　　流露　　评价
B 幅　　美观　　揭露　　评论
C 副　　美满　　透露　　评估
D 支　　美丽　　泄露　　表扬

66. 挫折虽然具有消极意义，但同时它也有积极意义。它可以＿＿＿＿人的意志，使人学会思考，从而以更好的方式去实现自己的＿＿＿＿、成就辉煌的＿＿＿＿。正如一位科学家所说："人们最＿＿＿＿的工作往往是在逆境中做出的。"

A 磨练　　　　目标　　　　事业　　　　出色
B 锻炼　　　　愿望　　　　后果　　　　优越
C 增强　　　　理想　　　　效果　　　　卓越
D 进修　　　　夙愿　　　　成果　　　　优势

67. 马三立是著名相声大师，他拥有超强的记忆力，这＿＿＿＿于他早年的苦读强记。在他的相声里常有大段的需要一口气说完的台词，他都能背诵如流。他在表演时不仅能做到＿＿＿＿，而且声音悦耳、吐字＿＿＿＿，常令观众赞叹不已、＿＿＿＿。

A 值得　　　　急于求成　　　　清澈　　　　热泪盈眶
B 有利　　　　齐心协力　　　　清淡　　　　鸦雀无声
C 得益　　　　一丝不苟　　　　清晰　　　　拍手叫绝
D 受益　　　　精益求精　　　　清新　　　　滔滔不绝

68. 鸡蛋从外打破是食物，从内打破是生命。人生＿＿＿＿不是如此？从外打破是压力，从内打破是成长。如果你总是＿＿＿＿别人从外打破你，那你＿＿＿＿成为别人的"食物"；如果能自己从内打破，那么你会发现，自己的成长＿＿＿＿一种重生。

A 何尝　　　　期待　　　　注定　　　　相当于
B 未必　　　　招待　　　　断定　　　　意味着
C 何必　　　　款待　　　　指定　　　　象征着
D 何况　　　　对待　　　　规定　　　　致力于

69. 兔子的长耳朵不仅能够帮助它在＿＿＿＿的夏季散热降温，还能使它的听力更加＿＿＿＿。人们常常看到兔子竖起耳朵，以为它只是简单地＿＿＿＿周围的声音，其实，它还能在听到声音后确定声音的＿＿＿＿，这样就能在敌人靠近前及时逃跑。

A 明媚　　　　机智　　　　打听　　　　由来
B 闷热　　　　敏捷　　　　聆听　　　　方位
C 炎热　　　　灵敏　　　　探听　　　　来源
D 干燥　　　　敏感　　　　窃听　　　　源泉

70. 除了降低成本的办法外，若想扭转经营局面，还要通过＿＿＿＿摆脱困境。顾客并非要"买便宜"，而是想"占便宜"。真正便宜了，他们＿＿＿＿不买了，认为"便宜没好货"。如果你能提供绝佳的品质和诱人的＿＿＿＿，让他们觉得＿＿＿＿，像＿＿＿＿了个大便宜，再贵也会趋之若鹜，争相购买。

A 更新　　　　居然　　　　试验　　　　知足常乐　　　　掏
B 创立　　　　反倒　　　　经验　　　　称心如意　　　　淘
C 创新　　　　反而　　　　体验　　　　物超所值　　　　捞
D 创办　　　　甚至　　　　体会　　　　物美价廉　　　　捡

第三部分

第71-80题：选句填空。

71-75.

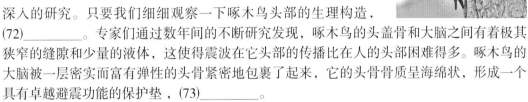

　　啄木鸟为了觅食，它总是用坚硬的嘴不停地啄击树干，使树干产生强烈的震动。(71)_____，恐怕早就得脑震荡了。为什么啄木鸟却丝毫没有感觉呢？

　　其实，早在20多年前就有神经医学专家对此现象进行过深入的研究。只要我们细细观察一下啄木鸟头部的生理构造，(72)_____。专家们通过数年间的不断研究发现，啄木鸟的头盖骨和大脑之间有着极其狭窄的缝隙和少量的液体，这使得震波在它头部的传播比在人的头部困难得多。啄木鸟的大脑被一层密实而富有弹性的头骨紧密地包裹了起来，它的头骨骨质呈海绵状，形成一个具有卓越避震功能的保护垫，(73)_____。

　　此外，啄木鸟的头部肌肉有助于吸收、分散撞击产生的力量。舌头底部的结缔组织延伸环绕脑部，(74)_____。

　　啄木鸟独特的头部构造给人们带来了很多防震启示，如在设计头盔和安全帽时，(75)_____，然后用轻而有弹性的海绵状物体来填充这个空隙。

　　A 可以有效地避免撞击
　　B 亦可起到保护脑部的作用
　　C 将帽顶与头顶之间留出空隙
　　D 这种震动倘若发生在人的身上
　　E 就能知晓它为什么不会得脑震荡了

76-80.

张大千是著名大画家，他对于绘画、书法、篆刻、诗词无所不通，(76)_____。

但有一个事实却鲜为人知，那就是张大千的二哥张善子也是一位画家，(77)_____。早年，兄弟二人曾经合作画画，二哥画虎，之后再由张大千加上一些山水景物。其实，张大千也会画虎，但因为二哥以画虎享有盛誉，为了二哥，他一直避讳画虎。

事情是这样的：有一次张大千酒后画了一幅《虎图》，本想自己留着欣赏，(78)_____。以他当时的名气，这幅画很快受到了追捧，成了千金难求的佳作。此后，不少富商名流登门拜访张大千，争先恐后出高价请他画虎。张大千后悔不迭，自觉有愧于二哥。(79)_____，反而对张大千画的那幅《虎图》赞赏有加，甚至还为那幅画题了字。但是，张大千仍无法原谅自己。

经历这场风波之后，原本酷爱饮酒的张大千立誓从此绝不饮酒，也绝不画虎。此后，(80)_____。

A 尤其在山水画方面卓有成就

B 然而张善子并未因此而不悦

C 张大千与饮酒和画虎都绝了缘

D 却不慎流落到他人手中

E 而且特别擅长画老虎

第四部分

第81-100题：请选出正确答案。

81-84.

有人曾经做过这样一个特殊的实验：小汽车陷入土坑里，想请人帮忙推出。实验者随即向路过的行人求助，发现半数以上的人都乐于出手相助。第二次，他改变了求助策略，那就是会将10块钱作为报酬给与对方。出乎意料的是这时竟然只有极少数的几个人愿意帮他。第三次，他改变了答谢策略，即在成功将车推出土坑后，他赠与每个施助者一个小礼物。结果令人大跌眼镜，施助者不但欣然接受了礼物，甚至还反过来对他表示感谢。

针对这一奇异现象，经济学家给出的解释是：我们同时生活在两个市场里，一个是社会市场，一个是货币市场。市场不同，规则不同，回报不同，人们的关注点也不同。从道德层面考量某种行为时，人们通常不会考虑其市场价值，即使没有任何报酬，人们也乐于帮忙，因为人们觉得这样的行为有道德和精神意义上的价值。如果某种行为属于社会市场，就不要将其引入货币市场进行"定价"，否则会让人不悦，甚至产生厌恶、抵触情绪。当然，对于帮助过我们的人，我们应该答谢，但不是给钱，一份小礼物会让施助者更开心，因为礼物的意义是一种精神层面上的感激和褒扬，而不是对他们的善行或者义举进行"定价"。

由这个实验，我们可以得到一个启示，那就是在这个世界上，有许多东西是不能也无法"定价"的。虽说"有钱能使鬼推磨"，但钱并不是能解决一切问题的灵丹妙药。

81. 根据第三次试验，可以知道什么？
   A 人们嫌报酬少   **B** 实验者碰了钉子
   C 施助者收到小礼物   **D** 施助者谢绝接受礼物

82. 当人们从道德层面考量某种行为时：
   A 追求高价回报   **B** 乐意提供无偿帮助
   C 对善行进行"定价"   **D** 对他人看法不屑一顾

83. 为什么施助者收到礼物很开心？
   A 感到受宠若惊   **B** 礼物的价格很昂贵
   C 受助者的态度很诚恳   **D** 这是对其精神品德的褒扬

84. 这个实验给我们的启示是：
   A 金钱不是万能的   **B** 要懂得知恩图报
   C 要学会助人为乐   **D** 应该用道德来约束人

85-88.

陶瓷是文化的结晶，艺术的精华。陶瓷的发明，是人类社会
发展史上划时代的标志，是人类发明史上的重要成果之一，也是
中华民族对世界物质文明做出的又一重大贡献。据考证，中国陶
器的烧制已有近万年的历史。

但陶瓷有一个致命的弱点，那就是它的脆性。陶瓷脆弱的主
要原因是：在烧制过程中会产生若干气泡，而这些细微的气孔都可能导致陶瓷出现裂纹；
另外，陶瓷属于脆性材料，一旦出现裂纹，在热冲击下，裂纹会迅速扩展开来。

那么，想要烧制出抗击性强、抗热性高的"韧性陶瓷"，究竟该如何做呢？

首先，可从改善陶瓷的表面着手。陶瓷的断裂一般来说始于表面的缺陷，因此，改善
陶瓷的表面缺陷就能有效防止陶瓷的破损。具体方法如下：通过化学或机械抛光技术消除
陶瓷的表面缺陷；通过氧化技术，消除表面缺陷或使裂纹尖端变钝；通过热处理达到强化
或增韧表面的目的。

其次，可在改善陶瓷内部结构上下功夫。据研究，在氧化锆陶瓷的原料中添加少量的
氧化镁、氧化钙等，经高温烧制后，氧化锆受到外力作用时，四方晶体会变成单斜晶体，
体积迅速"膨胀"，阻止陶瓷中原有细微裂纹的快速扩展，那么陶瓷就不易破裂了。

最后，可在陶瓷的强度、韧性上做文章。为此，我们只要将纤维均匀地分布于陶瓷
原料中就可以了。这是因为纤维不易拉断，将其加入陶瓷原料后，它可承担大部分外加负
荷，减轻了陶瓷负担。近些年有人把一种高强度的纤维均匀地分布于陶瓷胚体中，制成纤
维补强陶瓷材料，大大提高了陶瓷的抗热性。纤维补强陶瓷材料绝热性好，向外界辐射热
量的功能强，可用作宇宙飞行器的烧蚀材料。这种烧蚀材料已成为宇宙飞行器的"陶瓷外
衣"，可以把摩擦产生的热量消耗在烧蚀材料的溶解、气化中。这种"丢卒保车"的方法能达
到保护宇宙飞行器的目的。

不怕撞击、强度大、硬度高、抗腐蚀是韧性陶瓷的四大优点。韧性陶瓷使陶瓷具有了
崭新的生命力，毫无疑问，在不久的将来，人类将会迎来又一个"新石器时代"。

85. 第2段主要谈的是什么？
   A 陶瓷的诞生价值   B 陶瓷的开发前景
   C 陶瓷的发展历史   D 陶瓷的严重缺陷

86. 下列哪项不属于改善陶瓷表面的方法？
   A 通过热处理   B 使用氧化技术
   C 采用化学抛光技术   D 在原料中添加氧化钙

87. 第6段中画线词语"丢卒保车"最可能是什么意思？
   A 丢了西瓜，捡芝麻   B 丢了小兵，保住车
   C 得不偿失，不值得   D 放弃次要，保主要

88. 作者是怎么看待"韧性陶瓷"的？
   A 发展潜力巨大   B 制作技术需改进
   C 应用范围受局限   D 烧制方法存在隐患

89-92.

游泳是一种非常好的健身方式。

首先，游泳可以加快人体的新陈代谢。人在水中热量的散失比在陆地上快得多。如游100米所消耗的能量是陆地上跑100米所消耗的三倍左右。热量消耗的增大，必然会大大加快体内代谢的过程，促进营养物质的消化与吸收。处在长身体时期的青少年，若能经常游泳，身体会长得更快。

其次，游泳可以使人更健美。游泳时人平卧在水面上，不仅要求四肢肌肉用力活动，推动人体前进，而且也要求腰腹肌肉有很好的力量及紧张度，这样才能保持正确的游泳姿势快速前行。因此，游泳可以全面锻炼身体各部分肌肉，使体型匀称，肌肉结实。

再次，游泳还可以保护肺部。水的密度比空气大800倍左右，所以，人站在齐胸的水中呼吸时，就会感到一股外加的压力。想要吸进新鲜空气，就得克服这额外的压力，这能很好地锻炼我们的呼吸机能。另外，游泳时呼吸频率要和动作有节奏地配合，这迫使每次呼吸都要吸得更深一些，这样就增强了肺部的弹性和胸廓的活动能力。因此，游泳能使人的肺活量由3500毫升增至4500~5500毫升，甚至更多。

此外，游泳还可以提高人体免疫力。游泳时，由于受到冷水刺激，人体的体温调节能力会相应地增强。人体对温度变化的适应性增强了，人就不易伤风感冒。

最后，游泳还可以消耗多余脂肪，并能防止或减少脂类物质在血管壁上沉积，预防动脉硬化和冠心病。

89. 青少年多游泳的好处是：
    A 改善心理状态　　　　　　　　B 促进身体发育
    C 培养社交能力　　　　　　　　D 提高反应速度

90. 根据第4段，游泳时：
    A 呼吸间隔缩短　　　　　　　　B 肺部的弹性变弱
    C 胸廓受到的压力更大　　　　　D 肺活量保持恒定状态

91. 根据上文，下列哪项正确？
    A 晚上游泳容易感冒　　　　　　B 心血管病患者不宜游泳
    C 游泳时热量的散失变慢　　　　D 游泳时须收紧腹部肌肉

92. 上文主要谈的是：
    A 游泳的益处　　　　　　　　　B 健身的必要性
    C 游泳的注意事项　　　　　　　D 怎样成为游泳高手

93–96.

提到手机报，大家一定都不陌生，它是移动阅读的代表性产物。自从2004年7月中国首份手机报诞生以来，手机作为"装在口袋里的媒体"开始步入人们的日常生活。它的移动性、便携性、互动性等特点，满足了信息时代受众在"碎片化时间"中阅读的习惯，用手机进行移动阅读得到了大家的认可和追捧。

然而，随着无线互联网时代的来临，移动阅读已朝着丰富化、个性化的方向发展。人们不再满足于内容单一的手机报，在电子阅读器、平板电脑等具有通信功能的移动终端上阅读成为潮流所向。移动阅读时代已经到来了。

移动阅读与传统阅读方式相比，有许多不同之处。比如，电子阅读器可以阅读大部分格式的电子书，而且有些阅读器的电子墨水技术使得辐射降低，对眼睛伤害小、效果逼真，阅读时像玻璃下压着一本纸质书一样。而阅读客户端则通过阅读应用软件向读者推送电子书，用户可以下载或在线阅读。一部普通的电子阅读器就可以存储成千上万本书籍，并可随身携带，这种方式使得阅读"飘"了起来。

移动阅读虽然给我们带来了丰富选择，但同时也带来了负面影响，它就如同一把"双刃剑"一般。它使得人们买的书越来越少，加上在阅读器上从一本书切换到另一本书的功能十分便捷，读者很难从头到尾读完一本书。并且，在公交车、地铁等嘈杂的环境中阅读，对知识的吸收难免会大打折扣。因此有关专家们指出，这种碎片化的"浅阅读"可能会对人的思维方式、分析能力等有负面影响，并提醒人们不要丢掉传统的深度阅读。

93. 根据第1段，手机报：
    A 安装程序很复杂　　　　　　　　B 现在已经被淘汰
    C 出现之初受到质疑　　　　　　　D 阅读不受时空限制

94. 第3段中为什么说"阅读'飘'了起来"？
    A 电子墨水更清晰　　　　　　　　B 纸质书变得轻薄了
    C 阅读越来越受人们追捧　　　　　D 阅读器体积小但储存量大

95. 最后一段想提醒人们：
    A 移动阅读有弊端　　　　　　　　B 读书不要半途而废
    C 如何进行"深度阅读"　　　　　　D 阅读时要选择适宜环境

96. 根据这篇文章，下列哪项正确？
    A 传统阅读会损害视力　　　　　　B 许多人沉迷于手机报
    C "浅阅读"能增强思维　　　　　　D 移动阅读越来越个性化

97-100.

　　提到"杨绛"，很多人的第一反应是"她是钱钟书夫人"，但很少有人会想到几十年前，人们是以"杨绛的丈夫"来称呼钱钟书的。上世纪40年代在上海，杨绛涉足剧本创作，因多部经典作品而声名四起。直到钱钟书写出《围城》，钱钟书的名气才渐渐大了起来。

　　杨绛不仅是位伟大的翻译家，同时也是一位优秀的作家。她曾翻译出版《堂吉诃德》中译本，也曾接受西班牙国王颁授的"十字勋章"。从《洗澡》，到2003年出版回忆一家三口风雨生活的《我们仨》，到96岁成书《走到人生边上》，杨绛的作品一直深受读者的喜爱。

　　杨绛虽然功成名就，但她却一贯保持着俭朴本色。她的寓所没有任何装修，只有旧式的柜子、桌子。她还将自己的稿费捐献给清华大学并设立奖学金，那笔奖学金便给考上清华的贫寒子弟。

　　杨绛为人也十分谦虚，当有人赞她是著名作家，她说："我没有这份野心。"还有人说她的作品畅销，她说："那只是太阳晒在狗尾巴尖上的短暂间。"

　　杨绛和钱钟书的爱情一直被人们关注。1935年，杨绛与钱钟书结婚。杨绛随之从大小姐过渡到了"老妈子"，她并不感觉委屈，因为她爱丈夫胜过自己。她说："我了解钱钟书的价值，我愿为他充分发挥出他的潜力、创造力而牺牲自己。"钱钟书说要写《围城》，她不仅赞成，还很高兴。她要他减少教课钟点，致力于写作，为节省开销，她辞掉女佣，做起了"灶下婢"。"握笔的手初干粗活免不了伤痕累累。不过吃苦中倒也学会了不少东西，使我很自豪。"即使在钱钟书去世后，杨绛仍不改初衷，默默地"继承"他未竟的事业。她以惊人的毅力整理钱钟书的手稿。多达7万余页的手稿，涉猎题材之广、数量之大、内容之丰富，令人叹为观止。杨绛耐心细心，一张张轻轻揭下，分类装订，认真编校……2003年，《钱钟书手稿集》终于与读者见面。

97. 根据第1段，可以知道：
　　A《围城》是杨绛的作品　　　　　　　　B 40年代钱钟书名气很大
　　C 钱钟书主要进行剧本创作　　　　　　D 过去杨绛比钱钟书更有名

98. 关于杨绛，下列哪项不正确？
　　A 获得了十字勋章　　　　　　　　　　B 翻译了《堂吉诃德》
　　C 留下了7万多页的手稿　　　　　　　D 晚年成书《走到人生边上》

99. 根据第5段，可以知道什么？
　　A 杨绛从来不做家务　　　　　　　　　B 杨绛为钱钟书做了很多牺牲
　　C《钱钟书手稿集》未能出版　　　　　　D 杨绛不赞成钱钟书写《围城》

100. 第5段中的"未竟的"是指什么意思？
　　A 不想做的　　　　　　　　　　　　　B 没有完成的
　　C 出人意料的　　　　　　　　　　　　D 能力达不到的

三、书写

第101题：缩写。

   (1) 仔细阅读下面这篇文章，时间为10分钟，阅读时不能抄写、记录。
   (2) 10分钟后，监考收回阅读材料，请你将这篇文章缩写成一篇短文，时间为35分钟。
   (3) 标题自拟。只需复述文章内容，不需加入自己的观点。
   (4) 字数为400左右。
   (5) 请把作文直接写在答题卡上。

   从前，有个孩子名叫马良。他从小喜欢画画，可是连一支笔也没有！他到山上打柴时，就折一根树枝，在沙地上画鸟；到河边割草时，就用草根蘸蘸河水，在岸石上画鱼。

   一年一年地过去，马良画画的技巧在不断提高。他想，要是自己能有一支笔该多么好啊！

   一个晚上，马良躺在窑洞里，因为他整天地干活、学画，已经很疲倦，一躺下来，就迷迷糊糊地睡着了。不知道什么时候，窑洞里亮起了一片五彩的光芒，来了个白胡子的老人，把一支笔送给了他："这是一支神笔，要好好用它！"马良接过来一看，那笔金灿灿的；拿在手上，沉甸甸的。他喜得蹦起来："谢谢你，老爷爷……"马良的话还没有说完，白胡子老人就不见了。

   马良一惊，就醒过来，揉揉眼睛，他的手上真的有一支神笔！他乐极了！

   他用笔画了一只鸟，鸟扑扑翅膀，飞到天上去；他用笔画了一条鱼，鱼弯弯尾巴，游进水里去。马良有了这支神笔，天天替村里的穷人画画：谁家没有犁耙，他就给他画犁耙；谁家没有耕牛，他就给他画耕牛；谁家没有水车，他就给他画水车；谁家没有石磨，他就给他画石磨……穷人们都很感谢他。

   天下没有不透风的墙，消息很快地传到了邻近村里一个大财主的耳朵里。这财主就派人来把马良抓走，逼他画画。马良年纪虽小，却很有骨气，任凭财主怎样哄他、吓他，要他画个金元宝，他就是不肯画。财主就把他关在牢里，也不给他饭吃。

   傍晚，雪纷纷扬扬地落着，地上已经积起了厚厚一层。财主想，马良这下不是饿死，也准冻死了。他走过牢门口，只见门缝里透出红红的亮光，还闻到一股香喷喷的味道。他觉得奇怪，凑近眼去，往门缝里一张，啊！马良不但没有死，而且还烧起了一个大火炉，一面烤着火，一面正吃着热烘烘的饭菜呢！财主知道，这火炉和饭菜，一定是马良用神笔画的，就气呼呼地去叫家丁来，要他们把马良杀死，夺下那支神笔。当他们来到牢里时，却不见马良，只见墙壁上有一扇门。马良趁着天黑，从这扇门逃走了。原来，这门是马良用神笔画的。

   马良出了财主的家，用神笔画了一匹大骏马，跳上马背，向大路上奔去。没有走出多少路，只听见后面一阵喧哗，回头一看，火把照得通明，财主骑着匹快马，手执一把明晃晃的钢刀，带着一二十个家丁，追上来了。眼看就要追着了，马良不慌不忙，用神笔在身后画了一条大河，把财主和他的家丁们隔在了对岸。财主见此情形，气得只能干跺脚，眼睁睁地看着马良消失在远处。

   后来，听说马良四处流浪，看到穷人需要什么，就帮他们画什么……

   这就是流传至今的"神笔马良"的故事。

05회

모의고사

준비 다 되셨나요?

1. 듣기 파일은 트랙 'TEST 05'입니다.
   (듣기 파일은 **맛있는북스 홈페이지**(www.booksJRC.com)에서 무료로 다운로드 할 수 있습니다.)
   미리 준비하지 않으셨다면 **QR코드**를 스캔해서 듣기 파일을 준비해 주세요.

2. **답안카드**는 본책 309쪽에 수록되어 있습니다. 한 장을 자른 후에 답을 기입하세요.

3. 2B연필, 지우개, 시계도 준비하셨나요? 2B연필은 두 개를 준비하면 더 좋습니다. 하나는 마킹용,
   다른 하나는 쓰기 영역을 풀 때 사용하세요.

一步一个脚印!

한 걸음씩 착실하게 나간다!

汉语水平考试
HSK(六级)

注　意

一、HSK (六级) 分三部分：

    1. 听力 (50题，约35分钟)

    2. 阅读 (50题，50分钟)

    3. 书写 (1题，45分钟)

二、听力结束后，有5分钟填写答题卡。

三、全部考试约140分钟 (含考生填写个人信息时间5分钟)。

一、听 力

第一部分

第1-15题：请选出与所听内容一致的一项。

1. A 古代没有元宵节
   B 现在的人不吃元宵
   C 元宵节有赏花灯的风俗
   D 古代灯笼只能用于照明

2. A 滑雪其实很容易
   B 小王学滑雪一学就会
   C 小王开始滑雪时不顺利
   D 一个月后小王会滑雪了

3. A 名字越短越好
   B 名字不一定要朗朗上口
   C 好名字比广告宣传更重要
   D 好名字为产品推广节约成本

4. A 人要学着放松
   B 运动可引起疲劳
   C 生病了应及时就医
   D 机器不能过度损耗

5. A 经验多的人一定对
   B 孩子要绝对服从父母
   C 不应给孩子过多压力
   D 孩子们应该无忧无虑

6. A 盘子价格很低廉
   B 儿子打碎了一个盘子
   C 儿子将碎片藏了起来
   D 儿子承认自己打碎了盘子

7. A 夏天游泳容易中暑
   B 中午去游泳最合适
   C 傍晚时海水会涨潮
   D 到海边游泳要考虑时间段

8. A 色彩不会带来视觉污染
   B 暗色会使人的思维迟钝
   C 色彩与人的心理状态无关
   D 色彩会对人的健康有负面影响

9. A 《牡丹亭》赞颂友谊
   B 《牡丹亭》是经典著作
   C 《牡丹亭》是爱情喜剧
   D 《牡丹亭》笔法很新颖

10. A 老师批评了他
    B 同桌故意陷害他
    C 同桌对他感到内疚
    D 吵架后他主动道歉

11. A 穿着华丽很重要
    B 服装能体现人的素质
    C 偶尔可以打断他人谈话
    D 交谈时要多介绍自己的情况

12. A 大型鱼类攻击飞鱼
    B 飞鱼飞翔是为了透气
    C 飞鱼多生活在寒带水域
    D 飞鱼是虚拟的海洋生物

13. **A** 太阳能的应用日益广泛

    B 太阳能是一种有限的清洁能源

    C 不少乡镇开始安装太阳能路灯

    D 太阳能热水器尚未走进普通家庭

14. **A** 测血压前不可剧烈运动

    B 测血压最好在清晨吃药后

    C 血压测量最好间隔15分钟

    D 中国高血压患病率保持稳定

15. **A** 限量供应是一种促销手段

    B 供不应求造成人们恐慌心理

    C 很多商家以薄利多销为经营原则

    D 物美价廉的产品大受消费者的青睐

第二部分

第 16–30 题：请选出正确答案。

16. A 具有异域特色
    B 是纯手工产品
    C 是关于饮食文化的
    D 市场的接受度较高

17. A 低廉的价格
    B 杰出的设计
    C 产品的原材料
    D 产品都是限量版

18. A 售后服务更优质
    B 工艺上做得精致
    C 产品的功能更丰富
    D 更了解本土客户的需求

19. A 国外男性消费者
    B 低收入的年轻群体
    C 经济基础较好的群体
    D 对建筑艺术感兴趣的人

20. A 不受任何影响
    B 影响相对较小
    C 从中受益匪浅
    D 造成巨大的损失

21. A 鲜明的个性
    B 引领时尚潮流
    C 中西文化的碰撞
    D 东方古国的博大胸怀

22. A 深藏的民族精神
    B 典型的传统艺术
    C 丰富的文化内涵
    D 经典的服装样式

23. A 整理信息
    B 收集市场意见
    C 提出创意提案
    D 满足市场需求

24. A 现实生活
    B 创新精神
    C 虚拟网络
    D 艺术交流

25. A 很容易向市场妥协
    B 认为作品很难创新
    C 从事服装设计工作
    D 在西双版纳呆了一周

26. A 转变思想
    B 是一种督促
    C 开拓读者群
    D 激发创作灵感

27. A 冲破种族的局限
    B 富有浪漫主义色彩
    C 字字精辟，言简意赅
    D 以当代中国社会变迁为主题

28. A 权威性不怎么高
    B 文学创作的最高境界
    C 并非国际最高的文学奖项
    D 评委代表整个文学界的观点

29. A 最中意哪部作品
    B 怎样算是高产作家
    C 受哪位作家的影响最大
    D 自己的作品有哪些缺憾

30. A 将暂时停笔
    B 发表的新作反响平平
    C 对自己获奖感到意外
    D 认为自己的小说不够现实

第三部分

第31-50题：请选出正确答案。

31. **A** 大脑比小脑发达
    B 人类智商有差异
    C 大脑分为两部分
    D 左右半球分工不同

32. **A** 浅显易懂的话
    B 脱口而出的话
    C 无需揣摩的话
    D 并未直接表达的话

33. **A** 大脑如何工作
    B 如何发掘大脑潜能
    C 右半球的语言功能
    D 大脑受损后的症状

34. **A** 朋友聚会
    B 生日那天
    C 孩子婚礼时
    D 结婚50年时

35. **A** 搞冷战
    B 始终原谅
    C 大发雷霆
    D 追究原因

36. **A** 小心谨慎
    B 凡事乐观
    C 保持新鲜感
    D 怀有宽容之心

37. **A** 被迫结婚
    B 自由恋爱
    C 接受学校教育
    D 去工厂打工赚钱

38. **A** 放在摇篮里
    B 由父母抱着
    C 放在托盘里
    D 坐在婴儿车里

39. **A** 命运千差万别
    B 年龄最少十岁
    C 重视孩子的想法
    D 要举行正式结婚仪式

40. **A** 阅读的普遍性
    B 阅读的必要性
    C 阅读的对象广
    D 阅读的种类多

41. **A** 逐步增加
    B 渐渐减少
    C 变化不明显
    D 不是必需的

42. **A** 激进的说法
    B 虚伪的说法
    C 科学的说法
    D 片面的说法

43. A 兴趣集中化的趋向
    B 个性化的突出表现
    C 读同一本书的人减少
    D 阅读的种类逐渐增加

44. A 想与邻居搞好关系
    B 为了让女儿更高兴
    C 希望女儿的生日热闹点
    D 为了增强女儿的社交能力

45. A 小丽跟她吵过架
    B 女儿不认识小丽
    C 小丽生日时不吃蛋糕
    D 小丽以前没有邀请过她

46. A 生气
    B 兴奋
    C 害羞
    D 惊讶

47. A 考试得到第一
    B 小丽的生日快点到
    C 还想再过一次生日
    D 和小丽成为好朋友

48. A 声音
    B 风向
    C 气温
    D 味道

49. A 反应迟缓
    B 走错方向
    C 失去判断能力
    D 遇到危险的事情

50. A 认路本领
    B 觅食的方法
    C 极强的生命力
    D 灵敏的嗅觉功能

二、阅 读

第一部分

第51-60题：请选出有语病的一项。

51. **A** 这些事实充分说明了树立的重要性。
    B 对于武则天，历来有各种不同的评价，角度也各不相同。
    C 刘邦出身农家，为人豁达大度，后成为汉民族的伟大开拓者之一。
    D 中国人常说的"满月酒"，是指父母为庆祝婴儿出世满一个月而设的宴席。

52. **A** 只有通过安全生产的教育，才能呈现员工的安全意识。
    B 他始终有一条经商观念：世界的都是我的，我的都是世界的。
    C 抗洪抢险救灾人员冒着倾盆大雨，在泥泞不堪的小路上快速前行。
    D 北京是一座奇异的城市，酒吧与茶馆毗邻，现代建筑与四合院衔接。

53. **A** 地球是迄今为止所发现的唯一适合人类生存的行星。
    B 当局政府坚持认为和平谈判是最好解决边界问题的办法。
    C 抗生素是微生物的代谢产物，有很强的杀菌性，可有效抑制细菌生长。
    D 大陆架又称陆架，海水深度在200米以内的大陆架，蕴藏着大约1500亿吨石油。

54. **A** 在信息爆炸时代，很多人面对海量信息无所适从、不知所措。
    B 经过各类社交软件，我们轻松地就能与世界各地的朋友建立联系。
    C 这种设计，既能减弱流水对桥身的冲击力，又能节省材料、减轻桥自身的重量。
    D 天心阁自明代以来就被视为长沙古城的标志，享有"潇湘古阁，秦汉名城"的美誉。

55. **A** 爱心企业将募集到的30万元善款全部捐献地震受灾群众。
    B 对艺术的理解虽因人而异，但真正的艺术品总能得到一致的赞许。
    C 由于空气对光的散射作用，日出和日落前后，天边常会出现绚丽的彩霞。
    D 河流、树木、房屋，全都罩上一层厚厚的雪，万里江山变成了粉妆玉砌的世界。

56. **A** 这本书是去年年底出版的，现在销量已达500万册。
    B 所谓亚健康，是指介于健康与疾病之间的一种中间状态。
    C 卧室里浓烈的色彩会刺激人的神经，让人过度兴奋，不利于人进入深度睡眠状态。
    D 这位作家无论是在新闻写作还是文学创作中，都坚持实事求是，把社会现实真实地反映了。

57. **A** 一个人的伟大之处就在于他能够接受自己的渺小。

B 现代人的思想要与时俱进，要善于接受新鲜事物，否则不会被时代淘汰。

C 这种新配方的醚类清洁汽油与乙醇汽油相比，点燃速度更快、燃烧效率更高。

D 自然界的某些植物之所以会发出冷光，是因为其体内含有大量的磷，江西井冈山地区的"灯笼树"正是如此。

58. **A** 她戴着一顶别致的帽子，穿着一件蓝色的连衣裙，看上去漂亮极了。

B 环保角度看，凡是妨碍到人们正常休息、学习和工作的声音，以及对人们要听的声音产生干扰的声音，都属于噪声。

C 人世中的许多事，只要想做，都能做到，该克服的困难，也都能克服。当然，这需要有钢铁般的意志作为后盾才能做到。

D "物竞天择，适者生存"是达尔文进化论的核心观点，指万物在优胜劣汰的竞争中，通过变异、遗传和自然选择的发展过程。

59. **A** 没有规律的饮食习惯，如过度节食或者暴饮暴食，都有可能引发各种肠胃疾病的可能性。

B 北京天桥集文化娱乐和商业服务为一体，是北京首屈一指的演艺集聚区。它虽历经沧桑，却持久不衰。

C 紫丁香盛开时，硕大而艳丽的花序布满全株，芳香四溢，观赏效果甚佳，现已成为庭园栽种的著名花木。

D 森林是大自然给予人类的宝贵资源，它能有效地保护生物的多样性，目前地球上已知的生物一半儿以上是在森林中栖息繁衍的。

60. **A** 张家口历史悠久，生态资源富集，地形地貌独特，是旅游爱好者心目中的旅游胜地。

B 成功往往取决于你敢不敢往人少的地方走，可能会有未知的风险，但因为没人来过，留给你的果实会更加甜美。

C 初次见面，能说出对方姓名，并说一两句恭维话，可以给对方留下好印象。不过，恭维不能过头，说多了会令对方觉得你世故、虚伪。

D 新古典是在传统美学的规范之下，运用现代工艺演绎传统文化中的精髓。它不仅拥有典雅端庄的气质，而且具有鲜明的时代特征明显。

第二部分

第61-70题：选词填空。

61. 有位美国的著名作家曾说过："人生不幸之事犹如一把刀，既可以为我们所用，也可以把我们_____伤，这要看我们究竟是_____住了刀刃，还是_____住了刀柄。"

    A 剁　　　接　　　捏　　　　　　　B 割　　　抓　　　握
    C 切　　　捧　　　捉　　　　　　　D 砍　　　夹　　　攥

62. 云南，即"彩云之南"、"七彩云南"，另一说法是因位于"云岭之南"而得名。_____三十九万平方公里，瑰丽的景观呈现多种不同_____与风情。二十五个少数民族，风俗各异且_____。

    A 面积　　　风采　　　独具特色　　　B 跨度　　　风貌　　　独一无二
    C 范围　　　风味　　　风格迥异　　　D 方圆　　　外貌　　　独树一帜

63. 人耳的听觉拥有七大特性，其中一种叫"掩蔽效应"。所谓"掩蔽效应"，就是人耳能自动_____环境中的噪音，而把那些我们感兴趣的声音_____出来。因此，即使我们站在人声_____的公共场所，也能听见别人对我们讲的话。

    A 排解　　　显示　　　喧闹　　　　B 清理　　　展示　　　哗然
    C 废除　　　展现　　　喧哗　　　　D 清除　　　凸显　　　嘈杂

64. 《聊斋志异》是蒲松龄的代表文言短篇小说集，"志异"，_____是记录奇异的神仙狐鬼的故事。他把在生活中所体察到的各种人物个性_____人情世故，很_____地概括在神鬼怪异身上，让狐鬼具有了人性。人们非但不怕这些异类，_____觉得他们可爱至极。

    A 理所当然　　　以至　　　恰巧　　　甚至
    B 岂有此理　　　以致　　　恰当　　　乃至
    C 一目了然　　　以便　　　生动　　　反而
    D 顾名思义　　　以及　　　巧妙　　　反倒

65. 古代三国时期东吴皇帝孙权的祖籍是吴郡富春，即现在的浙江省富阳市龙门镇。古镇虽已有上千年的历史，但依然保留着许多明清时期的古民居，古镇内街道_____贯通，房屋庭院相连，_____外人贸然进入，便会难以_____东南西北，感觉_____进了迷宫一般。

    A 纵横　　　倘若　　　分辨　　　犹如
    B 曲直　　　既然　　　差别　　　似乎
    C 平均　　　不论　　　辩解　　　如一
    D 融会　　　假使　　　鉴别　　　仿佛

66. 卷柏是一种有趣的植物。每当气候_____时，它会自己连根从土壤里拔出来，将身体卷成一个圆球，随风在地面上滚动。_____到了水分充足的地方，圆球就会_____打开，扎根定居。当它再次感到水分不足、住得不_____时，就会再度搬家。

A 炎热　　　只有　　　随即　　　津津有味
B 枯燥　　　假如　　　立刻　　　一心一意
C 闷热　　　即使　　　猛地　　　无忧无虑
D 干燥　　　一旦　　　迅速　　　称心如意

67. 众所周知，不正确的_____习惯和缺乏体育锻炼会造成肥胖，但很少有人知道，睡眠不足可能导致胰岛素抵抗，从而也会造成肥胖。因此，保持_____的睡眠是最_____的减肥方法，有_____的睡眠不仅能解决超重问题，还能节省不必要的开支。

A 作息　　　充沛　　　信任　　　规范
B 饮食　　　充足　　　实用　　　规律
C 卫生　　　充满　　　优越　　　规定
D 生活　　　充实　　　可靠　　　规则

68. 你是否做过这样一个实验？无论你怎样用力也无法把手中的鸡蛋捏碎。薄薄的鸡蛋壳之所以能_____这么大的压力，是因为它能够把受到的压力均匀地_____到蛋壳的各个部分。建筑师由此得到_____，根据这种"薄壳结构"的特点，设计出了许多既_____又省料的建筑物。

A 承担　　　散发　　　启事　　　牢固
B 忍受　　　蔓延　　　启迪　　　坚定
C 承受　　　分散　　　启发　　　坚固
D 接受　　　发射　　　启示　　　扎实

69. 在大多数人眼里，第二语言是一种干扰，会引起思维_____。其实不然。研究人员近来发现，这种干扰_____说是障碍，倒不如说让使用者"_____"，因为它会迫使大脑去解决内部_____，从而提高使用者的认知能力。

A 错乱　　　干脆　　　一箭双雕　　　隔阂
B 混乱　　　与其　　　因祸得福　　　冲突
C 混淆　　　反之　　　恍然大悟　　　纠纷
D 障碍　　　宁肯　　　见多识广　　　危害

70. 研究发现，通过运动手指来_____大脑，远比死记硬背更能让大脑充满_____，并可延缓脑细胞的_____。手指的动作越复杂，就越能与大脑_____更多的联系，从而使人变得更加聪慧。这对人类智力的_____有十分重要的作用。

A 激发　　　魅力　　　衰老　　　创立　　　发育
B 激励　　　精力　　　衰退　　　建设　　　启发
C 刺激　　　活力　　　退化　　　建立　　　开发
D 发挥　　　潜力　　　老化　　　设置　　　发掘

第三部分

第71-80题：选句填空。

71-75.

　　海冰是在海上所见到的由海水冻结而成的冰。北冰洋上常年漂浮的海冰，是一道最美丽、最独特的景观。北极海冰不仅是北极熊、海象、海豹等北极动物栖息的乐园，(71)_____。

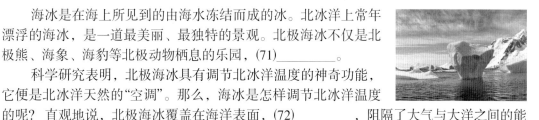

　　科学研究表明，北极海冰具有调节北冰洋温度的神奇功能，它便是北冰洋天然的"空调"。那么，海冰是怎样调节北冰洋温度的呢？直观地说，北极海冰覆盖在海洋表面，(72)_____，阻隔了大气与大洋之间的能量交换。

　　海冰的反射率可达55%以上，即使在太阳辐射强烈的夏季极昼时期，(73)_____，所以盛夏季节的北冰洋依然保持着"凉爽的体温"。冬季极夜来临时，海冰又阻断了热能由海洋向大气的传输，减弱了海水热量的释放，(74)_____，使得北冰洋在寒冷的冬季仍然能保持"温暖的体温"。

　　从北极海冰的变化过程来看，其季节性的成冰与消融过程恰恰是热量的释放与储存过程，(75)_____。夏季，北极海冰，特别是其下表面的海冰正处于大规模消融期，融冰过程所吸收的大量热能缓解了海水温度的上升；相反，冬季成冰过程释放的热量又会减缓海洋的降温。

　　北极海冰精心地呵护着北冰洋，维系着北极地区生态系统的平衡，灵敏地反映着全球气候与环境的变化。

　　A 犹如隔热毯一般铺垫在大气与海水之间

　　B 更具有气候学上的意义

　　C 热能还是会被海冰反射回去

　　D 海冰的季节变化特征能有效调节海水温度

　　E 有效地保护着北冰洋的热量

76-80.

最近几年，(76)_____，地球上一些专门给植物传授花粉的昆虫数量急剧减少，例如蜜蜂。与此同时，能传授花粉的其他昆虫，比如蝴蝶，其数量也在减少。而这些昆虫数量的减少都将导致严重的后果，造成粮食作物、水果和鲜花等产量锐减。

著名物理学家爱因斯坦曾经预言："如果蜜蜂从地球上消失，人类最多只能活4年。"(77)_____，因为在人类所种植的1330种农作物中，有1000多种是由蜜蜂来传授花粉的。

如果没有了授粉的蜂群，(78)_____，到时候我们只能靠吃风媒授粉的作物维生。换句话说，我们的餐桌上除了小麦、大麦和玉米，基本上就没有别的东西了。如果真是那样，商店里也看不到苹果、豌豆、西红柿和南瓜等食物了。

(79)_____，比如：在农田里种一些野花，保留森林等自然植被，这样就可以大幅度地增加授粉昆虫的种群数量。同时，(80)_____，这样农田就不需要大量喷洒农药了。只要小小的努力就可以在生产粮食的同时保护环境。

为昆虫们种一丛野花，给它们留下小小的空间，就能给我们人类自己留下广阔的生存空间。

A 这并非危言耸听
B 解决这一问题的办法其实很简单
C 我们的饮食将变得十分单调
D 我们还可以增加农作物害虫天敌的数量
E 由于农药化肥的大量使用

第四部分

第81-100题：请选出正确答案。

81-84.

曾经有位心理学家做过一个实验。他让第一位助手先去拜访
郊区的一些家庭主妇，让她们将一个宣传安全驾驶的小标语贴在
窗户上或在一份关于安全驾驶的请愿书上签名。显然，这对她们
来说只是举手之劳，所以大部分人都答应了。两周后，他让第二
位助手去那里拜访更多的家庭主妇，并希望她们在今后的两周时
间里，在自己家的院子里竖起一块儿宣传安全驾驶的大招牌，而且这个招牌特意被做得又
大又难看。结果，在第一次实验答应请求的人中，有55%的人接受了第二位助手的请求，
而那些未参加过第一次实验的主妇中，只有17%的人接受了第二位助手的请求。

从这个实验我们可以得知：如果一开始就向他人提出一个较高的要求，往往无法实
现；但如果先设"低门槛"，再逐步"登高"，对方则比较容易接受。因为，被求助者在不断
满足求助者请求的过程中，心理上已经逐渐适应了。此外，人们都不希望自己被看成是
"反复无常"的，因此会一如既往地表现出热情慷慨的一面。这就是心理学上的"登门槛效
应"。

生活中，我们的请求能否被别人接受，并不仅仅取决于我们的意愿是否强烈，而更多
地取决于我们所使用的策略是否恰当。俗话说"一步登天为拙招，得寸进尺方有效"，需要
得到帮助或者许可时，我们可以根据人们的心理接受习惯，先将门槛降低，然后再慢慢达
到自己的目标。

81. 关于实验，我们可以知道：
   A 第二位助手的要求更难   B 55%的主妇谢绝参与实验
   C 主要目的是宣传安全驾驶   D 第二次参加实验的人数变少了

82. 第1段中，画线词语"举手之劳"最可能是什么意思？
   A 很棘手的问题   B 很容易做的事
   C 浪费时间的事   D 接受免费的服务

83. 为什么先设"低门槛"比较容易成功？
   A 使要求得到重视   B 使双方先熟悉起来
   C 保证要求不被拒绝   D 让被求助者心理适应

84. 我们从"登门槛效应"可以得到什么启示？
   A 要学会统筹兼顾   B 做事要全力以赴
   C 对待朋友言而有信   D 提要求时要循序渐进

01 02 03 04 05 06 07 08 09 10

85-88.

新人、中层干部、高层主管——这是在职场中，按照资历深
浅来分的主要的三种角色，我们可以把在这三个阶段工作的人分
别比拟为三种动物：鸟、骆驼、鲸鱼。

刚进入社会的初出茅庐的新人，像是一只鸟——刚刚孵化，
开始学习飞翔。小鸟的优势，就是机会无穷，各种新奇的尝试
与可能，都在双翼之下。你可以选择成为家鸟，驻足于别人屋檐下；你也可以选择成为林
鸟，生活在茂密的森林里；你还可以选择成为候鸟，随季节的变化而周游各地。但是，你
也要小心，太多新奇的选择，会让你眼花缭乱；或者，你选择成为一种你体力无法适应的
鸟；或者，你不停地变换自己的生存方式，最后连你都忘了自己是一只什么样的鸟；或
者，你选择方便的离人群很近的觅食方式，结果成为别人弹弓下的猎物。

接下来，在职场中摸爬滚打几年后，成为公司或组织里的中坚分子，这时你就成了一
头骆驼。你的公司、你的上司愿意信任你、重用你，一再把重要的工作交付下来，让你承
担。如同骆驼在一望无际的沙漠中，背负着沉重的行囊行走。这时候的骆驼，已经不像小
鸟那样可以任意飞翔，甚至即使有变动的机会出现，你也必须慎重考虑。平稳是骆驼的优
势，也是骆驼的劣势，虽然几乎没有任何风险，但也失去了一切机会。

再过几年，如果老天爷眷顾你，你还将会有幸从中间干部更上层楼，成为一个公司或
组织的高层决策者、领导者，那就成了一条鲸鱼。然而，进入了海洋，你就要接受海洋的
一切。阳光灿烂的日子是你的，狂风暴雨的日子也是你的。最重要的是，你要永远前进，
不能停歇，没有上岸休息的权利，你不得不硬着头皮做一个乘风破浪的弄潮儿。

85. 根据上文，初出茅庐的新人：
   A 缺乏牺牲精神　　　　　　　　　B 难以适应环境
   C 选择丰富多样　　　　　　　　　D 时常主动加班

86. 中层干部与骆驼有什么共同点？
   A 懦弱胆怯　　　　　　　　　　　B 不值得信赖
   C 被赋予重任　　　　　　　　　　D 容易体力透支

87. 作为高层主管，可能要面对的是：
   A 与别人的争端　　　　　　　　　B 亲朋好友的背叛
   C 枯燥无聊的人生　　　　　　　　D 成功与风险并存

88. 最适合做上文标题的是：
   A 知足者常乐　　　　　　　　　　B 凡事顺其自然
   C 鸟、骆驼、鲸鱼　　　　　　　　D 一步登天的捷径

89-92.

在浙江南部，有一个名叫泰顺县的地方，虽鲜为人知，但它在中国桥梁建筑史上却占有重要地位。

据说，自宋代就消失于中原的木质廊桥，在泰顺诸乡镇却保存良好，因此泰顺被誉为"廊桥之乡"。这里的廊桥不仅数量多，而且样式也丰富多彩，木拱桥、石拱桥、木平桥、双层桥、单面桥、歪拱桥等应有尽有。它既建构了人们的生活，同时也拓展了人们对桥梁的认识，给桥梁史留下一份珍贵的文化遗产。再加上浙南山清水秀，现在吸引了大批自助旅行者前往。

"廊桥"是指有屋檐的桥。历史上的泰顺，村落分散，交通不便，人们出外行走十几里都很难见到人烟。按照泰顺先祖们的"交通规划"，在相隔一定里程的大路边上，要建上一座供人歇脚的风雨亭。而在桥上建造屋檐，不但可以保护木质的桥梁免受日晒雨淋，而且还能起到风雨亭的作用。有的廊桥甚至还有供人暂居的房间。

有趣的是，几百年来，泰顺人一直称木拱廊桥为"蜈蚣桥"，但实际上木拱桥并没有"蜈蚣脚"。其实普通百姓对"蜈蚣桥"的称呼只是代代相袭，很少有人去探究木拱桥的力学原理。在地理位置偏僻、交通闭塞的山区，廊桥的价值更是鲜有人知。直到20世纪70年代末，泰顺这个"廊桥王国"才被有识之士所发现。1996年11月12日，《中国摄影报》用三分之一的版面刊登了"浙南廊桥有遗篇"的图文报道，首次采用"廊桥"这一名称，从此，"廊桥"开始被广泛使用，引起了国内外的关注。

89. 关于泰顺，下列哪项正确？
   A 自然资源丰富   B 过去交通不便
   C 曾经是旅游胜地   D 木质廊桥受到毁损

90. 在桥上建造屋檐的作用是什么？
   A 防止台风侵袭   B 方便小鸟搭窝
   C 为了建筑美观   D 使桥梁免受日晒雨淋

91. 关于廊桥，可以知道：
   A 都是拱形结构   B 不适合自助旅行
   C 是珍贵的文化遗产   D 在中原地区大量存在

92. 在泰顺，"廊桥"这一名称：
   A 沿用了几百年   B 使用之初受到排斥
   C 从未在报纸上出现过   D 取代了"蜈蚣桥"的称呼

93–96.

药膳发源于中国传统的饮食和中医食疗文化，是中华民族历经数千年不断探索、积累而逐渐形成的独具特色的一门临床实用学科，也是中华民族祖先遗留下来的宝贵的文化遗产。

几千年来，中国传统医学就十分重视饮食调养与健康长寿的辩证关系。药膳是在中医学、烹饪学和营养学理论指导下，严格按药膳配方，将中药与某些具有药用价值的食物相配而制的食品，可达到养生防病的作用。

现代药膳的发展是在总结古人经验的基础上，得以进一步完善的，其运用更加符合中医理论的发展，并注意吸取现代科学理论的研究和应用，具备理论化、科学化的发展方向。它遵循中药药性的归经理论，强调"酸入肝、苦入心、甘入脾、辛入肺、咸入肾"；提倡辨证用药，因人施膳，因时施膳。

药膳除了具有鲜明的中医特色外，还具有食品的一般特点，强调色、香、味、形，注重营养价值，因此一份好的药膳，应是既对人体的养生防病具有积极作用，对人体具有良好的营养作用，又要激起人们的食欲。

现代药膳的技术操作与特殊应用上，也"八仙过海，各显其能"。由于药膳是一种特殊的食品，故在烹制方法上也有其特点，除了一般的食品烹制方法外，还要根据中药炮制理论来进行原料的处理。如成都同会堂的荷叶凤脯，广春堂的银杏鸡丁，吉林的参茸熊掌等，都各具特色而驰名中外。

93. 关于药膳，可以知道：
    A 主治慢性病　　　　　　　　　B 是一种新事物
    C 能完全代替药物　　　　　　　D 有养生防病之功效

94. 根据中药的归经理论，辣与哪个人体器官有关?
    A 心　　　　　　　　　　　　　B 肺
    C 肝　　　　　　　　　　　　　D 脾

95. 好的药膳不包括下列哪个特点?
    A 有助于养生防病　　　　　　　B 能激起人们的食欲
    C 有很好的营养作用　　　　　　D 可达到减肥的目的

96. 上文主要讲述的是：
    A 中医学的发展　　　　　　　　B 养生的重要性
    C 美味健康的药膳　　　　　　　D 药膳的烹饪方法

97–100.

曾经有人做过一项调查问卷：南极考察人员在南极生存的最大威胁是什么？冰川、寒冷、食物还是极昼？相信很少有人选择极昼。毕竟在大家的意识里，皑皑的冰川、极度的寒冷和急缺的食物才是考察人员面临的最大挑战。但事实上，他们的最大挑战恰恰正是那里的极昼。

极昼一般只会出现在夏季和冬季，极昼出现时，太阳终日不落出现在地平线上。当南极出现极昼时，北极就是极夜，反之亦然。

一位南极考察人员说："每当出现极昼时，没有了黑暗，也就没有了日期，工作人员连续几十天都生活在金灿灿的阳光下，人的生物钟一下子就彻底紊乱了，你困顿，你疲倦，但除非昏迷，否则你怎么也睡不着。"因为人们都习惯了在夜晚的黑暗中睡觉，一旦失去了黑暗，那四周皑皑白雪和灿烂阳光交织折射出的亮度让人很难闭上眼睛，即便你能睡上几分钟，也犹如在煎熬中。因此在南极，被极昼伤害的人远比遭受雪崩和意外伤害的人更多。为了度过极昼期，考察人员做过很多尝试，比如加厚帐篷以增强帐篷的阴暗度，甚至还尝试过在冰川和积雪下穴居等，但结果都不尽如人意。

如果你问凡是到过南极经历过极昼的人，他们最大的愿望是什么，相信大部分人会毫不犹豫地回答是能够见到夜色，见到黑暗，因为黑暗是生命的急需。如果没去过南极，是怎么也体会不到的，可能还会觉得匪夷所思。

事实上，我们每个人的生命都经历过"极昼现象"，有时幸福像灿烂的阳光一样紧逼你的内心，有时苦难又像皑皑白雪一样直射你的眼睛。所以不管对待人生中的好运、甜蜜，还是那些坎坷、磨难，都应坦然处之，因为它们共同构成了生命的昼夜，都是人生中不可或缺的风景线。

97. 关于极昼，下列哪项正确？
   A 只在北极出现 　　　　　　**B** 让人疲惫不堪
   C 落日时间推迟 　　　　　　**D** 春秋季也会发生

98. 为了度过极昼，考察人们尝试过什么办法？
   A 吃安眠药 　　　　　　　　**B** 加厚被子保暖
   C 在冰雪下挖洞居住 　　　　**D** 使用色彩鲜明的帐篷

99. 下列哪个成语能代替第4段中的画线词语"匪夷所思"？
   A 不可思议 　　　　　　　　**B** 喜闻乐见
   C 司空见惯 　　　　　　　　**D** 津津乐道

100. 最后一段想告诉我们什么？
   A 要勇于迎接挑战 　　　　　**B** 不要屈服于命运
   C 要有吃苦耐劳精神 　　　　**D** 要积极看待人生苦乐

三、书 写

第101题：缩写。

(1) 仔细阅读下面这篇文章，时间为10分钟，阅读时不能抄写、记录。

(2) 10分钟后，监考收回阅读材料，请你将这篇文章缩写成一篇短文，时间为35分钟。

(3) 标题自拟。只需复述文章内容，不需加入自己的观点。

(4) 字数为400左右。

(5) 请把作文直接写在答题卡上。

　　我漫步在城市的街头，不经意间就会邂逅一个个街心花岛或是街角花园。最能打动我的是在花畦附近竖立着的一个个记录性标牌，上面写着：此处是被志愿者承包种植的花园，是他们向生活递交的一份"城市作业本"。

　　事情还得从1994年说起，当时市政府为了促使过往车辆减速，于是在居住区的许多十字路口，修建了一些圆形交通环岛路。

　　张师傅是交叉路口处的街道园艺工人，3月的一个清晨，他把一袋肥料随意堆放在街角拐弯的弧线地段，准备过些时候在那儿种些灌木。恰巧，在附近居住的王小姐要去海边度假。临行前，她清理鸟笼，把鸟吃剩的葵花籽顺手撒在肥料堆上。没想到，葵花籽却顺着雨水钻进这块肥沃的土壤里，并且生根发芽。当王小姐度假归来，看到一棵棵碧绿的葵花秧迎风而立，她欣喜万分。在王小姐和张师傅的共同管理下，一朵朵金黄喜人的葵花盛开，挺立在城市的街头。

　　此后，市政府便接二连三地接到附近市民的电话："是否可以把其他十字路口处的交通环岛路和街角拐弯处的空地也种上花草呢？我们愿意义务承担，不需要政府花一分钱！"看到对此事感兴趣的人还真不少，政府就决定把它立为一个试点项目，于是，一个叫"绿色街道项目"的志愿者活动开始运行了。

　　为了给街道贡献一点绿色，任何人都可以到市政府报名承包一个花园，你可以只料理一个月，一个夏天，或者一两年，甚至是十几年；政府每年为志愿者免费提供两次种子、肥料。

　　市民亲切地把这个项目叫做"城市作业本"——因为每个成年人内心都怀有一个再当一回孩子、手执画笔、在作业本上涂涂画画的梦想。更何况，这个作业本的本体是清新润泽的土壤。于是，老人、孩子、情侣……纷纷手执农具，耕耘园土，搭架竹篱，浇水施肥，开始投身到这场生机勃勃的活动中来。

　　2006年，政府又在专门的网站发布相关信息，聘请园林设计师开设园艺培训班，举办各种讲座和聚会。更多人被吸引加入到这个项目中来，不只是因为喜欢园艺，更热衷于这件事带来的丰富的人际交往。看，春时水仙、郁金香；夏日百合、玫瑰；秋令芍药、海棠；冬来，雪沐芳草……随着四季流转，芬芳不断，"城市作业本"的数目也在不断增加。到目前，已有近500份"城市作业本"在街头展示着自己独特的风采。

　　这一创造性的举措，不仅改善了当地的环境，缓解了人们的心理压力，还增进了人与自然的亲密互动，培养了人们的责任心！

06회 모의고사

준비 다 되셨나요?

1. 듣기 파일은 트랙 'TEST 06'입니다.
   (듣기 파일은 **맛있는북스 홈페이지**(www.booksJRC.com)에서 무료로 다운로드 할 수 있습니다.)
   미리 준비하지 않으셨다면 **QR코드**를 스캔해서 듣기 파일을 준비해 주세요.

2. **답안카드**는 본책 309쪽에 수록되어 있습니다. 한 장을 자른 후에 답을 기입하세요.

3. 2B연필, 지우개, 시계도 준비하셨나요? 2B연필은 두 개를 준비하면 더 좋습니다. 하나는 마킹용,
   다른 하나는 쓰기 영역을 풀 때 사용하세요.

机会总是留给有准备的人!

기회는 준비된 사람에게 온다!

汉语水平考试
HSK(六级)

注　意

一、HSK (六级) 分三部分：

    1.　听力 (50题，约35分钟)

    2.　阅读 (50题，50分钟)

    3.　书写 (1题，45分钟)

二、听力结束后，有5分钟填写答题卡。

三、全部考试约140分钟 (含考生填写个人信息时间5分钟)。

一、听 力

第一部分

第1-15题：请选出与所听内容一致的一项。

1. **A** 泰山山势陡峭无比
   B 泰山足有上万个石刻
   C 泰山是中国第一高山
   D 泰山有深厚的文化底蕴

2. **A** 应该分散投资
   B 理财等于发财
   C 花钱也属于理财
   D 不会理财的人很多

3. **A** 《茉莉花》颇受人们青睐
   B 《茉莉花》主要赞颂亲情
   C 《茉莉花》曲调大同小异
   D 《茉莉花》主要流传于东北

4. **A** 这个孩子迷路了
   B 这个孩子很调皮
   C 老人不想帮这个孩子
   D 孩子让老人帮他按门铃

5. **A** 人应该有主见
   B 要明确自己的方向
   C 倾听是一种基本素质
   D 要善于接受别人的意见

6. **A** 宋代的数学成就最高
   B 造纸术在宋代传到海外
   C 火药是由宋朝人所发明的
   D "四大发明"都出现于宋朝

7. **A** 眼光要长远
   B 不要好高骛远
   C 做决定要果断
   D 人的潜力无极限

8. **A** 饮茶有讲究
   B 人应该淡泊名利
   C 好茶就该配好杯子
   D 心里不舒服时多喝茶

9. **A** 农夫行事谨慎
   B 农夫胆小懦弱
   C 农夫懂得见风使舵
   D 农夫的庄稼获得大丰收

10. **A** "骨肉"指最心爱的人
    B "手腕"比喻办事的本领
    C "心腹"形容人潇洒大方
    D "手足"被用来比喻孩子

11. **A** 立志要趁早
    B 选莲花不要犹豫
    C 学习要持之以恒
    D 莲花只是昙花一现

12. **A** 哥伦布发明了烟草
    B 18世纪烟草普及到欧洲
    C 欧洲人改变了对烟草的看法
    D 烟草现在也被认为是社交工具

13. **A** 孩子身体不舒服

    B 这对夫妻吵架了

    C 孩子哭声打扰了邻居

    D 妻子不爱听丈夫唱歌

14. **A** 家用电器价格越来越贵

    B 洗衣机的普及速度最快

    C 普通百姓家中的电器非常多

    D 乡镇居民家庭洗衣机拥有率为70%

15. **A** 人才之间的竞争很激烈

    B 管理者应提高员工福利

    C 人才是企业发展的关键

    D 企业应"用人不疑，疑人不用"

第 16-30 题：请选出正确答案。

16. A 满足好奇心
    B 想深入了解萧红
    C 闲来无事读读而已
    D 想理解作品的时代特征

17. A 活泼生动
    B 沉闷死板
    C 干净纯粹
    D 简明扼要

18. A 性格
    B 思想
    C 背景
    D 感情

19. A 更随意轻松
    B 更注重准确性
    C 表演体系更复杂
    D 有更大的发挥空间

20. A 跟萧红是好友
    B 文字功底深厚
    C 从未拍过现代戏
    D 爱看人物传记类电影

21. A 受到父母的资助
    B 得到群众的支持
    C 有为之奋斗的目标
    D 没有遭受过什么磨难

22. A 新东方自己
    B 国外的教育机构
    C 综合性管理机构
    D 权威性高的教师

23. A 开发智力
    B 提高学习成绩
    C 拓宽交友渠道
    D 提高个人气质

24. A 学历
    B 毕业院校
    C 专业能力
    D 生活态度

25. A 男的注重协作能力
    B 男的大学读文学系
    C 新东方招聘要求苛刻
    D 新东方是私立教育机构

26. A 象征着和平
    B 雌孔雀更漂亮
    C 适合男女一起跳
    D 是舞蹈的最好题材

27. A 追求完美
    B 进步非常大
    C 有细微的变化
    D 只表现傣族舞

28. **A** 推广很有效

    B 都是原生态的

    C 形式很有吸引力

    D 跟生命和情感无关

29. **A** 不能全部保存

    B 无法坚持到底

    C 值得保存的相对少

    D 现代人不关心民族舞蹈

30. **A** 最喜欢傣族舞

    B 身体状态越来越差

    C 跳过其他国家的舞蹈

    D 40年里致力于公益事业

第三部分

第31-50题：请选出正确答案。

31. A 树木
    B 山水
    C 竹子
    D 人物

32. A 名气不大
    B 画作价格昂贵
    C 为人骄傲自满
    D 对竹子观察细致

33. A 要善于观察
    B 做事充满自信
    C 凡事坚持到底
    D 要有乐观的心态

34. A 田径项目最多
    B 田径普及率最高
    C 田径最受人们欢迎
    D 田径参赛选手最多

35. A 使用道具
    B 技术难度
    C 场地特征
    D 规模大小

36. A 古代有标准田径场
    B 跳跃项目属于径赛
    C 径赛在跑道上进行
    D 田赛竞争越来越激烈

37. A 一个月
    B 三个月
    C 两年以上
    D 半年到一年

38. A 要概括
    B 要简单
    C 要具体
    D 要有个性

39. A 计划要灵活
    B 准备多个计划
    C 重视短期计划
    D 严格按照计划进行

40. A 施肥方法
    B 施肥工具
    C 挖坑深度
    D 施肥步骤

41. A 污染环境
    B 促进光合作用
    C 造成土壤流失
    D 不利于果树生长

42. A 生活贫困
    B 先天有残疾
    C 民以食为天
    D 不努力就能得到

43. **A** 要先发制人
    B 要有远见卓识
    C 不能讳疾忌医
    D 要有追求的动力

44. **A** 家长不允许
    B 身体抵抗力差
    C 玩雪常发生危险
    D 对网络游戏更感兴趣

45. **A** 反对
    B 赞成
    C 担心
    D 无所谓

46. **A** 让父母带着玩
    B 学校组织玩雪
    C 让孩子自己玩雪
    D 去专业滑雪场玩雪

47. **A** 不要太溺爱孩子
    B 下雪应注意什么
    C 该不该让孩子玩雪
    D 怎样安排寒假生活

48. **A** 人无力改变
    B 不符合实际
    C 觉得很有道理
    D 是积极正面的观点

49. **A** 经过几个小时
    B 换一种思维方式
    C 向上司请几天假
    D 如果再给一定的时间

50. **A** 要注意心理健康
    B 脾气是改变不了的
    C 生气是可以避免的
    D 易怒的人有暴力倾向

二、阅 读

第一部分

第51-60题：请选出有语病的一项。

51. **A** 饭桌上摆满了妈妈做了各种美食。
     B 请严格按照使用说明来使用该电器。
     C 机不可失，时不再来，机遇的出现往往就在一瞬间。
     D 竹楼是西双版纳傣族传统的建筑形式，有利于防酷暑和湿气。

52. **A** 您放心，我们会尽快给您一个答复的。
     B 第17届中国国际园艺博览会将在本周四举办。
     C 移动广告的增长速度远远超过了其他广告形式，它具备强劲的发展潜力。
     D 秋日中的碇子沟多么美丽迷人。两边高山连绵起伏，山上树木繁多，品种茂密。

53. **A** 秦淮河在历史上极富盛名，它是南京古老文明的摇篮。
     B 50%以上的受调查者表示，低价是他们选择网购的首要原因。
     C 苏州园林中面积最大的非拙政园莫属了，其在江南园林中极具代表性。
     D 中国流动人口的不断增加，归因于农村劳动力从事非农业活动的迅速转化有关。

54. **A** 生命中任何每一次探索，从本质上讲都是成功的。
     B 俗话说"人无完人，金无足赤"，任何人都会有缺点。
     C 为了将这些树苗培育好，他每天都坚持去地里观察并做记录。
     D 2014年2月3日为第三个世界无线电日，其主题是"珍惜频谱资源，保护电磁环境"。

55. **A** 这一结论虽然言简意赅，而且似乎判断有误。
     B 随着数码相机的日益普及，传统的胶卷相机正逐渐退出市场。
     C 鲜柠檬维生素含量极高，能防止皮肤色素沉着，是天然的美容佳品。
     D 失败并不意味着你浪费了时间和生命，而是表明你有理由重新开始。

56. **A** 广府文化是指以广州为核心、在珠江三角洲通行的粤语文化。
     B 接受了4年正规的声乐训练后，他对声音的驾驭更得心应手了。
     C 每每回忆起与他朝夕相处的日子，他那和蔼可亲的面容总会浮现在我的眼前。
     D 为了逃避毒品对青少年身心所造成的伤害，我们应事先做好预防的教导与宣传工作。

57. **A** 他一生都迷恋昆虫研究，曾经用自己的积蓄买了一块儿荒地，专门用来放养昆虫。

   B 行书是在楷书的基础上发展的，是介于楷书和草书之间的一种字体，工整清晰，实用性高。

   C 幽默的语言不仅能尴尬的气氛缓解，消除人们的拘谨和不安，还能"大事化小，小事化了"。

   D 梅花象征着中华民族不屈不挠、勇往直前的品格，"咏梅"也因此成为了中国诗歌的传统题材。

58. **A** 新春佳节，每个家家户户都会张灯结彩，普天同庆，共迎新年。

   B 依托于无人超市平台，零售业有了新的营销模式，满足了大批年轻人的购买需求。

   C 无论你的手是摊开还是握紧，水都会从指缝间一点一滴地流淌干净，时间也是如此。

   D 区分天然玛瑙和人造玛瑙的办法之一是感觉它们的温度。天然的玛瑙冬暖夏凉，人造的则会随外界温度的变化而变化。

59. **A** 人生的最大遗憾，莫过于轻易地放弃了不该放弃的，固执地坚持了不该坚持的。

   B 含羞草的叶子会对热和光产生反应，受到外力触碰时，叶柄下垂，叶片闭合，故得名"含羞草"。

   C 老舍一生创作了许多脍炙人口的文学作品，如《四世同堂》、《骆驼祥子》、《茶馆》、《龙须沟》等。

   D 古埃及国王哈佛拉的金字塔前，还矗立着一座象征国王权力与尊严的狮身人面像，该建筑可以堪称世界奇迹。

60. **A** 幸运之神的降临往往是因为你多坚持了一会儿，多迈出了几步，多找了一条路，多拐了一个弯。

   B 没有朋友，会孤单；没有敌人，会失败。因为朋友是用来依赖的，敌人是用来激发自己潜能的。

   C 今天，南方强降雨范围和强度都将明显缩小，西南地区东部、江南大部、华南西部都将开始绽放难得一见的晴天。

   D 驼峰指骆驼背部隆起像山峰状的部分，里面贮存着大量脂肪，既可供其维持正常行动，亦可使其体温保持恒定，而不会使身体各处过度发热。

第二部分

第61-70题：选词填空。

61. 重庆大足石刻_____佛教、道教、儒教"三教"造像艺术精华于一身，具有很高的历史、科学和艺术_____，在中国石窟艺术史上占有_____的地位，被誉为"神奇的东方艺术明珠"。

A 聚　　　品味　　　微不足道　　　　B 集　　　价值　　　举足轻重
C 加　　　代价　　　博大精深　　　　D 合　　　意义　　　空前绝后

62. 一块冰在沙漠里被阳光_____，只剩一小块。冰感叹着说："沙漠是冰的地狱，北极才是冰的_____。"沙对冰说："冰在沙漠才最_____，冰在北极是最不值钱的东西。"

A 融洽　　　终点　　　珍惜　　　　B 融化　　　天堂　　　珍贵
C 溶解　　　归宿　　　珍稀　　　　D 削弱　　　向往　　　宝贵

63. "倒春寒"是中国民间对立春后重新出现的短期_____天气的俗称。一般发生在四五月之交，_____一至两周。这种天气出现时，连日阴雨绵绵、冷空气频繁_____，使人难以忍受。这样的"善变"天气就被称为"倒春寒"。

A 寒冷　　　坚持　　　侵略　　　　B 冰冷　　　延续　　　攻击
C 酷寒　　　蔓延　　　侵占　　　　D 骤冷　　　持续　　　侵袭

64. 多与孩子沟通，不仅能刺激孩子的听觉、视觉和感官的发展，对孩子_____的开发也大大有益。一项研究_____，如果家长与孩子谈话_____高，尤其是在宝宝9个月至3岁时多与孩子交谈，那么这些孩子上学后会有明显的_____。

A 智力　　　显示　　　频率　　　优势
B 智能　　　表明　　　周期　　　优越
C 头脑　　　报道　　　次数　　　势力
D 智商　　　表达　　　几率　　　权力

65. 脸谱是中国戏剧演员脸部的彩色妆容。它在形式、色彩和类型上遵循一定格式。内行观众从脸谱上就可以_____出这个角色是英雄还是坏人，聪明还是_____，受人爱戴还是使人_____。京剧脸谱在中国脸谱化妆中占有特殊的_____。

A 认定　　　愚昧　　　鄙视　　　位置
B 分辨　　　愚蠢　　　厌恶　　　地位
C 区分　　　笨拙　　　反感　　　座位
D 辨认　　　无知　　　憎恨　　　身份

66. 宋代著名的大学者程颐有一个弟子叫杨时。一次，杨时去_____程颐，正巧_____上程颐在打坐养神，他就恭恭敬敬侍立在门外。_____天降大雪，等程颐醒来时，雪已积了一_____多深，而杨时则通身披雪。这就是"程门立雪"的故事。

    A 探望   撞   突然   层
    B 拜托   遇   忽然   丈
    C 访问   盯   随着   堆
    D 拜访   碰   不料   尺

67. 啤酒瓶盖为什么要设计成锯齿状呢？这是因为啤酒里面_____大量二氧化碳，所以需要密闭性好、不容易跑气的_____设计。经过_____改进，人们发现锯齿状的瓶盖最利于啤酒的密封_____。

    A 存在   打包   反复   保障
    B 拥有   装修   陆续   保管
    C 持有   装饰   逐步   保养
    D 含有   包装   不断   保存

68. "女士优先"的含义是：在一切社交_____，每一名成年男子都有义务自觉地以自己的实际行动去尊重、照顾、_____、保护妇女，并且_____、尽心尽力地为妇女排忧解难。男士们唯有_____"女士优先"，才会被看做是有教养的绅士。

    A 场合   体贴   想方设法   奉行
    B 场面   关爱   不择手段   奉献
    C 现场   谅解   竭尽全力   履行
    D 场所   原谅   千方百计   实施

69. "高富帅"是一个网络流行词，它形容男人在身材、财富、相貌上_____。他们一般拥有极其_____的个人能力和财力，很高的学历和社会地位，_____，才貌双全。"高富帅"是现代女性心目中理想型男性的标准，这一观点是被_____的。

    A 十全十美   雄厚   彬彬有礼   认可
    B 完好无损   优秀   亭亭玉立   承认
    C 完美无缺   强大   风度翩翩   公认
    D 完美无瑕   富裕   端庄大方   认同

70. 1960年，世界上第一部水墨动画片《小蝌蚪找妈妈》在中国_____。作为世界动画史上的一大创举，它将中国传统的水墨画融入到动画_____中。片中虚虚实实的意境和轻灵优美的_____，便体现了中国画"似与不似之间"的美学_____，使动画片的艺术格调有了明显的_____。

    A 上映   制造   画面   特长   突破
    B 出示   捏造   情景   特意   飞跃
    C 播出   研制   屏幕   特点   上升
    D 诞生   制作   镜头   特征   提高

第三部分

第71-80题：选句填空。

71-75.

所谓拍板，(71)_____。拍板是领导者的重要职责，也是议事和决策的最后环节。古人云："当断不断，反受其乱。"顾虑重重，怕这怕那，往往会贻误时机，后悔莫及，所以决策贵在不失其时。犹豫是时间的窃贼，疑虑是决断的大敌。有些问题来得急，需要当机立断，(72)_____。

这就要求领导者要有决断的魄力，果断做出决定，切不可畏首畏尾，议而不决。领导者的决心，对下属的执行起着至关重要的作用。如果领导者遇事怕担风险，没有主见，(73)_____，反之，如果领导者能及时下定决心，则能促成事情的顺利进行，就像欧阳修说的："自古天下事，及时则必成。"

当然，敢于拍板并不等于武断决策、刚愎自用，科学的决策应建立在深入细致的调查研究的基础上，(74)_____。作为一名优秀的领导者，就要敢于打破常规，(75)_____，果断决策，切不可人云亦云。要用创新的眼光审视现实、分析问题，要敢想他人所不敢想，敢断他人所不敢断，敢为他人所不敢为。

A 否则良机稍纵即逝
B 突破条条框框的限制
C 是指就某一问题做出决定
D 还要听取多方意见、冷静分析思考
E 会使下属难以坚定地执行任务

76–80.

　　有一天，两位情同兄弟的大臣纪晓岚和刘墉陪乾隆皇帝在御花园散步。

　　纪晓岚问刘墉："你们山东的萝卜最大的有多大？"刘墉一听，喜形于色，(76)_____。纪晓岚不以为然地回答："你们山东的萝卜再大，也不可能比我们直隶的大。"刘墉听了很不服气，因为谁都知道山东的萝卜畅销各地，是出了名的大。(77)_____。

　　乾隆皇帝在旁边听了他们的话后觉得很好笑，说："这是什么事情嘛！还需要这样争来争去。你们两个，明日准备好自认为最大的萝卜，将它带上朝来让大家评一评。"

　　第二天，刘墉带着一个大萝卜上朝，所有朝臣看到那么大的萝卜，无不赞叹不已。乾隆风趣夸张地问晓岚："你的大萝卜在哪儿？把你的大萝卜抬进来吧！"没想到，纪晓岚从袖口内掏出一个又瘦又小的萝卜。大臣们看了不禁吃了一惊，(78)_____，不知纪晓岚葫芦里卖的是什么药。乾隆也很纳闷儿了，对纪晓岚说："你这是开什么玩笑！"

　　只见纪晓岚不慌不忙，用非常谦恭、诚恳的语气说："回皇上，我让人找遍了我们直隶全省，才找到了这个最大的萝卜。皇上，直隶的土壤较为贫瘠，而且近半年来天灾不断，所以农作物收成不佳，(79)_____。请皇上明鉴。"

　　这时，乾隆才明白，纪晓岚是在借机反映全省的经济困难。于是，乾隆想了片刻后说："直隶穷就少纳粮，(80)_____！"

A　就开始七嘴八舌地议论起来了

B　百姓无法缴纳太多的粮食

C　兴致勃勃地比划着自己家乡远近闻名的大萝卜

D　山东富就多纳些粮吧

E　于是两人你一言、我一语地争论不休

第四部分

第81-100题：请选出正确答案。

81-84.

人生到底有多少天？答案是因人而异的，但我看人的一生无一例外地只有三天，昨天、今天、明天，经营好了这三天，就经营好了一生。

昨天的日子很长，说不清有多少天。但不管有多少天也不管是受到挫折，还是取得辉煌，都只能代表过去，不能代表将来。比如昨天贫困潦倒的人将来可能会变成富翁，昨天锦衣华食的人将来可能沦为乞丐，昨天打工的人将来会变成老板，这就是三十年河东，三十年河西，世上没有永远的胜利，也没有永远的失败，胜利和失败在合的条件下是能够转化的，因此，我们不必为昨天的挫折而萎靡不振，也不必为昨天的辉煌而狂妄自大，只有把过去的挫折和辉煌都作为今天的垫脚石，才能攀登美好的明天。

今天的日子很短，而且正在自己的脚下以秒计算着缩短，今天是昨天的接力处，接力棒交得好，便会走向辉煌的明天。接力出问题，便会前功尽弃，因此面对今天我们不要总是怀念过去，过去的就让它过去了，只有从零开始，脚踏实地，全心全意地经营好今天才会结出丰硕的果实，今天的事一定要今天完成，绝不能推到明天，如果总是今天望明日，明日何其多，明日复明日就是人生的尽头了，结果不但今天没做好，明天也悄悄地溜走了。

明天的日子还会有多长？谁也说不定，明天是辉煌还是落败？谁也道不明，明天向我们显示机遇，或向我们提出挑战。明天的希望是美好的，但是其路途绝不平坦，也许到处都布满荆棘，但不管怎样有一点是可以肯定的，那就是花好月圆的明天，只接纳奋斗不息者。

因此，我们只有善于汲取昨天的经验和教训，利用今天作为新跨越的准备，斗志昂扬地去挑战明天，才能为人生画上一个圆满的句号。

81. 第2段中画线句子"三十年河东，三十年河西"是指什么？
    A 人生变化无常
    B 做事要有条不紊
    C 生活对每个人是公平的
    D 人们住的村庄受到黄河的影响

82. 第3段的主要内容是：
    A 要好好把握今天
    B 切不可急功近利
    C 人生苦短及时行乐
    D 遇到危险应从容不迫

83. 根据上文，我们可以知道：
    A 定下目标绝不能改变
    B 不能只顾眼前的利益
    C 不要错过任何一个机会
    D 世上没有永远的胜利和失败

84. 最适合做上文标题的是：
    A 如何解决生活中的困难
    B 冰冻三尺，非一日之寒
    C 把握三天，经营好人生
    D 人生未来三十年的规划

85-88.

白族主要分布在云南大理。与游牧民族不同，白族自古以来从事的就是以水稻为主的农业生产，因此形成了定居的生活方式，十分注重居住条件。

白族民居，是白族建筑艺术的一大景观。过去，盖一所像样的住房，是白族人需花费毕生精力去做的大事。他们的住宅，以家庭为单位自成院落，宽敞舒适，集住宿、煮饭、祭祀祖先、接待客人、储备粮食、饲养牲畜等多种功能于一身。

大理石头多，白族民居大都就地取材，以石头为主要建筑材料。白族人不仅用石头来打地基、砌墙壁，也用它来做门窗上的横梁。民间有"大理有三宝，石头砌墙墙不倒"的俗语，指的就是这种建房取材的特点。

白族的建筑，包括普通民居，都离不开精美的雕刻、绘画装饰。其中，门楼的装饰尤其引人注目。门楼就是院落的大门，一般都采用殿阁造型，飞檐串角，再以泥塑、木雕、彩画、石刻等组合成丰富多彩的立体图案，既富丽堂皇，又不失古朴典雅。

从院落布局、建筑结构和内外装修等基本风格来看，白族民居大多承袭了中原民居的建筑特点。但由于自然环境、审美情趣上的差异，白族民居又有鲜明的民族风格和地方特色。以白族四合院与北京四合院为例做大致的比较，首先从主房的方位来看，北京四合院的主房以坐北朝南为贵，而白族民居的主房一般是坐西向东，这与大理地处由北向南的横断山脉山系形成的山谷坝子有关，依山傍水，必然坐西向东。其次，北京四合院大多是一层的平房，而白族民居基本上都是两层。

白族人很讲究住宅环境的整洁和优雅。多数人家的天井里都砌有花坛，种上几株山茶、丹桂、石榴等花果树，花坛边沿或屋檐口也常常放置兰花等盆花。

85. 关于白族人，下列哪项说法正确？
    A 居无定所　　　　　　　　　**B** 以渔猎为生
    C 生活方式安定　　　　　　　**D** 种植水稻是副业

86. 第3段主要谈白族民居的哪方面？
    A 建筑规模　　　　　　　　　**B** 建筑材料
    C 艺术价值　　　　　　　　　**D** 社会功能

87. 关于白族民居，可以知道：
    A 多为一层的平房　　　　　　**B** 门楼的装饰图案单一
    C 承袭了西方的建筑特点　　　**D** 地理位置决定主房朝向

88. 上文主要谈的是：
    A 白族人的风土人情　　　　　**B** 热情好客的白族人
    C 白族人的饮食习惯　　　　　**D** 别具一格的白族民居

89-92.

　　著名节目主持人崔永元谈论历史时曾说过这样一句话："抢救历史意味着什么？只有你的历史不再支离破碎，你的人民才有尊严，你的国家才有体面。"年过半百的崔永元成立了自己的公益基金，除关注孩子外，他还希望将后半辈子的事业焦点，放在口述历史的公益项目上。

　　"口述历史"是一种重要的历史收集方法，即从民间的角度来记录历史。这种方法在国外早已取得丰硕的成果，然而在中国，口述历史却几近空白。

　　2002年，崔永元从采访电影人到采访抗战老兵，开启了中国"口述历史"的先河。10年间，崔永元以每天至少采访一个人的工作强度，收集了4000人左右的口述历史影像资料，其内容包括电影、外交、留学、知青、战争、音乐等的口述史。到目前为止，崔永元已拥有300万分钟以上的有价值的口述历史资料、500多万张珍贵的图片以及30万件稀有的历史实物材料。

　　2012年2月27日，中国传媒大学与崔永元合作成立了"口述历史"研究中心及"口述历史"博物馆。崔永元打算在博物馆建好后，分两步对公众开放：第一步，对学者和从业者开放；第二步，对全民开放。"要什么资料，无偿提供。"在建设博物馆的过程中，最困难的是安装软件，志愿者需要把将近10万个小时的音像资料，重新整理分类、提取关键词以及校对文字。

　　他说："我们身边的多数人意识不到'口述历史'的重要性，可我每天都会为此焦虑，睡不着觉。历史会随着历史人物的消失一点点变得模糊，我们希望能跟时间赛跑，能采访到更多老人，了解到更多历史事件，让后人研究历史的时候可以尽可能地利用这些资料，接近历史的真实。"

89. 关于"口述历史"，下列哪项正确？
　　A 史料很难收集完整　　　　　　　　**B** 是一项盈利性事业
　　C 目前在中国几乎是空白　　　　　　**D** 其内容偏重于政治方面

90. 关于崔永元在口述历史方面取得的成果，下列哪项不正确？
　　A 开辟中国口述历史的先河　　　　　**B** 开设了口述历史电视专栏
　　C 收集了大量的口述历史资料　　　　**D** 参与成立"口述历史"博物馆

91. 关于口述历史博物馆，可以知道什么？
　　A 所有资料有偿提供　　　　　　　　**B** 是崔永元一人成立的
　　C 最困难的是软件建设　　　　　　　**D** 将同时向所有人开放

92. 上文的主要内容是：
　　A 开启"口述历史"时面临的困境　　　**B** "口述历史"追求客观性与真实性
　　C 崔永元为"口述历史"做出的贡献　　**D** 崔永元提出的关于"口述历史"的疑问

93–96.

春秋时期有一位名医，名叫扁鹊，他经常出入宫廷为君王治病。

有一天，扁鹊去见蔡桓公。他侍立于蔡桓公身旁细心观察他，然后说道："我发现您的皮肤有病，应及时治疗，否则病情会加重。"蔡桓公不以为然："我一点儿病也没有，用不着治疗。"

扁鹊走后，桓公不高兴地说："医生最大的病就是看所有的人都有病，其最终目的是为了赚钱。我才不信这一套。"

时隔10天，扁鹊第二次去见桓公。他察看了桓公的脸色之后说："您的病已经到肌肉里面去了。再不医治，会更严重的。"桓公还是不信他说的话。扁鹊走后，桓公深感不快。

又过了10天，扁鹊第三次去见桓公，说道："您的病已经发展到肠胃了。如果不赶紧医治，病情将会进一步恶化。"桓公仍不信他，且对他更是反感有加。

又隔了10天，扁鹊第四次去见桓公。一看到桓公，扁鹊扭头就走。这倒把桓公弄糊涂了，心想：怎么这次扁鹊不说我有病呢？

桓公派人去问扁鹊原因。扁鹊说："一开始桓公的皮肤患病，用汤药清洗是很容易治愈的；接着他的病到了肌肉里面，用针刺就可以攻克；后来病发展至肠胃，服草药汤剂还有疗效。可眼下他已病入骨髓，再高明的医术也无力回天，能否保住性命只能听天由命了。我若再说自己精通医道，手到病除，必将招来杀身之祸。"

没过多久，桓公突觉浑身疼痛难忍。他意识到自己情况不妙，立刻派人去找扁鹊。可扁鹊已逃到秦国去了。桓公追悔莫及，在痛苦中挣扎着死去。

这个故事告诫人们：对于一切不好的事情，应正视问题，尽早采取措施，防微杜渐。讳疾忌医只会让人病入膏肓，最终导致无药可救。

93. 关于第2段，可以知道：
    A 扁鹊的目的是赚钱
    B 扁鹊非常自以为是
    C 桓公此时已病入膏肓
    D 桓公对扁鹊的话不屑一顾

94. 扁鹊第三次去见桓公时，桓公怎么了？
    A 病入肌肉
    B 病已到肠胃
    C 浑身疼痛难忍
    D 对扁鹊大发雷霆

95. 扁鹊后来看到桓公为什么扭头就走？
    A 怕被逐出宫廷
    B 去为桓公煎药
    C 自觉有愧于桓公
    D 桓公已无药可救

96. 这个故事告诫我们什么道理？
    A 要及时清除隐患
    B 要虚心接受批评
    C 治病要循序渐进
    D 良药苦口利于病

97–100.

　　雪崩是一种所有雪山都会有的地表冰雪迁移过程，它们不停地从山体高处借重力作用顺山坡向山下崩塌，崩塌时速度可以达20~30米/秒。具有突然性、运动速度快、破坏力大等特点。它能摧毁大片森林，掩埋房舍、交通线路、通讯设施和车辆，甚至能堵截河流，发生临时性的涨水。同时，它还能引起山体滑坡、山崩和泥石流等可怕的自然现象。因此，雪崩被人们列为积雪山区的一种严重自然灾害。

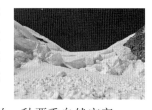

　　雪崩的物理原理是很简单的，山坡上的积雪受到两个力：一个是地球引力，另一个就是积雪内聚力。这两个力量之间进行着一场你死我活的拔河比赛，地球引力企图沿山坡方向把积雪往下拉走，而积雪的内聚力却使雪体彼此粘结，停留在山坡上。这场拔河比赛只能在山坡上进行。但是并不是所有的山坡都能进行这种比赛。坡度不到15°的山坡，积雪是比较稳定的，引力无法把积雪拉走。而坡度超过50°的山坡，又没有办法形成足够厚的积雪，引力找不到拔河的对手。所以最适合这场比赛的场所是在坡度介于25°~45°之间的山坡上。这场比赛中，当积雪的内聚力受到外界的干扰而变小时，雪崩就容易发生。

　　积雪的内聚力与积雪的厚度有关，持续不断的降雪使山坡上的积雪达到一定厚度时，就容易发生雪崩。春天气温升高时，积雪表面消融，融水渗到雪层内部，就能降低积雪的内聚力、内摩擦力和抗断强度，特别是融水渗漏到积雪底部时，这水就像滑润剂一样，使雪层很容易滑动。当山坡上的积雪由于上面的种种原因而变得较不稳定时，只要有一点外界因素的变动，雪崩就一触即发。比方说轻微的地震，动物的行走，滚石的触击，甚至高声尖叫，在这种时刻都会触发雪崩。

　　在风力比较充沛的山区，风也能使积雪发生雪崩。在山脊背风的地方，雪能够将积雪吹成悬空。就像我们房子的屋檐，我们将其称之为雪檐。一旦雪檐的自身重量超过雪檐的抗断强度，雪檐便自行崩塌，从而引起下面山坡上雪的塌落。

　　另外，砍伐森林也能使山坡积雪的稳定性减弱。森林和灌木，客观上起着阻止积雪下滑的作用。因此，应该严禁砍伐雪崩地区的林木。在雪崩频繁的瑞士阿尔卑斯山区，地方法律上就明文规定严禁砍伐雪崩地区的树木。凡是违禁的居民，一律驱赶出境。

97. 下列哪项不属于雪崩的特点？
　　 A 突然性　　　　　　　　　　　**B** 变化小
　　 C 速度快　　　　　　　　　　　**D** 破坏力大

98. 雪崩产生的原理是：
　　 A 地球引力的减少　　　　　　　**B** 温室效应的影响
　　 C 积雪内聚力的增多　　　　　　**D** 地球引力和积雪内聚力的较量

99. 与积雪的内聚力有关的是：
　　 A 山的高度　　　　　　　　　　**B** 山的坡度
　　 C 积雪的厚度　　　　　　　　　**D** 风力的大小

100. 为了防止雪崩，人类可以做的是：
　　 A 减小坡度　　　　　　　　　　**B** 减少地球引力
　　 C 禁止破坏植被　　　　　　　　**D** 准确预报地震

三、书 写

第101题：缩写。

(1) 仔细阅读下面这篇文章，时间为10分钟，阅读时不能抄写、记录。
(2) 10分钟后，监考收回阅读材料，请你将这篇文章缩写成一篇短文，时间为35分钟。
(3) 标题自拟。只需复述文章内容，不需加入自己的观点。
(4) 字数为400左右。
(5) 请把作文直接写在答题卡上。

　　在一座城市的街头，一群年轻人手拿调查问卷，让来来往往的路人为两款车的外观打分。大家看到，问卷上的第一款车外形柔美温和，第二款则狂野奔放。很快，路人根据自己的喜好分别给两款车的外观打了分数。

　　几天之后，一个名叫菲比的小伙子集中整理了这些年轻人手中的问卷数据，并做了分析，然后他把最后的报告提交给自己的上司——一家汽车总公司产品开发副总裁卢茨。原来，该汽车公司刚开发出一款性能优越的汽车，但公司高层对车的外观风格形成了两种截然不同的意见：一部分人觉得应该给这款车配上柔美温和的外形，适合大部分人群；而另一部分人却觉得狂野奔放的外形更有市场。在拿不定主意的情况下，副总裁卢茨才提出让大众选择并决定新车的外形。

　　助手菲比给卢茨提供的调查数据的结果一目了然：满分是10分，第一款平均得分为7.5分，第二款平均得分是5分。卢茨扫了一眼总数据，然后拿过菲比手中那一沓厚厚的调查问卷，一张张地翻看起来。看着看着，他开心地笑了起来，似乎有了最后的判定。菲比问："您是否打算听从大部分人的意见，决定推出7.5分这款外形的车？"

　　没想到，卢茨坚定地回答："不！我们要推出只得5分的这款。"看着菲比一脸不解的表情，卢茨向他摊开了手中那一张张评分表，说："你看看，得5分的这款，很多人给它打了9分甚至满分，也有很多人给它打了1分甚至是0分，这表示，虽然有人极端厌恶它，不喜欢它的外形，不过9分与满分证明此外还有很多人疯狂地喜欢它；而得7.5分的这款，问卷里的打分几乎都是6分、7分、8分，这表示，没有人讨厌它，但也没有人对它非常有激情。现在的汽车行业竞争十分激烈，市场已经呈饱和状态，所以，只有狂热的少数人最有可能购买我们的新款汽车。那些给第二款打上9分、10分的人，正是我们要挖掘的潜在客户！"

　　卢茨的独到分析让菲比心服口服。很快，该汽车公司按照卢茨"为少数人而开发新产品"的思路，推出了狂野奔放型的新车。卢茨的眼光果然精准独到，这款新车刚一上市就受到了一部分人的狂热追捧，很快销售一空，成为该公司当年的销售冠军。

　　该汽车公司的这次成功的事例，带给了许多企业一个深刻的启示——推出新产品，大多数人的满意往往比不上少数人的狂热。这是因为，多数满意的人的内心常常只夹杂着喜欢的情绪，而少数狂热的人的内心却一定夹杂着购买的欲望。后者，正是企业盈利的关键。

07회

모의고사

녹음 듣기

준비 다 되셨나요?

1. 듣기 파일은 트랙 'TEST 07'입니다.
   (듣기 파일은 **맛있는북스 홈페이지**(www.booksJRC.com)에서 무료로 다운로드 할 수 있습니다.)
   미리 준비하지 않으셨다면 **QR코드**를 스캔해서 듣기 파일을 준비해 주세요.

2. **답안카드**는 본책 309쪽에 수록되어 있습니다. 한 장을 자른 후에 답을 기입하세요.

3. 2B연필, 지우개, 시계도 준비하셨나요? 2B연필은 두 개를 준비하면 더 좋습니다. 하나는 마킹용,
   다른 하나는 쓰기 영역을 풀 때 사용하세요.

是金子总会发光!

금은 언젠가는 빛난다!

汉 语 水 平 考 试
HSK(六级)

注　意

一、HSK(六级)分三部分：

    1.　听力(50题，约35分钟)

    2.　阅读(50题，50分钟)

    3.　书写(1题，45分钟)

二、听力结束后，有5分钟填写答题卡。

三、全部考试约140分钟(含考生填写个人信息时间5分钟)。

一、听 力

第一部分

第1-15题：请选出与所听内容一致的一项。

1. **A** 妈妈不管儿子了
   B 爸爸进去救了儿子
   C 袜子对儿子很重要
   D 失火时儿子在房间里

2. **A** 雪鲸有牙齿
   B 鲸鱼视力都不好
   C 鲸鱼主要分为三类
   D 大部分鲸鱼栖息在洞里

3. **A** 知足者常乐
   B 做事要善始善终
   C 工作时要聚精会神
   D 人要学着放松自己

4. **A** 球迷沉迷于赚钱
   B 国际足联有权威性
   C 巴西世界杯奖励提高了
   D 球员参赛的目的是赚钱

5. **A** 齐白石谦虚好学
   B 弟子遭齐白石训斥
   C 齐白石饶恕了弟子
   D 弟子剽窃齐白石作品

6. **A** 下周会有小雨
   B 高温将持续到周日
   C 午后尽量避免户外活动
   D 户外运动有利于身体健康

7. **A** 卧室适合黄色
   B 厨房应尽量宽敞
   C 黄色会抑制人的食欲
   D 黄色能使人轻松愉快

8. **A** 中医重视冬季保暖
   B 合理饮食可防治疾病
   C 合理饮食有助于消化
   D 冷热失衡易引起心血管病

9. **A** 练书法能陶冶情操
   B 笔迹能体现人的性格
   C 写小字的人心胸狭隘
   D 写圆形字的人不拘小节

10. **A** 狐狸在奉承狼
    B 狼懂得居安思危
    C 狼比狐狸更狡猾
    D 狼经常被猎人追逐

11. **A** 要加强环保意识
    B 不要随地乱扔垃圾
    C 人们有一种心理惯性
    D 有人负责维护街道清洁

12. **A** 人生播种应趁年轻
    B 播种可以在任何季节
    C 农夫一般在夏天播种
    D 只有春天的种子能发芽

13. **A** 大人喜欢尝试新食物

    B 幼儿缺乏自我保护意识

    C 宝宝对新食物有陌生感

    D 宝宝排斥所有新鲜事物

14. **A** 应该以毒攻毒

    B 种庄稼能根除杂草

    C 弟子们很自以为是

    D 弟子们的方法都奏效了

15. **A** 上班族应谨防用眼疲劳

    B 眺望远方至少一个小时

    C 眨眼会抑制眼内润滑剂的分泌

    D 眼睛干涩时应及时使用眼药水

第 16-30 题：请选出正确答案。

16. **A** 年纪大
    B 海拔太高
    C 气候十分恶劣
    D 没有类似经验

17. **A** 丰富人生阅历
    B 有强烈的征服感
    C 是对同龄男性的一种激励
    D 为事业发展创造有利条件

18. **A** 对生活的刺激
    B 对自然的敬畏
    C 对成功的自信心
    D 对自然的正确认识

19. **A** 创业家
    B 企业接班人
    C 专业登山者
    D 自由职业人

20. **A** 认为自己务正业
    B 想减少去登山的时间
    C 利用休息时间去登山
    D 认为登山影响了工作

21. **A** 应该符合时代潮流
    B 需要有丰富的经验
    C 设计师个人审美不重要
    D 要符合特定对象的需求

22. **A** 大自然
    B 标新立异的人
    C 国外品牌设计师
    D 埋头苦干的设计师

23. **A** 重视品牌
    B 追求舒服
    C 喜欢别致的设计
    D 只穿亲自设计的

24. **A** 停止不必要的消费
    B 服装只是一种外表
    C 设计师应该脚踏实地
    D 将有用作为取舍的原则

25. **A** 为人低调
    B 兼职做演员
    C 常常疲惫不堪
    D 提倡以貌取人

26. **A** 较为棘手
    B 无从下手
    C 得心应手
    D 时间绰绰有余

27. **A** 深入浅出
    B 语言幽默机智
    C 文字浅显易懂
    D 完全忠实于原著

28. **A** 翻译也是创作

    B 翻译是无中生有

    C 译者与作者需事先沟通

    D 译者的才情无用武之地

29. **A** 魔术师

    B 艺术家

    C 性格演员

    D 物理学家

30. **A** 数学系出身

    B 从未去过外国

    C 说话俏皮机智

    D 获得过文学大奖

第三部分

第31-50题：请选出正确答案。

31. A 跳法错误
    B 表情诧异
    C 上课开小差
    D 没越过横杆

32. A 遇到失败就放弃
    B 被老师训斥了一顿
    C 为现役跳高运动员
    D 创造了背越式跳高法

33. A 要勇于接受批评
    B 避免"一刀切"的做法
    C 走神易导致比赛失误
    D 学会从错误中寻找契机

34. A 崇拜
    B 不屑
    C 畏惧
    D 好奇

35. A 头脑灵活的人
    B 意志坚强的人
    C 深谋远虑的人
    D 甘于寂寞的人

36. A 毫无意义的事
    B 得不偿失的事
    C 别人不愿意做的事
    D 从来没有人做过的事

37. A 早晨
    B 上午
    C 下午
    D 深夜

38. A 很有帮助
    B 毫无帮助
    C 帮助较小
    D 因人而异

39. A 晚上准备几天后的考试
    B 把困难的功课放在深夜
    C 大部分功课放在下午做
    D 下午做与数字有关的工作

40. A 母亲
    B 妻子
    C 女儿
    D 丈夫自己

41. A 搞恶作剧
    B 裤子宽了两公分
    C 是妈妈让她剪的
    D 想为爸爸做点事

42. A 长了两公分
    B 太不合身了
    C 还没有晾干
    D 剪破了一个洞

43. **A** 要多交流沟通

    B 要主动帮助别人

    C 服装要提前准备好

    D 买裤子时要挑合适的

44. **A** 学生剧增

    B 婴幼儿减少

    C 国内游客锐减

    D 老人游客倍增

45. **A** 5岁以下

    B 5~12岁

    C 12~18岁

    D 18岁以上

46. **A** 晚走早到

    B 出示健康证明

    C 提前办理登机手续

    D 需要支付一定费用

47. **A** 没有人数限制

    B 登机后可补办

    C 一般最好提前申请

    D 各航空公司规定相同

48. **A** 增强信心

    B 时间更准确

    C 无法确定时间

    D 会更有安全感

49. **A** 接受不同的企业文化

    B 企业必须有统一标准

    C 会导致企业陷入混乱

    D 设置多个目标更易达成

50. **A** 如何制定标准

    B 两只手表的利弊

    C 企业文化的重要性

    D 有多种标准等于没有标准

二、阅 读

第一部分

第 51–60 题：请选出有语病的一项。

51. A 人生要耐得住寂寞，禁得起诱惑。
    B 针对这一突发事件，公司及时采取了应对措施。
    C 空气、水、能源和土地，是人类赖以生存的基本要素。
    D 屏风一般陈设于室内的明显位置，起到分隔空间、挡风及装饰等。

52. A 登上山顶后，他的眼前豁然开朗。
    B 保持健康的之一秘诀便是拥有平和的心态。
    C 幸福需要我们一点点去争取，一天天去积累。
    D 水母是世界上含水量最高的生物，其含水量大多在95%以上。

53. A 人要学会控制自己的欲望，而不应当把欲望所支配。
    B 他年幼时最大的理想是做图书管理员，每天有书看。
    C 专家建议，两三岁的孩子尽量不要接触任何电子产品。
    D 他对昆虫进行了长达30年的观察，揭开了昆虫世界的许多奥秘。

54. A 孩子们正在为马上到来的春节晚会准备节目。
    B 时间如同一张网，你撒在哪里，收获就在哪里。
    C 离开家乡许多年了，没想到这里翻天覆地发生了变化。
    D 渤海海峡是渤海海运交通的唯一通道，位于辽东半岛与山东半岛之间。

55. A 快乐的人不是没有痛苦，而是不会被痛苦所左右。
    B 五彩缤纷的焰火在夜空中组织了一幅美妙无比的图案。
    C 有时候同样一件事我们可以去安慰别人，却说服不了自己。
    D 戒指是一种装饰品，它戴在不同的手指上代表着不同的意思。

56. A 梨子味甘性寒，具清热化痰之功效，特别适合秋天食用。
    B 景德镇出产的瓷器技艺精湛、造型优美，因此被称为"瓷都"。
    C 这个世界上，没有比人更高的山，没有比心更宽的海，人就是世界的主宰。
    D 无论竞争还是合作，都要处理好自己与他人的关系，它往往是人们取得成功的关键。

57. **A** 一阵狂风暴雨过后，天空中出现了一道美丽的彩虹。

B 第二天，世界各大报纸纷纷做了详细报道对这起震惊国际体坛的事件。

C 当你把困难看得太清楚、分析得太透彻、考虑得太详尽时，反而会被它吓倒。

D 这种最新研发制造的牙膏不仅香气浓郁，还能美白牙齿，因此深受消费者喜爱。

---

58. **A** 闻过则喜，能够坦然接受批评，是自信的一个突出标志。

B 运气也许能使你抵达顶峰，但它不能使你永远呆在那儿。

C 由于方向和速度变化的突然性强，羽毛球运动员要具有较高的身体素质。

D 倘若一篇作品的主旨存在问题，那么即便文字再优美，就算不上是好文章。

59. **A** 阔别亲人20年后，他终于又回到了魂牵梦萦的故乡。

B 遇事不问青红皂白，随便拿他人泄愤，很可能给对方造成莫大的伤害。

C 由于长时间注视闪烁的电脑屏幕以及保持一种操作姿势，是导致上班族视觉疲劳的主要原因。

D 敦煌壁画是世界文化艺术的瑰宝，它的重大价值不仅在于规模空前绝后，更在于其内涵博大精深。

60. **A** 天文学的发展虽然并未能揭开彗星神秘的面纱，但彗星已不再被看做是不祥的征兆。

B 石门涧素称庐山西大门，这里一年四季云蒸雾绕，鸟语花香，吸引了纷至沓来的游人。

C "小李杜"指唐代著名诗人李商隐和杜牧，他们为晚唐业已没落的诗坛注入了新的生气和活力。

D 直到那时，世界上很多国家就知道，虽然用化肥和农药能大大提高农作物产量，但后果是十分可怕的。

第二部分

第61-70题：选词填空。

61. 生活中，很多复杂的事情、_____的问题，也许只要换一个角度思考，就会_____。有时候，我们_____的不是跋涉的努力与坚持，而是多角度的思考与总结。

A 固有	一目了然	遗失	**B** 拿手	恍然大悟	丧失
C 尴尬	轻而易举	缺少	**D** 棘手	迎刃而解	缺乏

62. 要突出推行工资集体协商，促进企业建立_____的职工工资集体协商共决机制、正常_____机制和支付保障机制，科学合理地确定工资标准，提高职工特别是生产一线职工的劳动_____。

A 健康	递增	工资	**B** 完善	增进	薪水
C 健全	增长	报酬	**D** 全面	增加	工钱

63. 刚毕业的大学生在积累职场经验的_____，也要认识到相对_____的从业经历是今后发展所需的重要资历之一，频繁跳槽可能一无所获，它是一种_____的做法。

A 同时	稳定	弊大于利	**B** 当时	镇定	不择手段
C 时光	坚定	无可奈何	**D** 顿时	鉴定	迫不及待

64. 《城南旧事》是著名作家林海音以其7岁到13岁的生活为_____写成的一部自传体短篇小说集，也可视作她的代表作。全书用_____的笔触，描绘出一_____上世纪二三十年代老北京的生活画卷，_____了很多读者。

A 前景	精心	篇	刺激
B 情景	精致	则	激励
C 情节	细致	副	鼓励
D 背景	细腻	幅	感染

65. 火山出现的历史很悠久，人们一般把火山分为活火山、死火山和休眠火山三类。现在_____在活动或_____性喷发的火山叫活火山；有史以前喷发过，但现在已_____活动，这样的火山称之为死火山；人类有史以来曾经喷发过，之后长期处于_____状态，但仍可能喷发的火山叫休眠火山。

A 颇	频繁	未必	平静
B 即	周年	不必	寂静
C 皆	期限	从未	冷静
D 尚	周期	不再	静止

66. 下雨天，人们的_____会受到影响，特别是下暴雨时雨刷器不能有效地去除挡风玻璃上的雨水，令驾驶者眼前_____不清。同时，由于气温降低，前后挡风玻璃上都会有雾气，_____，这时应该打开冷气和后挡风玻璃加热器尽快_____雾气。

    A 视力　　含糊　　但是　　消化
    B 视线　　模糊　　因此　　消除
    C 视野　　混乱　　所以　　消灭
    D 视角　　浑浊　　此外　　解除

67. 诚实守信的人，理所当然能获得众人的尊重和_____。反之，倘若_____一时的小便宜而失信于人，表面上是得到了"实惠"，实际上却有可能_____了自己的声誉，这无异于丢了西瓜捡了芝麻，_____。

    A 权威　　企图　　毁灭　　肆无忌惮
    B 信赖　　贪图　　损害　　得不偿失
    C 信任　　贪婪　　破坏　　丢三落四
    D 相信　　贪污　　灭亡　　苦尽甘来

68. 在公共场合，当手机铃声响起，很多人都会条件_____似的拿出自己的手机看一下，甚至有时没有铃声响，大家也会_____地从口袋里掏出手机来看。这些现象虽然_____，但在心理学家看来，这种对手机的过分依赖是强迫症的一种_____表现。

    A 反射　　频繁　　司空见惯　　典型
    B 发射　　偶尔　　不可思议　　经典
    C 反馈　　时而　　理直气壮　　显著
    D 反抗　　一再　　岂有此理　　明显

69. 元宵节是中国的传统节日，全国各处的_____都差不多，元宵节为尚未成亲的男女青年_____了见面的机会。古时候是不允许女子外出_____活动的，但是过节的时候却可以结伴一起去玩，元宵节闹灯会是男女青年与有情人相会的_____。

    A 习俗　　提供　　自由　　时机
    B 风俗　　造成　　自己　　期间
    C 制度　　制作　　随意　　时候
    D 规定　　制造　　随便　　机遇

70. 人被打倒并不可怕，可怕的是从此一蹶不振。但是被打倒后能够立刻站起来，就是一种自我的超越和精神的_____。面对失败的_____，可以_____待之，_____力量重新开始的人，即使被打倒，也永远不会被打败。因为_____你站起来的次数比倒下去的次数多上哪怕一次，那便是成功。

    A 升级　　挫败　　从容　　积累　　只得
    B 升高　　挫折　　坦诚　　储蓄　　只好
    C 提升　　创伤　　公然　　储备　　只顾
    D 升华　　重创　　坦然　　积蓄　　只要

第三部分

第71-80题：选句填空。

71-75.

　　颐和园，北京市古代皇家园林，前身为清漪园，(71)_____，距城区十五公里，占地约二百九十公顷，与圆明园毗邻。它是保存最完整的一座皇家行宫御苑，(72)_____，也是国家重点景点。

　　清朝乾隆皇帝继位以前，在北京西郊一带，建起了四座大型皇家园林。乾隆十五年，乾隆皇帝为孝敬其母孝圣宪皇后动用448万两白银在这里修建清漪园，形成了从现清华园到香山长达二十公里的皇家园林区。咸丰十年，清漪园被英法联军焚毁。光绪十四年重建，改称颐和园，作消夏游乐地。光绪二十六年，(73)_____，珍宝被劫掠一空。清朝灭亡后，颐和园在军阀混战和国民党统治时期，又遭破坏。

　　1961年3月4日，(74)_____，与同时公布的承德避暑山庄、拙政园、留园并称为中国四大名园，(75)_____。2007年5月8日，颐和园被国家旅游局正式批准为国家5A级旅游景区。

　　A　坐落在北京西郊
　　B　1998年11月被列入《世界遗产名录》
　　C　被誉为"皇家园林博物馆"
　　D　颐和园被公布为第一批全国重点文物保护单位
　　E　颐和园又遭"八国联军"的破坏

76–80.

地球上生存着数十亿的人口以及不计其数的动植物，这无疑是宇宙的一个奇迹。而这一奇迹的诞生要归功于地球在太阳系中所处的特殊位置。

事实上，金星、火星与地球几乎是同时期形成的，(76)_____，但为什么只有地球上出现了生命呢？根本的原因是地球上有液态水，其他行星上却没有，(77)_____。

地球还有一个"兄弟"，那就是金星。据科学家们观测所知，它的大小、质量、构成都与地球相似，但它却是个被厚厚大气层笼罩着的、表面温度高达480℃的死星。就气候的平稳性来说，两者好似天堂与地狱。到底是什么原因使得这"两兄弟"的命运如此不同呢？

(78)_____。金星离太阳更近，它受到的太阳照射比地球强得多，金星大气中的水蒸气，还未来得及冷却成雨降落下来，就被来自太阳的过强的紫外线分解了，金星上的水就这样被永久地夺走了。

金星尚且如此，(79)_____。比地球更远离太阳的行星，由于离太阳太远，受到的太阳辐射不够多，水都以冰的形式存在。因此，出现生命的概率可以说是微乎其微。

由此可见，(80)_____。

A 比金星还靠近太阳的水星就更不用说了

B 而液态水正是产生生命必不可少的条件

C 也几乎由同样的物质组成

D 科学家认为这是两者距离太阳远近不同造成的

E 地球所处的位置真是妙不可言

第四部分

第81-100题：请选出正确答案。

81-84.

　　春秋时期，有位美女名叫西施，她是越国人。她的容貌可谓沉鱼落雁、闭月羞花，一举一动、一言一行都十分吸引人。

　　可惜她的身体不好，有心口痛的毛病。有一次，她在河边洗完衣服准备回家，走在回家的路上，突然因为胸口疼痛，所以她就用手捂住胸口，皱着眉头。虽然她的样子看起来非常难受不舒服，但是见到的村民们却都在称赞，说她这样比平时更美丽动人。

　　同村有位名叫东施的女孩，不但长相不好看，而且行为举止也很粗俗。那天她看到村里的人都夸赞西施用手扶住胸口的样子很美丽，于是也学着西施的样子扶住胸口，皱着眉头，在人们面前慢慢地走动，以为这样就有人称赞她。她本来就长得丑，再加上刻意地模仿西施的动作，装腔作势的怪样子，让人更加厌恶。有人看到之后，赶紧关上大门；有些人则是急忙拉着妻儿躲得远远的，他们比以前更加瞧不起东施了！

　　可惜的是，现代社会我们的生活中这样的"东施"并没有绝迹。一些通俗歌曲的歌唱演员，在演出时一味地模仿国外明星大腕的一举一动，自认为那也是一种美，不去关注自身的独特之处并加以发挥，其结果实在无异于"东施效颦"。

81. 关于西施，可以知道：
　　A 身患疾病　　　　　　　　　　B 是吴国的美女
　　C 性格比较内向　　　　　　　　D 平时脸色很憔悴

82. 东施也想得到夸赞，她是怎么做的？
　　A 通过涂脂抹粉　　　　　　　　B 变得谦逊有礼
　　C 模仿西施的穿着　　　　　　　D 模仿西施心口痛的样子

83. 对东施的做法，人们是什么态度？
　　A 更加鄙视她　　　　　　　　　B 觉得她可爱多了
　　C 认为她举止得体　　　　　　　D 认为她模仿能力强

84. 上文最后一段告诉我们什么道理？
　　A 美的标准因人而异　　　　　　B 歌手要有创新意识
　　C 不要盲目模仿他人　　　　　　D 爱美之心，人皆有之

85–88.

大学科研人员进行过一次有趣的心理学实验，名曰"伤痕实验"。他们向来参加实验的志愿者宣称，该实验的目的在于观察人们对身体有缺陷的陌生人做何反应，特别是脸上有伤疤的人。

每位志愿者被安排在一间没有镜子的小房间里，由一个专业化装师在其面部做出一道血肉模糊、触目惊心的伤疤。做好后让志愿者用一面小镜子照照化妆后的效果，随后镜子就被拿走了。最为关键的是最后一步，化妆师表示需要在伤疤表面再做一些处理，防止它被误擦掉。实际上，化妆师已经用纸悄悄地把那道疤痕抹去了。对此毫不知情的志愿者被送去各个医院的候诊室，他们要做的就是观察人们对其面部伤疤的反应。

规定的时间到了，返回的志愿者竟无一例外地讲述了相同的感受——人们对他们比以往更加粗鲁无礼，不友善，而且总是盯着他们的脸看。可实际上，他们的脸与以往并无不同。他们之所以得出那样的结论，看来是错误的自我意识影响了他们的判断。

原来，一个人在内心如何看待自己，在外界就能感受到何种的眼光。同时，这个实验也从侧面验证了西方的一句名言：别人是以你看待自己的方式看待你。

一个从容的人，感受到的多是平和的目光；一个自卑的人，感受到的多是歧视的目光；一个叛逆的人，感受到的多是挑衅的目光；一个友善的人，感受到的多是友好的目光……可以说有什么样的内心世界，就会收获什么样的外界目光。

85. 实验最重要的一步是什么？
    A 给伤疤上色   **B** 把伤疤抹掉
    C 让志愿者照镜子   **D** 在伤疤上加保护膜

86. 关于志愿者的感受，下列哪项正确？
    A 他们的感受很相似   **B** 知道了事情的真相
    C 认为所有人都在盯着他们   **D** 感觉到人们对他们的同情

87. 关于"伤痕实验"，可以知道：
    A 结果出人意料   **B** 实验目的改变了
    C 实验结果有分歧   **D** 自我意识影响判断

88. 最适合做上文标题的是：
    A 心里的"伤痕"   **B** 高明的化妆术
    C 做最好的自己   **D** 用温柔的眼光看待世界

89-92.

　　你是否见过努力破茧的蝴蝶？正是有了这种挣扎的过程，才让蝴蝶的翅膀变得强壮，最终可以在天空中飞翔。如果蝴蝶很容易就从茧中爬了出来，它的身体很臃肿，翅膀小得可怜，不管它怎么努力，也无法让自己像其他蝴蝶那样飞舞。适当的压力水平，让美丽的蝴蝶在破茧而出以后可以自由飞翔。

　　同样，对于人类来说，压力也有最佳水平。适当的压力不仅能成为我们前进的动力，还会促使我们在工作中发挥出最佳水平。过高或过低的压力则不利于人的健康与发展。

　　过高的心理压力会令人十分不悦。那是不是存在没有压力的极乐世界呢？实际上，完全没有心理压力的情形是不存在的。我们假设存在着这样的情形，那它一定比有巨大心理压力的情景更恐怖。因为，没有压力本身就是一种压力，它的名字叫做"空虚"。历史上，曾有许多文学艺术作品描述过这种空虚感，那是一种比死亡更没有生机的状况，一种活着却感觉不到自己存在的巨大悲哀。为了消除这种空虚感，人们会付出种种的努力。

　　那么，什么样的压力水平对人的发展最为有利呢？心理学研究表明，一个人的压力水平与活动绩效的关系呈倒U型，即中等强度的压力水平绩效最高，而压力水平过低与过高，都会导致活动绩效水平下降。比如，对自己期望水平过低、压力不足的学生，会表现为学习动力不足，不努力学习，从而抑制了他们潜能的发掘。而对自己期望过高、压力过高的学生，他们的大脑活动能力会受到抑制，影响正常能力的发挥。这类学生需要调节自己的压力水平，减轻心理压力。

　　由此可以看出，过高或过低的心理压力水平都不可取。

89. 第2段中画线句子想说明什么？
　　A 压力要适度　　　　　　　　　B 压力越高越好
　　C 压力保持恒定　　　　　　　　D 压力是最好的动力

90. 自我期望低的学生有什么表现？
　　A 更努力学习　　　　　　　　　B 抑制潜能发挥
　　C 失去奋斗的方向　　　　　　　D 抑制大脑活动能力

91. 关于压力，可以知道：
　　A 压力很难消除　　　　　　　　B 压力影响活动绩效
　　C 压力不利于人的发展　　　　　D 存在没有压力的世界

92. 根据上文，下列哪项说法正确？
　　A 压力只有负面影响　　　　　　B 压力没有好坏之分
　　C 压力会随环境变化　　　　　　D 压力是可以转化为动力的

93-96.

有人说"女人的衣橱里永远缺少一件衣服"。我对衣服虽不痴迷，但也不能免俗，免不了花些时间去淘几件喜欢的衣服。有时候几个小时也挑不到可心的，很是沮丧；有些过于年轻可爱，有些太职业化，线条很硬，有些则奢华富丽。

我所偏好的朴素雅致、端庄大方的服饰，越来越少。看似选择很多，其实无可选择，一如这个时代之于我。有一天，闲来无事在家整理旧衣时，发现不少衣服尚可穿，有些稍作改动，比新衣更称心。挑了几件出来，挂在衣橱里——搜罗旧衣的收获远胜于逛街买新衣。

人们在生活中也总试图寻找新的工作领域、新的兴趣、新的朋友，以为可以给生活带来新的气象，甚至令沉闷灰色的现实焕然一新，却往往费力甚多，所得甚少。其实花些时间、用点儿心思整理经营已有的一切，就可让日子大有改观。比如住腻了的旧屋子、用厌了的旧家什，确实谈不上有什么美感。许多人将日子的乏味归咎于家居环境的陈旧与死气沉沉，以为一处崭新的豪宅，即可带来新鲜感与幸福，于是他们不惜花巨大的代价去换取一所无生命的房子，这些代价包括时间、精力甚至人格。终于搬进了豪宅，幸福却并不长久。

新鲜感是转瞬即逝的，屋子和家居也染上了主人的色彩而主人较之旧居中的那个人并无进步，于是屋子很快也变得乏味起来——即使富丽堂皇，也掩饰不了平庸和无趣。如果他们愿意花同样的时间和精力去经营旧家，更重要的是经营自我，生活就不会如此令人失望。

旧不一定不如新。何况新也不能凭空而建，总要有旧作基础，否则只能是空中楼阁。更关键的是，如果新世界里旧根基还在，那新也还是旧，甚至还不如旧。

93. 第1段中作者为什么沮丧？
    A 岁月不饶人
    B 经济压力过大
    C 职场中遭受挫折
    D 买不到中意的衣服

94. 关于作者，可以知道：
    A 住进了豪宅
    B 是服装设计师
    C 喜欢崭新的家具
    D 偏爱雅致端庄的服装

95. 最后一段画线词语"空中楼阁"是指什么？
    A 不现实的空想
    B 富丽堂皇的建筑
    C 地基很深的高楼
    D 站得高，望得远

96. 最适合做上文标题的是：
    A 有得必有失
    B 知足者常乐
    C 旧未必不如新
    D 缺憾也是一种美

97–100.

　　扇子作为一种实用工具，在中国已有几千年的历史了。团扇和折扇是中国扇子的两大主要类别。

　　团扇因其形状团圆如月而得名，但并非绝对的圆。后来它的形状日益增多，不再局限于圆形。团扇因扇面多使用丝织物面料，也被称为"纨扇"，又因丝织品价格昂贵，难入寻常百姓家，于是又有"宫扇"之称。宋朝以前的画扇基本上指的是团扇绘画。

　　折扇出现于宋代，但一直不受重视，直到明代，因为皇帝朱元璋的喜爱，折扇才开始广泛流行起来，并成为主流。折扇以其收放自如、便携、宜书宜画等特点，受到人们的喜爱。

　　在扇面上写字作画的风气大约是从六朝开始的，古书中留下了不少关于文人画扇的趣闻。晋代书法家王羲之，在路上遇到一位卖扇子的老人。老人一再折价也卖不掉手中存扇，王羲之便在每把扇子上题了5个字。老人埋怨他弄脏了扇面，王羲之宽慰道："你就说这是王羲之所写，扇子便可售百钱。"果然，老人手中的扇子很快就被抢购一空。

　　两宋时期，扇画艺术迎来了自己的春天。当时画学发展迅速，政府不仅设立了翰林图画院，甚至还将"画学"正式纳入科举考试。而宋徽宗本人也每每躬亲画扇，作画题诗。他的扇画《枇杷山鸟图》显示出极高的艺术水平，流传至今。帝王的爱好和官员的推崇，使团扇画艺术在当时大行其道。

　　明清两代，随着造纸业的兴盛，扇面艺术的发展达到了鼎盛，几乎所有的文人墨客都会在扇面上写诗作画。明代士大夫间相互赠扇，炫耀雅扇成为一种风气。

　　为了更好地保存，许多收藏家将书画扇面直接裱成册页，而不制成成扇。还有人将成扇的扇面揭下，装裱后收藏起来。因此古代扇面书画大多以册页的形式保存至今。

97. 关于团扇，可以知道：
　　A 制作工期长　　　　　　　　　　B 是标准的圆形
　　C 是百姓的日用品　　　　　　　　D 多使用丝织物面料

98. 根据第4段，下列哪项正确？
　　A 王羲之名气很大　　　　　　　　B 老人很崇拜王羲之
　　C 老人的扇子被抢了　　　　　　　D 王羲之弄脏了老人的扇子

99. 为什么收藏家将书画扇面裱成册页？
　　A 费用低廉　　　　　　　　　　　B 显得高雅美观
　　C 节省收纳空间　　　　　　　　　D 为了更好保存

100. 根据上文，下列哪项不正确？
　　A 折扇在宋代受到追捧　　　　　　B 明官员将扇子当做礼品
　　C 宋徽宗爱在扇子上作画　　　　　D "画学"曾被纳入科举考试

三、书 写

第101题：缩写。

(1) 仔细阅读下面这篇文章，时间为10分钟，阅读时不能抄写、记录。
(2) 10分钟后，监考收回阅读材料，请你将这篇文章缩写成一篇短文，时间为35分钟。
(3) 标题自拟。只需复述文章内容，不需加入自己的观点。
(4) 字数为400左右。
(5) 请把作文直接写在答题卡上。

　　姜恩是一家水族馆的老板，这座水族馆是姜恩家族世代相传的。或许是因为耳濡目染，他从小就对水生动物情有独钟。自从他接手水族馆开始，他就打算做出独特的风格，用感官方式引领人们欣赏奇妙的海洋世界。

　　一天，姜恩潜入鲨鱼馆，只有与他喜爱的鲨鱼们在同一个空间里，他才能暂时忘掉痛苦。这是他第四次潜入鲨鱼馆，可除了他自己，没有人知道他做过这么冒险的事情，然而这次不偏不倚地被前来找他的5岁的儿子看到眼里。儿子顿时脸色苍白，前一秒还高兴得手舞足蹈，看到姜恩畅游在鲨鱼群中，儿子吓得大喊"赶快救救爸爸"。等姜恩完好无损地走到他面前时，儿子吓得浑身发抖，连话都说不出来。姜恩安慰着儿子，给他讲鲨鱼并没有他想象的那么可怕。

　　几天后，姜恩的一个朋友来做客，要在他家借住几晚。儿子被迫让出自己的房间，小家伙不停地抱怨，问姜恩为什么那个叔叔要霸占自己的房间，还说如果明天还来住，就让他去水族馆里和鲨鱼一起睡。姜恩哭笑不得，却突然有了一个大胆的创意。

　　翌日姜恩径直来到鲨鱼馆，开始实地考察。随后他约了设计师，要将他想象中的水下世界呈现出来。设计师觉得他太异想天开，万一鲨鱼不高兴发生意外怎么办。

　　为了实现这个梦想，姜恩专门找了专家，研究了鲨鱼的脾气和生活习惯，得到的结论是只要不在入夜之后开闪光灯拍照，就不会招惹畏光的鲨鱼，这样就排除了危险的可能。

　　设计师在看到专家给出的结论后答应了姜恩的请求，但他们并未掉以轻心，而是选择了最坚固的材料，经过一段时间的打造，鲨鱼馆里被建造出了一间10平方米左右的透明房间。这间房间被建在约10米深的水下，里面生活配置齐全，除了卫生间外，还有一张床。

　　姜恩首先带儿子体验了一晚，儿子整晚都欢呼不停地向鲨鱼招手，早已忘记了看到自己潜入鲨鱼馆时的惊愕。随后姜恩的朋友也赶来体验，他见过各国风景，名山大川，可这样近距离地与鲨鱼接触还是第一次，他也难掩兴奋。

　　通过全透明玻璃，可以360度无死角地欣赏鲨鱼馆里的35条鲨鱼，这一特色受到了众多爱冒险的旅游者的青睐。

　　你敢和鲨鱼睡一晚吗？ 在夜阑时分，在陌生的深海里，看着起伏的海水，听着自己的呼吸，数着鲨鱼进入梦乡，这难得的体验不仅能带给游客惊险与刺激的感官感受，还能让他们明白，鲨鱼并不是传说中的那种"冷血杀手"，而是海洋生态系统健康的关键，应该保护它们的存在。当然这只是一方面，而受益最多的还是姜恩，他不仅做出了水族馆独有的风格，还赚了个盆满钵满。

08회

모의고사

녹음 듣기

준비 다 되셨나요?

1. 듣기 파일은 트랙 'TEST 08'입니다.
   (듣기 파일은 **맛있는북스 홈페이지**(www.booksJRC.com)에서 무료로 다운로드 할 수 있습니다.)
   미리 준비하지 않으셨다면 **QR코드**를 스캔해서 듣기 파일을 준비해 주세요.

2. **답안카드**는 본책 309쪽에 수록되어 있습니다. 한 장을 자른 후에 답을 기입하세요.

3. 2B연필, 지우개, 시계도 준비하셨나요? 2B연필은 두 개를 준비하면 더 좋습니다. 하나는 마킹용,
   다른 하나는 쓰기 영역을 풀 때 사용하세요.

坚持就是胜利!

버티는 게 이기는 것이다!

汉 语 水 平 考 试
HSK(六级)

注　意

一、HSK(六级)分三部分：

    1.　听力(50题，约35分钟)

    2.　阅读(50题，50分钟)

    3.　书写(1题，45分钟)

二、听力结束后，有5分钟填写答题卡。

三、全部考试约140分钟(含考生填写个人信息时间5分钟)。

一、听 力

第一部分

第1-15题：请选出与所听内容一致的一项。

1. **A** 心态决定成败
   B 悲观者不能成功
   C 女人都喜欢玫瑰花
   D 所有的东西都有两面性

2. **A** 丈夫早上睡过头了
   B 丈夫应该八点起床
   C 丈夫让妻子早点起床
   D 妻子用闹钟叫丈夫起床

3. **A** 要提前做好准备
   B 修补羊圈没有用
   C 做错事时要及时补救
   D 羊圈里不能放太多羊

4. **A** 巧克力不利于减肥
   B 维生素延缓大脑衰老
   C 感到郁闷时可以吃杏仁
   D 巧克力含有丰富的维生素

5. **A** 要珍惜每一分钟
   B 现代生活节奏很快
   C 生活应该过得充实
   D 人们觉得时间过得很快

6. **A** 天气有利于军事活动
   B 大雾会给作战带来困难
   C 作战前应查看天气预报
   D 军事活动会受到天气影响

7. **A** 现代人都忽视美德
   B 谦逊的男性更有魅力
   C 男性喜欢谦逊的女性
   D 女性不喜欢谦逊的男性

8. **A** 人们喜欢刺激的电影
   B 绘画比音乐更吸引人
   C 音乐有助于丰富电影情节
   D 电影是音乐的重要组成部分

9. **A** 山庄里气候较凉爽
   B 山庄在冬季最受欢迎
   C 荷花的花期持续到八月
   D 山庄开满各种各样的花

10. **A** 那个学生身体不适
    B 校长的声音太小了
    C 那个学生是第一名
    D 同学们的耳朵不太好

11. **A** 科幻小说情节曲折
    B 人们不理解科幻小说
    C 科幻小说根据现实创作
    D 科幻小说属于通俗读物

12. **A** 防护林可以交叉排列
    B 防护林可以减缓风速
    C 防护林的林木不能太高
    D 防护林间距超过林高的二十倍

13. A 茶是最重要的

    B 茶可以替代药物

    C 苗条的人都爱喝茶

    D 茶可补充人体微量元素

14. A 电视信号的传递不需要航天科技

    B 航天科技活动与城市的交通无关

    C 航天科技活动与日常生活关系密切

    D 航天科技活动只影响城市居民生活

15. A 丈夫等得没有耐心

    B 丈夫认识那个女孩

    C 妻子只逛了半个小时

    D 妻子嫉妒漂亮的女人

第二部分

第16-30题：请选出正确答案。

16. **A** 技术过硬
    B 没有负担
    C 考虑得很全面
    D 可以积累经验

17. **A** 缺乏市场观念
    B 都是搞技术的
    C 遭受过很多挫折
    D 有一些创业经历

18. **A** 没有冒险精神
    B 资金周转困难
    C 产品质量不过关
    D 欠缺商业化运作能力

19. **A** 有无市场需求
    B 卖产品还是服务
    C 有没有合作团队
    D 自己是否适合创业

20. **A** 个人创业容易成功
    B 懂经营的人容易成功
    C 团体创业更容易成功
    D 留学生创业更容易成功

21. **A** 有诸多副作用
    B 对慢性病没有疗效
    C 针灸在国外不受关注
    D 对疼痛性疾病效果显著

22. **A** 携带方便
    B 口感不好
    C 服用简单
    D 治疗费用昂贵

23. **A** 推广力度强
    B 任重而道远
    C 人们很难接受
    D 需改变制药成分

24. **A** 两者互补
    B 西医只治病
    C 中医只养生
    D 相互矛盾对立

25. **A** 上过《百家讲坛》
    B 在国外做针灸治疗
    C 自己生病时看中医
    D 为中医推广花费心血

26. **A** 独立自主
    B 多愁善感
    C 认真严谨
    D 外向活泼

27. **A** 读初中时
    B 读高中时
    C 读大学时
    D 大学毕业后

28. **A** 温和
    B 严厉
    C 宽容
    D 固执

29. **A** 家族事业
    B 表达方式
    C 休闲娱乐
    D 养家的手段

30. **A** 自学成才
    B 画漫画有明确目的
    C 受到过良好的教育
    D 漫画被拍成了动画片

第 31-50 题：请选出正确答案。

31.　A　都没结果
　　　B　只有一棵树结果
　　　C　两棵树都伤痕累累
　　　D　两棵树都毫发无伤

32.　A　小心保护两棵树
　　　B　把一棵树移走了
　　　C　砍掉不结果的树
　　　D　和邻居们分享果实

33.　A　学会自我保护
　　　B　要有奉献精神
　　　C　不能不劳而获
　　　D　应该听取别人意见

34.　A　交际范围广
　　　B　有良好的家境
　　　C　专业知识过硬
　　　D　树立明确目标

35.　A　运气好
　　　B　朋友支持你
　　　C　经常帮助朋友
　　　D　认识的朋友多

36.　A　成功的因素
　　　B　怎样获得财富
　　　C　如何扩展人脉
　　　D　多交朋友的好处

37.　A　结果
　　　B　过程
　　　C　回忆
　　　D　目标

38.　A　人成长的过程
　　　B　人生的总过程
　　　C　人类的演化过程
　　　D　丰富经历的过程

39.　A　理论与实践
　　　B　出生与死亡
　　　C　过程和结果
　　　D　事业和家庭

40.　A　受伤了
　　　B　一无所获
　　　C　抓到一只野兔
　　　D　把梅花鹿放生了

41.　A　不要贪玩儿
　　　B　不要爱慕虚荣
　　　C　不要轻易放弃
　　　D　上课不要走神

42.　A　各种诱惑
　　　B　宝贵的财富
　　　C　家里的宠物
　　　D　难得的机遇

43. A 要爱护小动物
    B 不要偏离前进的方向
    C 要勇于表达自己的想法
    D 应该随时调整奋斗方向

44. A 鲨鱼本身
    B 主动攻击鲨鱼
    C 被鲨鱼触碰到
    D 自己内心的恐惧

45. A 嗅觉很灵敏
    B 不伤害人类
    C 攻击性很强
    D 爱吃大型鱼类

46. A 保持平静
    B 迅速逃走
    C 高声尖叫
    D 打击鲨鱼

47. A 要有坚强的毅力
    B 办法总比问题多
    C 要坦然面对危险
    D 做事要追求高效

48. A 学习外语越早越好
    B 父母亲自教孩子更好
    C 应该去学校接受外语教育
    D 不要同时对孩子说两种语言

49. A 孩子变得焦虑
    B 让孩子不知道怎么办
    C 这样的学习方式很无聊
    D 这会让孩子感到巨大压力

50. A 如何教孩子母语
    B 外语与母语的差异
    C 怎么教孩子学外语
    D 什么年龄学习外语最好

二、阅 读

第一部分

第51-60题：请选出有语病的一项。

51. A 他这个人除了固执以外，还有不少让人值得敬佩。
    B 从商业的、市场的角度来看，不同的影片有不同的观众。
    C 羊的胆子很小，遇到点儿响动就会惊慌失措，四散奔逃。
    D 书要杂，开卷一定有益，许多貌似无用的知识其实都是日常看书的积累。

52. A 我毫不夸张地说，在中国使用英语的人比美国还多。
    B 人需要表达感情，比如喜怒哀乐等，尤其孩子如此。
    C 时间能治愈心灵的创伤，因此人们说时间是最好的医生。
    D 大学给了我们一个学习的舞台，其中核心的内容就是培养我们的专业素质。

53. A 这是一处典型的中国古代园林式建筑。
    B 人们生活在地球上，是一个天然的磁体，有南北两个磁极。
    C 丝绸之路的开通，促进了东西方在经济、文化等各方面的交流。
    D 北京的许多传统建筑物凝结着古代劳动人民的智慧，如天坛的回音壁。

54. A 专家预测，到2020年，中国日油产量将减少200万桶以内。
    B 中国投资的动力主要是来自国内企业，来自于国内的巨大储蓄。
    C 紫荆花性喜温暖，容易种植，被港人视为"兴旺、繁荣、奋斗"的象征。
    D 这次考察可以让我们了解社会的各个阶层，对我们作家来说是非常好的机会。

55. A 何教授的光荣事迹经电台报道后，引起了广泛的关注。
    B 有没有坚定的意志，是一个人在事业上能够取得成功的关键。
    C 那里是休闲度假的好地方，更是难得的天然浴池，因此吸引了大量的游客。
    D 生活就如同一次旅行，在乎的不是旅游的终点，而是旅途上的风景和旅游的心情。

56. A 就算是天才，不流下勤奋的汗水也难以取得成功。
    B 没有实现梦想没什么丢人的，毕竟这个世界上能够实现梦想的人很少。
    C 虽然是初次见面，但是两个人志同道合，聊天起来竟如同交往多年的朋友。
    D 我们受着文化的熏陶来到了这个世界，无论我们再怎么变，内心深处都有一份文化的积淀，那是很难改变的。

57. A 满屋里静悄悄的，弟兄几个默默地低着头，似乎都在想着自己的心事。

B 节奏紧张的现代社会产生了大量不能单纯依赖于药物治愈的"文明病"。

C 要杜绝拥有权力的人不滥用权力，在8小时之外不做任何违法乱纪的事，并非是一个难题。

D 不论是在城市还是在农村，不论是在家里还是在路上，噪音、污水无时无刻不在和我们亲密接触。

58. A 那个时代的大学生读书很勤奋，学习的时间远远多于看课外书的时间。

B 人们追逐时尚，不是因为它符合自己的气质，而是因为大家都是如此。

C 在风景优美的园林散步，可以消除长期工作带来的紧张和疲乏，并且体力和脑力得到恢复。

D 人可以不漂亮，但要保持健康；人可以不伟大，但一定要快乐；人可以不完美，但必须有追求。

59. A 今天，我们去了北京郊区的地区，游览了很多著名的景点，如十三陵、青龙峡、黑龙潭等。

B 景泰蓝是燕京八绝之一，因为它的釉色颜料以蓝色为主，并且兴起于明景泰年间，故称"景泰蓝"。

C 含羞草稍被碰触，叶子就会自然地卷缩，哪怕只是一阵风吹过也会出现这种情形，如同一个害羞的小姑娘一般。

D 从本质上来说，科学的发展、经济的振兴乃至整个社会的进步都取决于劳动者素质的提高和大量优秀人才的培养。

60. A 冬至是农历中重要的节气，也是中国的传统节日。这一天是北半球一年中白天最短、夜晚最长的日子。

B 自由职业者所谓的"自由"是相对而言的，自由职业者虽然允许自主选择工作内容、方式等，却不表示可以随心所欲。

C 《富春山居图》是元朝画家黄公望的作品，以浙江富春江为背景，墨色浓淡干湿并用，极富于变化，是中国十大传世名画。

D 喀纳斯被誉为天山以北最美的地区，实际上北国边疆处处是美景。作为单身的背包客，我不时会闯入世人尚未涉足的人间仙境。

第二部分

第61-70题：选词填空。

61. 人应该学会_____自己的情绪，_____自己对他人低落情绪的"免疫力"。只有这样做，才能使自己每天都能_____一个好心情。

   A 抑制　　培养　　分享　　　　　　B 控制　　增强　　拥有
   C 调节　　提高　　具有　　　　　　D 调整　　锻炼　　享有

62. 挺胸可以使肺活量提升20%左右，从而有利于_____。肺活量提升了，身体的各_____得到的氧气便增加了，人就不容易_____。

   A 生机勃勃　　地方　　压抑　　　　B 新陈代谢　　部位　　疲劳
   C 天伦之乐　　位置　　烦躁　　　　D 无精打采　　部分　　疲惫

63. 九寨沟是水的世界。九寨沟的水是世间最_____的，无论是平静的湖泊，还是飞泻的瀑布，都那么美妙迷人，让人_____。水构成了九寨沟最富有魅力的景色，也是九寨沟的_____。

   A 清新　　络绎不绝　　精神　　　　B 清晰　　目不转睛　　核心
   C 透明　　川流不息　　灵感　　　　D 清澈　　流连忘返　　灵魂

64. 打哈欠是人们身体的一种本能反应，不受_____思想操控。当身体感受到疲劳、睡意等外界_____时，就会大量分泌相关分子，进而引起"哈欠中枢"兴奋，对身体肌肉群发出指令。而肌肉群严格_____指令执行，于是一个哈欠就_____了。

   A 自我　　影响　　遵守　　出生
   B 主观　　刺激　　遵照　　诞生
   C 客观　　引诱　　按照　　产生
   D 自己　　诱发　　违反　　生产

65. 所谓幽默，是智者在看透人情冷暖之后，传达出一种认识_____、角度别致、形式上_____的信息，从而引起众人会心一笑。因此，幽默是一种乐观的人生态度、机智的_____方式、轻松的心态和宽容的_____。

   A 特意　　有条不紊　　思考　　心灵
   B 特殊　　斩钉截铁　　思念　　视野
   C 独特　　喜闻乐见　　思维　　胸怀
   D 神奇　　莫名其妙　　思想　　教养

66. 人们只知道，海洋中存在着丰富的生物和矿产＿＿＿＿＿＿，殊不知海水本身也是海洋宝藏之一。海洋学家在长期的研究中发现，深层海水是海洋的＿＿＿＿＿＿。海水还无私地奉献给人类全部其他微量＿＿＿＿＿＿，若能＿＿＿＿＿＿利用深层海水，将会使人类受益无穷。

A	原料	根本	素材	充满
B	资料	起源	因素	充沛
C	资源	精华	元素	充分
D	能源	基础	要素	充实

67. 是不是所有的人都做梦？绝大部分科学家＿＿＿＿＿＿，所有人都做梦。有的人觉得自己没有做梦，因为醒来时梦中的＿＿＿＿＿＿都不记得了。有研究表明，无梦睡眠不仅＿＿＿＿＿＿不好，而且还是大脑受到＿＿＿＿＿＿和有病的一种征兆。

A	相信	情形	质量	损害
B	以为	情景	效率	迫害
C	确定	状态	品质	危害
D	认为	情节	素质	侵害

68. 周文公去＿＿＿＿＿＿，来到渭河岸边，看到一位老翁正在钓鱼，从那个老人＿＿＿＿＿＿的议论和他对治国安邦一套＿＿＿＿＿＿的见解，感觉到他是一个出类拔萃的人才，于是就选他当了宰相，这个人就是具有传奇＿＿＿＿＿＿的人物——姜子牙。

A	游览	娓娓而谈	精心	特色
B	出游	侃侃而谈	精湛	风格
C	打猎	滔滔不绝	精辟	色彩
D	散心	夸夸其谈	精彩	色调

69. 争吵时，最恰当的做法并不是用＿＿＿＿＿＿或态度上的强硬来压倒对方，使争吵持续下去。你最需要的是冷静和克制，平静地把对方的话听完。即使＿＿＿＿＿＿都在你这边，你也不要用比对方更高的＿＿＿＿＿＿来征服对方，你越想征服对方，对方＿＿＿＿＿＿越强烈。

A	神色	借口	表情	对抗
B	情绪	原因	口气	抗议
C	气势	道德	节奏	抵抗
D	语气	道理	声调	反抗

70. 花样游泳是专为女子设置的体育项目，原来是比赛间歇休息时的＿＿＿＿＿＿项目，是游泳、舞蹈与音乐的完美＿＿＿＿＿＿，素有"水中芭蕾"的美称，它是一项具有艺术性的＿＿＿＿＿＿的体育项目，但也需要力量和＿＿＿＿＿＿，并且需要经过很长时间的＿＿＿＿＿＿。

A	演奏	融合	美丽	实力	锻炼
B	表演	结合	优雅	技巧	训练
C	演出	合作	美妙	技术	培养
D	公演	团结	优美	技能	培训

第三部分

第71-80题：选句填空。

71-75.

　　如果给甲1个机会，给乙300个机会，那么，谁更有可能把握机会呢？ 如果让你做答，你会选谁呢？ 我想，你一定会选乙，(71)_____，因此乙也就有更大的可能把握住机会。(72)_____，我们先来看看下面的这个故事吧。

　　有一位射击运动员，开始训练时，教练每天给他300发子弹，(73)_____，不管是否对准靶心就随意地发射，结果射击水平一直没有提高。后来，教练改变了对他的训练方法，每天只发给他一颗子弹，(74)_____。因为只有一发子弹可以发射，只有一次机会，所以他训练起来变得格外认真，再也不敢丝毫马虎。

　　训练了一段时间后，他的射击成绩突飞猛进。1952年，在第15届奥运会上，他获得了大口径步枪300米3×40项目的金牌，成为前苏联第一个奥运会射击冠军。这位射击运动员，就是鲍格丹诺夫。

　　"1"为什么大于"300"？ 就是因为"1"是"唯一"，失去了这"唯一"，就意味着失去了一切，所以人们对这"1"也就格外珍惜。而如果面对着"300"，就算失去了其中一个"1"，还有许多个"1"，所以人们对失去其中的一个又一个"1"，也就不会在意了。正因为这种无所谓的态度，(75)_____。

　　生活中，珍惜"1"，珍惜"唯一"——珍惜唯一的爱，珍惜唯一的珍宝，珍惜唯一的机会，会让我们拥有更多的幸福、快乐和成功。

A 而且射不中靶心就不许离开训练场
B 在判断你的答案是否正确前
C 因为乙拥有比甲多得多的机会
D 可他训练起来漫不经心
E 有人最终失去了全部

76–80.

(76)_____。造纸术，为文明传承带来了新的载体；印刷术，造就了文明传播的新媒介。它们对人类政治、经济、文化等诸多方面产生了重要影响，为世界文明的传播与发展做出了巨大贡献。

中国发明印刷术有着得天独厚的物质基础与技术条件。纸和墨的应用是印刷术发明的基本前提。(77)_____。秦晚期已有调制成型的墨丸；汉代已使用松烟中的炭黑制墨；南北朝时期，中国已掌握了成熟的制墨技术。

作为纸的发明国，早在印刷术发明以前，中国的造纸术就经历了辉煌的发展历程。西汉时期，中国已发明了纸。东汉元兴元年(公元105年)蔡伦总结了前人经验，改善造纸工艺，(78)_____，开辟了后代皮纸制造技术的先河，带来了书写材料的根本性变革。

随着造纸技术的发展，纸逐渐普及到人类生活中。魏晋南北朝时期，中国纸张的使用进入转折时期。公元404年，东晋豪族桓玄颁布"以纸代简"令，终止了简牍书写的历史，纸终于成为主要的书写材料，(79)_____。造纸原料的取材范围不断扩大。麻、藤、树皮、竹等原料的应用，床架式抄纸帘的发明以及施胶、涂布、染色等造纸工艺的改进，藤纸、澄心堂纸、金粟山藏经纸、宣德纸等名纸的生产，纸钞的流通，都是中国古代造纸技术日益普及和发展的见证。造纸术的发明，实现了造纸技术史上的重要突破，(80)_____，传统的书法绘画艺术也以纸为载体而得以流传和发展，散发出独特的艺术魅力。

A 造纸术和印刷术是中国古代两项重要的发明

B 各种社会生活信息以纸为媒介而得到迅速传播

C 掀开了人类书写材料的新纪元

D 中国早期就已经开始使用墨

E 使用废旧麻料、树皮等作为造纸原料

第四部分

第81-100题：请选出正确答案。

81-84.

有一天，鲁班到山上去砍柴，一不注意，被丝茅草划破了手。他觉得很奇怪，一棵小草怎么会这么厉害呢？他放下手里的活儿，认真地观察起来。最终，他发现丝茅草叶子边缘上的许多锋利细齿是划破手的"元凶"。鲁班因此受到启发，发明了木工用的锯子。

车前草本来只是一种路边草地上常见的小草，近年来却名声大振。原来，建筑师从它身上发现了一个秘密：它的叶子按螺旋形排列，每两片叶子的夹角都是137°30'，这种构造使所有的叶子都能接收到充足的阳光。

一般的人类住房，总是有的房间阳光多些，有的房间阳光少些。人们依据车前草叶子的排列特点，设计建造了一幢螺旋形的13层大楼，使得一年四季，阳光都能照到每一个房间里。这对人的健康是多么有利啊。

人是地球上最有智慧的动物，靠着聪慧的头脑和灵巧的双手，创造出种种工具，使自己对世界的征服与改造步步深入，成为万物之灵。但大自然虽然默默无语，却也蕴藏着无穷无尽的智慧。人再聪明，与动植物身体的巧妙构造比起来，仍有许多<u>望尘莫及</u>之处。

因此，人类就应该像木工的祖师爷鲁班那样，虚心向动植物学习，从生物界这个庞大的博物馆中探寻几乎是无所不有的技术设计蓝图。

81. 第1段的"元凶"指的是什么？
    A 锯子
    B 细齿
    C 罪犯
    D 车前草

82. 关于车前草，我们可以知道：
    A 数量稀少
    B 每株叶子最多13片
    C 叶子按螺旋形排列
    D 叶片不易得到充足阳光

83. 文中画线词语"望尘莫及"是什么意思？
    A 远远落后
    B 两者相差无几
    C 只能看见尘土
    D 伸手也够不到

84. 上文主要谈的是：
    A 植物的构造
    B 大自然的奥秘
    C 人类是最聪明的
    D 人类应向大自然学习

85-88.

西安古称"长安"，是举世闻名的世界四大文明古都之一，居
中国古都之首，是中国历史上建都时间最长、建都朝代最多、影
响力最大的都城，是中华民族的摇篮、中华文明的发祥地、中华
文化的代表。

西安，建成于公元前12世纪，先后有21个王朝和政权建都于
此。1981年，联合国教科文组织把西安确定为"世界历史名城"。

西安是中华文明史上最负盛名的都城，是令外国人心怀景仰而来顶礼膜拜的伟大城
市。西安建城史已有3100多年，建都时间超过1200年，汉唐时期，西安是中国对外交流的
中心，是当时最早超过百万人口的国际大都市，在其发展的极盛阶段，一直充当着世界中
心的地位，吸引了大批的外国使节与朝拜者的到来，"西方罗马，东方长安"是其在世界历
史地位中的写照。西安向世界展现了文明中国拥有的自信、开放、大气、包容、向上的民
族精神，铸造了炎黄子孙永远为之自豪的文化高地。

著名的丝绸之路以西安为起点；"世界八大奇迹"之一的秦始皇陵兵马俑则展示了这座
城市雄浑、厚重的历史文化底蕴。"一座城市的历史就是一个民族的历史"，西安，这座中
国历史文化的首善之都，以世代传承的雍容儒雅，满腹经纶，博学智慧，大气恢弘，成为
中国历史的光荣。

当今的西安是中华人民共和国陕西省的省会，是中国重点高等院校最为集中的城市之
一，科技实力雄厚。西安还是中国西部地区最大最重要的科研基地。

85. 汉唐时期的西安怎么样？
    A 政治斗争激烈   B 人口超过百万
    C 是陕西省省会   D 是中国的金融中心

86. 关于西安，下列哪项正确？
    A 现在也叫"长安"   B 建成于公元前21世纪
    C 建都时间超过3100年   D 是四大文明古都之一

87. 下列哪项属于"世界八大奇迹"？
    A 丝绸之路   B 西安古城
    C 秦始皇兵马俑   D 西方罗马，东方长安

88. 现今的西安哪方面实力雄厚？
    A 农业   B 科技
    C 文化   D 重工业

89-92.

　　素食主义者，俗称"吃素的"，即只吃蔬菜而不吃荤菜的人。素食主义是一种饮食文化，实践这种饮食文化的人称为素食主义者。他们不食用一切有生命和感情的动物之肉，包括家畜、野兽、飞禽、鱼类、海鲜等，但一般可以食用蛋、奶、黄油、奶酪等奶制品。

　　那么，吃素有哪些好处呢？

　　首先，吃出健康来。素食的饱和脂肪含量很低，可降低血压和胆固醇含量。德国做过一次研究，素食者得心脏病的概率是一般人的三分之一，癌症的罹患率是一般人的一半。而且，素食还能起到食疗的功效。

　　其次，吃出聪明来。素食者自我感觉往往很清爽，似乎人也变得更聪明了。事实，这并非只是心理暗示的结果，而是有科学根据的。因为让大脑细胞活跃起来的养分主要是麸酸，其次是维生素B，而谷类、豆类等素菜是麸酸和维生素B的"富矿"，一日三餐从"富矿"里汲取能量，可以增强人的智慧和判断力，使人容易放松及提高专注力。

　　再次，吃出美丽来。用素食方法来减肥相当有效，素食能使血液变为微碱性，促进新陈代谢活动，从而把蓄积体内的脂肪及糖分燃烧掉，达到自然减肥的目的。经常素食者全身充满生机，脏腑器官功能活泼，皮肤显得柔嫩、光滑、红润，吃素堪称是种由内而外的美容法。

　　另外，吃出文化来。素食，表现出了回归自然、回归健康和保护地球生态环境的返朴归真的文化理念。吃素，除了能获取天然纯净的均衡营养外，还能额外地体验到摆脱了都市的喧嚣和欲望的愉悦。

　　最后，吃出经济效率来。通常情况下，素食要比荤食便宜得多，也很少有用素食做成的"大菜"。所以，吃素就不必为生猛"大菜"而买单，为钱包减负，吃素不亦乐乎。

89.　关于素食者，可以知道：
　　A 不吃奶制品　　　　　　　　　　B 偶尔吃海鲜
　　C 对饮食没有要求　　　　　　　　D 患癌的概率较低

90.　下列哪项不是吃素的好处？
　　A 促进健康　　　　　　　　　　　B 帮助减肥
　　C 增强判断力　　　　　　　　　　D 胆固醇变高

91.　最后一段画线的句子是什么意思？
　　A 节省金钱　　　　　　　　　　　B 收入减少
　　C 小心谨慎　　　　　　　　　　　D 减轻钱包重量

92.　最适合做上文标题的是：
　　A 素食与荤食　　　　　　　　　　B 素食与健康
　　C 素食可以省钱　　　　　　　　　D 素食不亦乐乎

93-96.

空难事故发生后，飞机往往解体，甚至被烈火烧毁。人们到现场救援的时候，总是会寻找一个东西，它的名字大家已经耳熟能详了，对了，这就是被誉为空难"见证人"的"黑匣子"。它可以给调查人员提供证据，帮助他们了解事故的真相。

实际上，黑匣子是飞机上的记录仪器，是一种飞行数据记录仪。它能将飞机的高度、速度、航向、爬升率、下降率、加速情况、耗油量、起落架放收、格林尼治时间、还有飞机系统工作状况和发动机工作参数等飞行参数都记录下来。另一种是"座舱话音记录仪"。它实际上就是一个无线电通话记录器，可以记录飞机上的各种通话。这一仪器上的4条音轨分别记录飞行员与地面指挥机构的通话，正、副驾驶员之间的对话，机长、空中小姐对乘客的讲话，爆炸、发动机声音异常、以及驾驶舱内各种声音。

黑匣子能够向调查者提供飞机出事故前各系统的运转情况。因为空难发生在短暂的瞬间，有时飞行员和全部乘务员同时遇难，调查事故的原因会有很大困难，而飞行数据记录仪可以向人们提供飞机失事瞬间和失事前一段时间里，飞机的飞行状况、机上设备的工作情况等。而座舱语言记录仪能帮助人们根据机上人员的各种对话分析事故原因，以便对事故作出正确的结论。

为了承受飞机坠毁时的猛烈撞击和高温烈焰，黑匣子的外壳具有很厚的钢板和许多层绝热防冲击保护材料。而且为了尽可能安全，黑匣子通常安装在飞机尾部最安全的部位，也就是失事时最不易损坏的部位，在飞机坠毁时，黑匣子在1100℃的火焰中能经受30分钟的烧烤，能承受2吨重的物体挤压5分钟，能够在汽油、机油、油精、电池、酸液、海水中浸泡几个月，总之，它能在许多恶劣的条件下安然无恙。

就算有这样的保护，黑匣子仍然在有些空难中遭到了损坏，所以国际航空机构又规定了更加严格的标准，而且记录介质也从磁带式改进成为能承受更大冲击的静态存储记录仪，类似于计算机里的存储芯片。

93. 关于"黑匣子"，我们可以知道：

    A 表面呈黑色   **B** 可提供调查证据

    C 还不被大家熟知   **D** 可保障飞行安全

94. 关于"座舱话音记录仪"，下列哪项正确？

    A 拥有5条音轨   **B** 记录飞行数据

    C 瞬间记下很多资料   **D** 记录飞机内部的声音

95. "黑匣子"的特点是什么？

    A 不会遭到损坏   **B** 能经受5分钟的烧烤

    C 在液体中可浸泡一年   **D** 有很厚的钢板保护层

96. "黑匣子"通常安装在哪儿？

    A 飞机的底部   **B** 飞机的尾部

    C 飞机驾驶舱里   **D** 飞机的机翼上

97-100.

生活中常听人们说"哎，人未老，心老了"或"这么大年纪了还那么幼稚"，这些指的其实都是人的"心理年龄"与"生理年龄"不匹配的问题。心理年龄的大小，和遗传、性格、经历、环境等因素密切相关，甚至受近期心情等因素的影响。

心理年龄的大小各有利弊，并没有绝对的好坏之分。如一个心理年龄小于生理年龄的人，通常会显得幼稚，不利于个人的社会化生存与成长，但他的心态通常单纯而快乐，喜欢参与活动，精力旺盛，不保守；又比如，一个心理年龄远大于实际年龄的人，虽然会让人觉得成熟稳重，但由于城府过深，很难与同龄人有相互的理解和共同的语言。

实际上，心理年龄并不是一个固定值，它是可以变化的。如果我们能恰当地运用这种变化，它将成为改善各种不利于沟通的"阻力"的"滑动变阻器"。

如成年后我们常常会感到和父母之间沟通困难。那是因为，在父母眼中，我们永远是孩子。有时候我们一厢情愿地认为父母"应享享清福"，却忽略了到底什么才是他们心中真正的福。父母对子女的关爱，不会因你年龄的增长而消失。如果真的不需要他们对你付出、惦念和指点，恐怕他们感受更多的不是享福而是失落。所以，在长辈面前，我们应该适当地表现出较低于生理年龄的心理年龄来。

又比如，在对待小孩时，我们可以选择孩子的口吻与他们交流，这就相当于我们在把自身的心理年龄下调到了与对方相近的尺度，所以不会觉得有沟通障碍。了解各年龄段的心理年龄特点，在与不同年龄、性格的人交往中，对此加以利用，取长补短，会使你在人际交往中游刃有余。

97. 关于心理年龄的说法，正确的是：
   A 是一个固定值　　　　　　　　　B 不受遗传影响
   C 会受近期心情影响　　　　　　　D 心理年龄越小越好

98. 为什么要用小孩的口吻对孩子说话？
   A 消除沟通障碍　　　　　　　　　B 生理年龄会变小
   C 孩子们通常太调皮　　　　　　　D 为了取得孩子的信任

99. 我们应该如何应用心理年龄？
   A 了解自己的心理年龄　　　　　　B 根据不同的人态度不同
   C 了解所有人的心理年龄　　　　　D 在长辈面前调高心理年龄

100. 上文主要谈论了什么问题？
   A 心理年龄的测定　　　　　　　　B 心理年龄的应用
   C 心理年龄应与实际年龄一致　　　D 心理年龄与实际年龄的关系

三、书 写

第 101 题：缩写。

(1) 仔细阅读下面这篇文章，时间为10分钟，阅读时不能抄写、记录。
(2) 10分钟后，监考收回阅读材料，请你将这篇文章缩写成一篇短文，时间为35分钟。
(3) 标题自拟。只需复述文章内容，不需加入自己的观点。
(4) 字数为400左右。
(5) 请把作文直接写在答题卡上。

　　张大千是二十世纪中国画坛最具传奇色彩的国画大师，无论是绘画、书法、篆刻、诗词都无所不通。早期专心研习古人书画，特别在山水画方面卓有成就。后旅居海外，画风工写结合，重彩、水墨融为一体，尤其是在泼墨与泼彩上，开创了新的艺术风格。张大千的艺术成就在中国人人皆知，他不但在国画成就方面可谓是泰斗级别的人物，而且为人胸襟也是经常被大家所称道。

　　关于张大千，有一个传颂至今的故事。那是在1936年，张大千首次在英国伯灵顿举办个人画展。

　　当时的英国人接触中国画还不多，参观者无不叹为观止，纷纷请求张大千即兴画一幅，张大千盛情难却，就临场发挥画了一幅水墨牡丹图。收笔后，张大千端起茶杯含了一口茶，随后"噗"一声把茶水喷到了画纸上，顿时，纸上的牡丹犹如久旱逢甘露，绽放得更加美艳动人了。

　　围观者都鼓起了掌，可有个英国当地画家则很不以为然，他扯开嗓门轻慢地说："原来中国画家是靠茶水的魔力来喷画的，这也是绘画艺术吗？"

　　众目睽睽之下出现这样一个踢馆的，所有人都把目光投向张大千，可张大千既不反驳对方也不认可对方，笑而不语，从从容容地兀自收拾着桌子。事后，几个在英国留学的中国大学生不解地问张大千："谁都知道这是中国水墨画'23技法'中的'冲墨法'，这么简单的问题，你只需要几句话就能说得他哑口无言，可你为何什么也不说呢？"

　　"我为什么一定要把人家说得哑口无言呢？如果他对中国画真没兴趣，我也没必要对一个没兴趣的人解释太多；如果他有兴趣，将来他一定会知道这并不是茶水的魔力，而是中国画的神奇手法，我同样不需要解释太多。更何况无论身处何地，人际关系远比艺术成就本身更为重要，我固然有能力说得他哑口无言，但那样做只会切断了我和他可能会建立的友谊桥梁！"张大千微笑着补充说，"只有输得起道理，才能赢得了友谊呀！"

　　朋友们这才恍然大悟。几天后，那个英国画家不知通过什么途径认识到了中国画的技法，他惊叹于张大千的绘画技艺，更被他的为人胸襟所折服，登门向张大千道歉，并和张大千成为了好朋友。后来张大千在世界各地办画展，他都出钱出力帮过不少忙呢！

　　生活中，我们经常会因为一点小事就摆出一副得理不饶人的样子，非要说得别人无地自容、无力还击不可，我们以为取得了胜利，其实我们收获的只是一时的口头之快，而输掉的却是与对方建立友谊的机会。我们为何不能像张大千那样富有涵养，展现出宽广的心胸？即使暂时"输"了，但终有一天会赢得他人的尊重和赞叹。

09회

모의고사

준비 다 되셨나요?

1. 듣기 파일은 트랙 'TEST 09'입니다.
   (듣기 파일은 **맛있는북스 홈페이지**(www.booksJRC.com)에서 무료로 다운로드 할 수 있습니다.)
   미리 준비하지 않으셨다면 **QR코드**를 스캔해서 듣기 파일을 준비해 주세요.

2. **답안카드**는 본책 309쪽에 수록되어 있습니다. 한 장을 자른 후에 답을 기입하세요.

3. 2B연필, 지우개, 시계도 준비하셨나요? 2B연필은 두 개를 준비하면 더 좋습니다. 하나는 마킹용,
   다른 하나는 쓰기 영역을 풀 때 사용하세요.

时间就是金钱!

시간은 금이다!

汉 语 水 平 考 试
HSK(六级)

注　意

一、HSK (六级) 分三部分:

    1.　听力 (50题，约35分钟)

    2.　阅读 (50题，50分钟)

    3.　书写 (1题，45分钟)

二、听力结束后，有5分钟填写答题卡。

三、全部考试约140分钟 (含考生填写个人信息时间5分钟)。

一、听 力

第一部分

第1-15题：请选出与所听内容一致的一项。

1. **A** 李先生为人小气
   B 他们星期五聚会
   C 李先生带啤酒去
   D 朋友请李先生吃饭

2. **A** 豆汁味道清淡
   B 豆汁历史悠久
   C 豆汁色彩鲜艳
   D 豆汁的原料是黄豆

3. **A** 后退意味着懦弱
   B 退有时是为了前进
   C 做事情应该迎难而上
   D 跳高选手不需要冲刺

4. **A** 人际关系很难维持
   B 同事间容易产生矛盾
   C 高速公路常发生事故
   D 保持距离有助于人际和谐

5. **A** 印刷术能传播文明
   B 口耳传播力度无限大
   C 在古代知识无法传播
   D 知识只能通过书本传播

6. **A** 要经常夸奖别人
   B 不要经常批评孩子
   C 人们都希望得到赞扬
   D 地位高的人不需要被肯定

7. **A** 那位记者是英国人
   B 钱钟书喜欢吃鸡蛋
   C 钱钟书不愿接受采访
   D 知道《围城》的人不多

8. **A** 钢琴家也喜欢数学
   B 科学家知识面很广
   C 做人应该谦虚一点儿
   D 什么都懂的人几乎没有

9. **A** 捕鱼要看运气
   B 捕鱼需要耐心
   C 学习方法更重要
   D 人们都喜欢吃鱼

10. **A** 游子很少回家团聚
    B 中秋节是团圆的日子
    C 每年8月16日是中秋节
    D 中秋节是中国最大的节日

11. **A** 唐三彩具有现代风格
    B 唐三彩属于中国国画
    C 唐三彩已有三百多年的历史
    D 唐三彩色调以黄、白、绿为主

12. **A** 她从事房地产工作
    B 她攒钱是为了买房子
    C 她年轻时开始环游世界
    D 她后悔没花光所有的钱

13. **A** 发脾气可以宣泄忧伤

    B 有脾气时要克制自己

    C 脾气不好的人易抑郁

    D 及时发泄可使人更长寿

14. **A** 药膳跟西医学有关

    B 药膳的口感比较苦

    C 健康的食品就是药膳

    D 药膳是多学科的研究成果

15. **A** 做事要多动脑子

    B 不要做多余的事

    C 画画时要激发灵感

    D 做事应该力求完美

第二部分

第16-30题：请选出正确答案。

16. **A** 记者
    B 影视广告
    C 美术编辑
    D 平面模特

17. **A** 宣扬环保理念
    B 了解世界摄影
    C 介绍中国摄影师
    D 发展当地旅游经济

18. **A** 讲授法教学
    B 手把手教学
    C 讨论式教学
    D 理论引导实践

19. **A** 进步不明显
    B 让人感到惊艳
    C 仍有提升空间
    D 没有预期的好

20. **A** 她的家在山西
    B 初中开始学画画
    C 从小就喜欢摄影
    D 觉得自己有艺术天赋

21. **A** 感觉倦怠
    B 轻易妥协
    C 控制欲强
    D 常与人交流

22. **A** 编剧
    B 演员
    C 摄影师
    D 导演助理

23. **A** 题材多变
    B 有教育意义
    C 追求视觉效果
    D 重视后期技术

24. **A** 要多做宣传
    B 充实知识和内心
    C 要努力提高素养
    D 必须亲自写剧本

25. **A** 失败过很多次
    B 工作态度严谨
    C 更喜欢做编剧
    D 认为道理比技术重要

26. **A** 提高生活品质
    B 获得他人的爱
    C 可以指示别人做事
    D 能选择喜欢做的事

27. **A** 个人兴趣爱好
    B 提高社会地位
    C 精神上的需要
    D 证明自己的价值

28. **A** 一定要明确

    B 女性的目标更远大

    C 必须保障基本生活

    D 定的目标越大越好

29. **A** 缺乏耐性

    B 不擅长创作

    C 协调能力较弱

    D 坚韧、细致入微

30. **A** 感觉到明显的歧视

    B 比男性更有竞争力

    C 就业率比西方国家高

    D 在管理层所占比例很大

第 31-50 题：请选出正确答案。

31. A 油被订光了
    B 没有油桶装
    C 榨油机器出现故障
    D 发现油的质量不佳

32. A 订购油的商人
    B 买油的客人们
    C 卖油桶的小商贩
    D 生产油料作物的农民

33. A 时间的重要性
    B 油桶比油更赚钱
    C 要寻找潜在的商机
    D 遇到挫折不要放弃

34. A 安静沉闷的
    B 规则性强的
    C 按部就班的
    D 灵活度较高的

35. A 灵活性高的工作难
    B 适合自己的工作最好
    C 收入高的工作竞争激烈
    D 社会推崇的工作地位高

36. A 专业与职业规划
    B 理想与现实的矛盾
    C 根据性格选择工作
    D 社会定位的重要性

37. A 被很多人崇拜
    B 工作态度敬业
    C 带来很多创意
    D 满足人们的好奇心

38. A 报道的不是真相
    B 从英语翻译而来
    C 缺乏社会责任感
    D 赢得了人们的尊重

39. A 很受人们欢迎
    B 不符合时代的发展
    C 侵害名人的肖像权
    D 存在的意义并不大

40. A 对方的手部
    B 对方的脚部
    C 对方的脸部
    D 对方的上半身

41. A 总是来回转动
    B 通常是无意识的
    C 女性没有脚步动作
    D 常常表现积极情绪

42. A 极度焦虑
    B 态度强硬
    C 情绪高涨
    D 不情愿离开

43. A 脚部的健康
    B 脚暴露的情绪
    C 步行的正确姿势
    D 如何控制脚部动作

44. A 冰水
    B 苏打水
    C 淡盐水
    D 纯净水

45. A 次少量多
    B 口渴时再喝
    C 一次喝个够
    D 半小时喝一次

46. A 降低体温
    B 缓解口渴
    C 补充人体盐分
    D 治疗消化系统疾病

47. A 旅途中的自我保护
    B 老年人如何补充水分
    C 夏天游泳时要注意什么
    D 夏天旅行时的饮水技巧

48. A 参加进修课程
    B 掌握经济规律
    C 拥有一技之长
    D 提升自己的魅力

49. A 要学会分享
    B 钱是万能的
    C 人际关系很重要
    D 钱和人是对立的

50. A 人要有诚信
    B 理财的好方法
    C 如何"吸引"钱
    D 应该有核心竞争力

二、阅 读

第一部分

第51–60题：请选出有语病的一项。

51. A 通过这次活动，使我开阔了眼界，增长了见识。
    B 世界上首台用于监测地震的地动仪是张衡发明的。
    C 记忆是个奇怪的东西，用心和不用心完全是两回事。
    D 成年人当中，讲普通话的，基本上限于受过高等教育的群体。

52. A 你无法左右天气，但你可以试着去改变心情。
    B 关于语言方面的能力，我有自信肯定能满意贵方。
    C 一提到健身，很多人立刻就想起设施完备的健身房。
    D 我选择了我喜欢的工作，并成为了这个领域的佼佼者。

53. A 刚来时，因不适应这里干燥的气候，我经常生病。
    B 创造力与其他能力的区别在于它的新颖性和独创性。
    C 忌讳是中国古代社会的一种风俗，也是一种特别的文化现象。
    D 你别看他长得特别普普通通，他可是我们这儿名副其实的"专家"。

54. A 很多公司在面试的时候非常看重应聘者的工作经验。
    B 1987年12月莫高窟被联合国教科文组织列为世界文化遗产。
    C 书中的经验和知识，对我们来说取之不尽、用之不竭的源泉。
    D 蘑菇中含有丰富的营养成分，而且热量很低，常吃也不会引起肥胖。

55. A 以海洋旅游为依托的海洋产业具有非常好的发展前景。
    B 陶渊明是中国第一位田园诗人，他的诗文充满了田园气息。
    C 这个地区的粮食总产量，除了供给本地区外，还运送给其他地区。
    D 世界上最宽阔的是海洋，比海洋更宽阔的是天空，比天空更宽阔的是人的胸怀。

56. A 我们对世界的客观认知大部分是通过眼睛实现的，比如阅读。
    B 据鉴定，这幅画出自著名画家齐白石之手，具有非常高的收藏价值。
    C 大约九点钟的时候，小镇的店铺陆陆续续开了门，街道也热闹起来了。
    D 不要因为问题小就忽视它，于是很容易导致严重的后果，甚至可能使整个系统瘫痪。

57. **A** 国外留学生到中国留学后，就相当于"镀了一层金"。

B "地球村"之所以成为现实，主要出于互联网技术的迅猛发展。

C 那种拔苗助长式的教育方法必将对孩子造成身体和心理上双重的伤害。

D 在危险的情况下，人的嗅觉会特别灵敏，并向大脑发出避开危险的警告。

58. **A** 机会总是留给那些有准备的人，只有做好准备，才能及时抓住机会。

B 请参加活动的读者于2018年9月1日之前，把《读者调查表》寄回本社。

C 他那独特而且鲜明的见解，常被应邀到高校演讲，受到了大家的欢迎。

D 司马迁实现了父亲的遗愿，终于完成了一部空前的历史著作——《史记》。

59. **A** 她认为，小时候和大自然相处的时候，是她受过的最好的艺术教育。

B 不要随便否定任何人的作用和价值，永远不要轻视身边的那些"小人物"。

C 人们面临财务困境的主要原因在于，在学校学习多年，却从未学过任何有关金钱方面的知识。

D 每个人都需要关爱，关爱可以增进人们的感情，拉近人与人之间的距离，但关爱有一个前提就是适度。

60. **A** 多年来，京郊旅游在京城旅游业中一直占据着十分重要的地位。

B 作为翻译工作者，一方面要努力学习外语，一方面要学习本民族的语言也是必不可少的。

C 1940年11月27日出生的李小龙虽然不是第一个进入好莱坞的华人，却是第一个成为国际巨星的功夫演员。

D 颐和园是一座环境优雅、建筑精美、名扬中外的古典园林艺术杰作，它已经成为中外游客到北京的必游之地。

第二部分

第61-70题：选词填空。

61. 科学是个实实在在的学问，必须付出_____的劳动，来不得半点_____。此外，科学还需要创新，需要想象，只有这样，科学才能打破传统的_____，获得永久发展。

   A 艰难　　　虚伪　　　约束　　　　　　B 艰巨　　　空虚　　　拘束
   C 艰辛　　　虚假　　　束缚　　　　　　D 辛苦　　　虚荣　　　界限

62. 饮酒后，酒精一般在胃里就会随血液进入_____系统，当肝脏解酒速度比酒精摄入速度慢时，血液中的酒精_____增加，人就_____了，这时候，肝脏也会受损。

   A 释放　　　液体　　　痒　　　　　　　B 扩散　　　深度　　　晕
   C 渗透　　　密度　　　馋　　　　　　　D 循环　　　浓度　　　醉

63. 电影的最大乐趣，即是光与影的_____所在。因此我们看电影不仅能_____和娱乐，还能有所收获，同时也能让我们_____到所谓的"电影就是人生的舞台"这种说法。

   A 魅力　　　放松　　　体会　　　　　　B 迷人　　　轻松　　　体谅
   C 诱人　　　休闲　　　感受　　　　　　D 诱惑　　　缓解　　　懂得

64. 中国有句_____，"良药苦口利于病，忠言逆耳利于行"，意思是吃起来很苦的药，可以_____你的病，别人_____你的话，也许会很刺耳难听，但却可以帮助你，因此人要_____接受别人的意见。

   A 俗语　　　治疗　　　奉劝　　　善于
   B 寓言　　　诊断　　　提醒　　　鉴于
   C 闲话　　　抢救　　　辱骂　　　勇于
   D 谚语　　　好转　　　批评　　　擅长

65. 许多人不能成功并不是因为他资质平庸，也不是因为他_____不好，而是由于缺乏_____的心态，使得他无法触摸_____的终点线。与其说他是在激烈的竞争中失败，_____说他是输给了自己的心态。

   A 命运　　　积极　　　胜利　　　干脆
   B 技术　　　乐观　　　理想　　　如此
   C 运气　　　良好　　　成功　　　不如
   D 幸运　　　优秀　　　目标　　　宁愿

66. 事实表明，"淘气"的孩子常常比"老实"的孩子具有更好的认识和观察事物的能力。因为淘气的孩子接触面_____，大脑受到的_____多，这样可以激发孩子的_____，因为观察需要适当的时间和空间，家长应该给孩子足够的时间和空间，让他们"淘气"一点，让他们_____地去遐想、去观察、去活动。

A 广　　　刺激　　　潜能　　　随心所欲
B 大　　　激励　　　兴趣　　　无忧无虑
C 深　　　鼓励　　　智力　　　肆无忌惮
D 多　　　冲动　　　智能　　　无法无天

67. "三思而后行"就是让我们做事不能太_____，应该想好了再去做。如果一个人的_____比较急，遇到问题三思而后行是对的。但一个人若过分_____，他的行动力就会受限，做什么事情都_____，在原地踏步走，是做不成任何事情的。

A 鲁莽　　　性子　　　谨慎　　　举棋不定
B 糊涂　　　心情　　　小心　　　不知所措
C 冲动　　　思想　　　慎重　　　畏首畏尾
D 粗鲁　　　行动　　　顾虑　　　犹豫不决

68. 年轻时，我们都喜欢流行音乐，但随着年龄的增长，似乎被这个世界_____了。不知道流行什么音乐，和年轻人没有共同_____。如果你不想让自己老得更快，可以去_____了解一下当今的流行音乐。_____在聆听中你会感觉自己变得年轻了。

A 打击　　　题材　　　试图　　　哪怕
B 抛弃　　　话题　　　尝试　　　或许
C 淘汰　　　课题　　　挑战　　　仿佛
D 遗弃　　　主题　　　体验　　　难怪

69. 女娲补天的故事_____，但有关女娲文化的发源地却_____。_____，陕西省文物工作者在对女娲庙进行修整的过程中，发现了与女娲有关的三块石碑，这三块石碑与各种古资料相印证，_____了女娲的发源地是山西省平利县。

A 众所周知　　　众口难调　　　根据　　　确认
B 不言而喻　　　各执一词　　　按照　　　证明
C 家喻户晓　　　众说纷纭　　　据悉　　　证实
D 妇孺皆知　　　异口同声　　　听说　　　见证

70. 在千百年来形成的惯性驱使下，迁徙途中的候鸟们_____一如既往地飞到这里，希望在这里稍做休整，_____长途跋涉带来的疲惫，_____力量开始新的征程。但在_____的大海上，它们再也无法找到_____它们生的希望的那个小岛了。

A 仍旧　　　缓解　　　产生　　　无际　　　供给
B 依然　　　消除　　　积蓄　　　茫茫　　　给予
C 竟然　　　摆脱　　　聚集　　　汹涌　　　赋予
D 虽然　　　脱离　　　激发　　　平静　　　提供

第三部分

第71-80题：选句填空。

71–75.

一个年轻人背着包裹千里迢迢跑来见道济大师。

他说："大师，我是那么孤独、痛苦与寂寞，(71)_____。我的鞋子破了，石头割破了双脚；手也受了伤，流血不止；嗓子由于大声呼喊而嘶哑，(72)_____?"大师问："你的包裹里装的是什么?"青年说："它对我非常重要。里面装的是我每一次跌倒时的痛苦，每一次受伤后的哭泣，每一次寂寞时的烦恼，(73)_____。"

于是道济大师带青年来到河边，他们坐船过了河。上岸后，大师说："你把船扛起来赶路吧!"青年非常惊讶："它那么沉，我怎么扛得动呢?""是的，你扛不动它。"大师微微一笑，说："过河时，船是有用的。但过河之后，我们就必须放下它赶路，(74)_____。痛苦、孤独、寂寞、灾难、眼泪，虽然这些对人生都是有用的，它能使生命得到升华，但时刻念念不忘，就成了人生的包袱。放下它吧，孩子，(75)_____。"

听了大师的开导，青年放下了包裹。继续赶路时，他发觉自己的步子轻松而愉快，比以前快多了。

A 靠着它，我才能走到您这儿
B 生命不能太负重
C 否则它会成为我们的包袱
D 长途跋涉使我疲倦到了极点
E 为什么我还是找不到心中的阳光呢

76–80.

动物身体颜色与四周环境相类似，这种颜色叫保护色。自然界里有很多生物就是靠保护色躲避天敌，(76)_____。

在动物界，具有保护色的例子有很多，我们甚至每走一步路都有可能遇到。沙漠里的动物，大多数都有微黄的"沙漠色"作为它们的特征。那里的狮子、鸟、蜥蜴、蜘蛛、蠕虫等等，(77)_____，都能够看到这种颜色。

水生动物也是如此。生活在褐色藻类里的海生动物，外表都有"保护性"的褐色，使别的生物无法辨别出它们。而生活在红色海藻区域里的动物，主要的保护色则是红色。(78)_____，它保护着鱼类既尽量避免受到在空中搜寻它们的猛禽的伤害，又使它们免于遭受在水下威胁它们的大鱼的袭击：水面不仅从上面向下看像面镜子，而且从下面、从水的最深处向上看更像面镜子，而银色的鱼鳞恰好与这种发亮的银色背景融为一体。至于水母和水里的其他透明动物，像蠕虫、虾类、软体动物等，它们的保护色完全是透明的，(79)_____。

此外，还有许多动物可以按照周围条件的变化来改变保护色的色调。在雪的背景下不易被察觉的银鼠，如果不随着雪的融化而改变自己毛皮的颜色，它的保护色就会失去作用。因此到了春天，这种白色小动物会换上一身红褐色的新毛皮，使身体的颜色与新从雪里裸露出来的土壤的颜色融为一体。(80)_____，它们又换上了雪白的冬衣，重新变成白色。

A 凡是在一切沙漠动物的身上
B 而随着冬季的来临
C 在生存竞争中保全自己
D 使敌人在无色透明的自然环境里找不到它们
E 银色的鱼鳞也同样具有保护性

第四部分

第81-100题：请选出正确答案。

81-84.

幽默感是天生就有的吗？ 当然不是，它是随着人们阅历和知识的不断丰富，在对生活的不断认识中形成的。幽默作为一门艺术，一种能力，它与其他艺术和技能一样可以通过后天的努力获得。幽默并非只为某些人所独有，它可以存在于任何人的生活中。

那么有哪些方法可以培养幽默感呢？

首先，知识要广博。知识在于积累，厚积才能薄发。丰富的知识、广博的见闻才能使幽默信手拈来，左右逢源。知识是幽默的沃土，幽默是知识的产物。要想成为一个幽默家，必须对古今中外、天南地北的各种历史典故、风土人情都有所涉猎。还要对天文地理、文史经哲、名人轶事、影星趣闻等有所关注。

其次，心胸要豁达。有些人满腹经纶，但却缺乏幽默感，这又是为什么呢？因为他们缺少乐观、宽广、豁达的胸怀。林语堂说过，"幽默是一种心理状态，进而言之是一种观点，一种对人生的看法"。如果整天愁眉苦脸，怨天尤人，好像便宜都被别人占去了，自己却吃尽了苦头。埋怨自己一无所有，埋怨身边朋友不关心自己、领导不关心自己，有满腹的牢骚、委屈和埋怨，自私自利、患得患失、心胸狭隘，用一道心造的墙将自己与世隔绝。拥有这种人生态度的人是不会具有幽默感的，只有热爱生活、拥有自信、宽容豁达、积极乐观、精神愉快的人才会表现出善良的幽默感。

最后，思维要求异。要注意开发不同的思维方式，要打破常规和单调静态的思维方式，注意锻炼自己，从狭隘、封闭的思维束缚中挣脱出来，拓展思维的广阔性、多向性与求异性，思维活动就会发展提高，就会在言谈中"天马行空"、"标新立异"，创造出出人意料又令人惊喜的幽默效果。

81. 关于幽默的说法，下列哪项正确？
   A 是与生俱来的
   B 以知识为基础
   C 是艺术家独有的
   D 会随年龄慢慢消失

82. 什么样的人很难具有幽默感？
   A 自私狭隘的人
   B 热爱生活的人
   C 自信乐观的人
   D 宽容豁达的人

83. 第4段中画线词语"心造的墙"是指：
   A 封闭自我
   B 悲观抑郁
   C 满腹的牢骚
   D 与人斤斤计较

84. 上文主要谈的是：
   A 广博的知识
   B 豁达的心胸
   C 思维应该开阔
   D 怎样培养幽默感

85-88.

在一个青黄不接的初夏，一只在农家仓库里觅食的老鼠一不小心掉进一个盛得半满的米缸里。这意外使老鼠高兴极了，它先是警惕地查看了一下四周，确定周围没有危险之后，便是一通猛吃，吃饱之后倒头便睡。就这样，老鼠在米缸里吃了睡、睡了吃。日子在衣食无忧的休闲中一天天过去了。有时，老鼠也曾考

虑过是否要跳出米缸，为此进行过思想斗争与痛苦抉择，但终究未能摆脱香喷喷的大米的诱惑。

直到有一天它发现米缸见了底，才发觉以米缸现在的高度，自己就是想逃出去，也没有办法了。对于老鼠来说，这半缸米是一块"试金石"。如果它想将其全部据为己有，其代价就是自己的性命。因此，管理学家把老鼠跳出缸外的高度称为"生命的高度"。而这高度则掌控在老鼠的手里，它多留恋一天，多贪吃一粒，就离死亡近了一步。

在现实生活中，多数人能在明显有危险的地方止步。但是能够清楚地看到潜在的危机，并及时跨越"生命的高度"，就没有那么容易了。

比如，员工的培训在公司管理中的重要性，是任何一个公司都清楚的。但通过本公司内训、外出学习等手段来提高员工特别是中坚员工的专业素质，需要大量的人力、物力、财力以及时间，并且经常与公司各项工作产生冲突。于是员工培训对于公司来说也就成为了"说起来重要，办起来次要，忙起来不要"的口号，从而导致许多员工无法系统地接触到新事物、新方法、新观念。其实，公司眼前的利益不正是那半缸米吗？

85. 老鼠为什么高兴极了？
    A 危险解除了   **B** 找到了许多大米
    C 可以睡个安稳觉   **D** 没有跟它抢食的对手

86. 第2段中画线词语"试金石"是什么意思？
    A 危机   **B** 可靠的检验方法
    C 用石头做的尖锐东西   **D** 鉴定金子真假的石头

87. 根据上文，公司存在的问题是什么？
    A 资金周转不灵   **B** 忽视员工的培训
    C 不重视员工的管理   **D** 没有系统的企业文化

88. 最适合做上文标题的是：
    A 生命的高度   **B** 老鼠的苦恼
    C 人才的重要性   **D** 如何管理员工

89–92.

在中国传统礼仪中，怎么坐是很重要的一个内容。最早的时候，没有椅子，人们会客的时候都是跪坐在席子上，或者是一张叫榻的大床上，屁股放在脚后跟上，这叫跪坐。

虽然不太舒服，可是在正式场合下，必须这样坐，否则就是失礼。人们在正式场合必须跪坐，这种坐姿现在看来是很难受的，现代人恐怕少有坚持这种坐姿半个小时以上的。跪坐的意义与新兵入伍时，训练军姿很相似。跪坐的训练，除了能磨练孩子的意志，更重要的是修身养性。因为再怎么训练，跪坐久了都不舒服，内心就会急躁不安。所以，跪坐训练更是对自身心性内涵的修炼，从而使内心与坐姿和谐统一，这样才能达到完美的跪坐。因此，经过跪坐训练的人们都有挺拔、干练的气质，都有严谨、坚忍的性格。

到了东汉末年，一种名叫"胡床"的折叠板凳，从北方游牧民族地区传入中原，第一次改变了人们的坐姿。人们逐渐开始放弃跪坐这种难受的姿势。到了唐代中期，胡床逐渐演化为我们习以为常的有靠背、有扶手、可以让双腿自然垂下的椅子，并且在宋朝广泛地流行起来。古代中国人的大腿终于获得了解放。

椅子出现前，人们的坐姿很低，所以中国的家具普遍矮小，常见的案几与现在农村炕桌的高度差不多。由于坐姿、案几的低矮，人们围坐在一桌吃饭很困难，所以，那时一般都是分餐制。聚餐时，人们分别就座于各自案几的后面，各有一套相同的饭菜，席地而坐，凭案而食；椅子出现后，人们的坐姿升高了不少，一些高足家具自然而然陆续开始流行，桌子也就应运而生，逐渐成为中国最主要的吃饭、看书的家具。高足家具的出现奠定了围坐吃饭的物质基础，人们逐渐开始围坐在一张桌子旁吃饭，直到八仙桌出现，在一张桌子上吃饭已成了习俗，分餐制也相应地变成了合餐制。

89. 关于训练跪坐的意义，下列哪项不正确？
　　A 修炼心性内涵　　　　　　　**B** 磨练人的意志
　　C 培养坚忍的性格　　　　　　**D** 让人身心得到放松

90. 关于"胡床"，可以知道：
　　A 令人不舒服　　　　　　　　**B** 从南方传入中原
　　C 改变了人们的坐姿　　　　　**D** 唐朝广泛流行起来

91. 椅子出现后，发生了什么变化？
　　A 实行分餐制　　　　　　　　**B** 聚餐变得频繁
　　C 人们喜欢阅读　　　　　　　**D** 出现了高足家具

92. 上文主要谈的是：
　　A 椅子的演变过程　　　　　　**B** 古今礼仪的变化
　　C 训练坐姿的方法　　　　　　**D** 高足桌椅的便利性

93–96.

活动于海洋中的海葵属于无脊椎动物一族。它利用水流的循环来支撑柔软的囊状身躯。海葵身体的上端是圆盘形状的嘴，四周长满柔软的触手。触手散发着奇异的色彩，犹如绽放在海底的菊花。

海葵的体壁和触手上布满了有毒的倒刺。暗藏杀机的倒刺一旦受到刺激，便迅速刺中对方，同时分泌毒液，使其中毒麻痹。海葵就是通过这种方式进行摄食或自卫的。

海葵还勇于充当弱小动物的保护神，它柔弱的躯体里包裹着一颗炙热的心。它用其少见的宽容大度，收容和保护双锯鱼。双锯鱼因形态酷似马戏团中的小丑，又被称为小丑鱼。小丑鱼体态娇小，柔弱温顺，没有有效的御敌本领，是海洋社会中的弱势群体。于是，海葵就利用自身的毒刺充当小丑鱼保护伞，为其提供安全保障。

小丑鱼之所以不怕海葵触手的毒，完全是因为海葵的无私帮助。海葵成百上千的触手一起随波飘荡，难免相互接触。为避免毒刺误伤朋友，海葵的身体表面便分泌一种黏液向刺细胞传达指令：只要是有这种黏液的都是自己人，不要"开火"。当小丑鱼还是幼鱼时，就凭借嗅觉和视觉找到海葵。海葵则任由小丑鱼吸收自己触手分泌的黏液。等到小丑鱼全身都涂满了黏液后，就可以依靠着海葵的保护自由自在、无忧无虑地生活了。

春潮水暖，暗礁上迎来了生育的时节。海葵和小丑鱼父母一起迎接着新一批宝宝的到来。海葵保护着小丑鱼妈妈产下的成千上万的卵，这样无欲无求，一代又一代地辛勤工作着，担负起保护刚孵化出来的小丑鱼的责任。

当然，小丑鱼也是知道报恩的客人。当海葵依附在岩礁上时，小丑鱼就在海葵漂亮的触手丛中游来游去，这就会引得其他海洋小生物上钩，为"房东"带来食物。平时，小丑鱼会捡食海葵吃剩的食物，担负起清洁打扫的工作，为海葵清除泥土、杂物和寄生虫。当海葵遭遇克星蝶鱼侵犯时，小丑鱼就会挺身而出，对蝶鱼展开凶猛的攻击。虽然二者个头悬殊，但凭借勇敢顽强，小丑鱼往往将蝶鱼打得落荒而逃。

93. 海葵靠什么保护自己？
   A 毒刺   B 黏液
   C 触手   D 体壁

94. 关于小丑鱼，下列哪项正确？
   A 会分泌黏液   B 个头比蝶鱼大
   C 保护海葵的卵   D 会"知恩图报"

95. 最后一段中的"房东"是指谁？
   A 蝶鱼   B 海葵
   C 双锯鱼   D 其他海洋生物

96. 上文主要谈的是：
   A 海葵的摄食秘诀   B 海洋生物如何生存
   C 小丑鱼与蝶鱼的战斗   D 海葵和小丑鱼的关系

97–100.

在寒冷季节的清晨，草叶上、土块上常常会覆盖着一层霜的结晶。它们在初升起的阳光照耀下闪闪发光，待太阳升高后就融化了。人们常常把这种现象叫"下霜"。翻翻日历，每年10月下旬，总有"霜降"这个节气。我们看到过降雪，也看到过降雨，可是谁也没有看到过降霜。其实，霜不是从天空降下来的，而是在近地面层的空气里形成的。

霜是一种白色的冰晶，多形成于夜间。少数情况下，在日落以前太阳斜照的时候也能开始形成。通常，日出后不久霜就融化了。但是在天气严寒的时候或者在背阴的地方，霜也能终日不消。霜本身对植物既没有害处，也没有益处。通常人们所说的"霜害"，实际上是在形成霜的同时产生的"冻害"。

霜的形成不仅和当时的天气条件有关，而且与所附着的物体的属性也有关。当物体表面的温度很低，而物体表面附近的空气温度却比较高，那么在空气和物体表面之间有一个温度差，如果物体表面与空气之间的温度差主要是由物体表面辐射冷却造成的，则在较暖的空气和较冷的物体表面相接触时空气就会冷却，达到水汽过饱和的时候多余的水汽就会析出。如果温度在0°C以下，则多余的水汽就在物体表面上凝结为冰晶，这就是霜。因此霜总是在有利于物体表面辐射冷却的天气条件下形成。

另外，云对地面物体夜间的辐射冷却是有妨碍的，天空有云不利于霜的形成，因此，霜大都出现在晴朗的夜晚，也就是地面辐射冷却强烈的时候。此外，风对于霜的形成也有影响。有微风的时候，空气缓慢地流过冷物体表面，不断地供应着水汽，有利于霜的形成。但是，风大的时候，由于空气流动得很快，接触冷物体表面的时间太短，同时风大的时候，上下层的空气容易互相混合，不利于温度降低，从而也会妨碍霜的形成。大致说来，当风速达到3级或3级以上时，霜就不容易形成了。因此，霜一般形成在寒冷季节里晴朗、微风或无风的夜晚。

霜的消失有两种方式：一是升华为水汽，二是融化成水。最常见的是日出以后因温度升高而融化消失。霜所融化的水，对农作物有一定好处。

97. "霜"是从哪儿来的？
    A 从天而降　　　　　　　　　　B 从水中结晶而成
    C 在近地的空气中形成　　　　　D 从草叶、土块上长出来

98. 关于"霜"的形成，下列哪种说法正确？
    A 有云的天气利于形成　　　　　B 物体表面冷的时候会形成
    C 地面暖和的时候就会形成　　　D 地面辐射冷却强烈时会形成

99. 下面哪项有利于"霜"的形成？
    A 降雨的天气　　　　　　　　　B 无云的天气
    C 暖和的清晨　　　　　　　　　D 3级以上的风

100. 最适合做上文标题的是：
    A 下霜　　　　　　　　　　　　B 霜的形成
    C 霜与气候　　　　　　　　　　D 霜的消失

三、书 写

第101题：缩写。

(1) 仔细阅读下面这篇文章，时间为10分钟，阅读时不能抄写、记录。

(2) 10分钟后，监考收回阅读材料，请你将这篇文章缩写成一篇短文，时间为35分钟。

(3) 标题自拟。只需复述文章内容，不需加入自己的观点。

(4) 字数为400左右。

(5) 请把作文直接写在答题卡上。

传说中，天上管理马匹的神仙叫伯乐。在人间，人们把精于鉴别马匹优劣的人，也称之为伯乐。

第一个被称作伯乐的人本名孙阳，他是春秋时代的人。由于他对马的研究非常突出，人们便忘记了他本来的名字，干脆称他为伯乐，延续到现在。

一次，伯乐受楚王的委托，购买能日行千里的骏马。伯乐向楚王说明，千里马数量极少，所以找起来不容易，需要到各地寻访，请楚王不必着急，他尽力将事情办好。伯乐跑了好几个国家，并且仔细寻访了素来盛产名马的燕国和赵国一带，辛苦备至，还是没发现中意的良马。

某个夏日，伯乐从齐国返回，在路上，看到了一匹马正拉着盐车，很吃力地在陡坡上行进。马累得呼呼喘气，每迈一步都十分艰难。伯乐对马向来亲近，不由得走到跟前。马见伯乐向自己走近，突然昂起头来瞪大眼睛，大声嘶鸣，好像要对伯乐倾诉什么。伯乐立即从声音中判断出，这是一匹难得的骏马。伯乐对驾车的人说："这匹马在疆场上驰骋，任何马都比不过它，但用来拉车，它却不如普通的马。你还是把它卖给我吧。"驾车人认为伯乐是个大傻瓜，他觉得这匹马太普通了，拉车没力气，吃得太多，骨瘦如柴，毫不犹豫地同意了。

伯乐牵走千里马，直奔楚国。伯乐牵马来到楚王宫，拍拍马的脖颈说："我给你找到了好主人。"千里马好像明白伯乐的意思，抬起前蹄把地面震得咯咯作响，引颈长嘶，声音洪亮，如大钟石磬，直上云霄。楚王听到马嘶声，走出宫外。伯乐指着马说："大王，我把千里马给您带来了，请仔细观看。"楚王一见伯乐牵的马瘦得不成样子，认为伯乐愚弄他，有点不高兴，说："我相信你会看马，才让你买马，可你买的是什么马呀？这马连走路都很困难，怎么能上战场呢？"伯乐说："这确实是一匹千里马，不过拉了一段时间车，又喂养不精心，所以看起来很瘦。只要精心喂养，不到半个月，一定会恢复体力，变得结实。"

楚王一听，有点将信将疑，便命令马夫尽心尽力把马喂好。果然，马变得精壮神骏。楚王跨马扬鞭，便觉得两耳生风，喘息的功夫，已跑出百里之外。后来千里马为楚王驰骋沙场，立下不少功劳。楚王对伯乐更加敬重。

现在，人们常用"伯乐"来比喻那些能够发现人才，并懂得欣赏人才的人。

10회

모의고사

준비 다 되셨나요?

1. 듣기 파일은 트랙 'TEST 10'입니다.
   (듣기 파일은 **맛있는북스 홈페이지**(www.booksJRC.com)에서 무료로 다운로드 할 수 있습니다.)
   미리 준비하지 않으셨다면 **QR코드**를 스캔해서 듣기 파일을 준비해 주세요.

2. **답안카드**는 본책 309쪽에 수록되어 있습니다. 한 장을 자른 후에 답을 기입하세요.

3. 2B연필, 지우개, 시계도 준비하셨나요? 2B연필은 두 개를 준비하면 더 좋습니다. 하나는 마킹용,
   다른 하나는 쓰기 영역을 풀 때 사용하세요.

梦想成真!

꿈은 이루어진다

汉语水平考试
HSK(六级)

注　意

一、HSK(六级)分三部分：

    1.　听力(50题，约35分钟)

    2.　阅读(50题，50分钟)

    3.　书写(1题，45分钟)

二、听力结束后，有5分钟填写答题卡。

三、全部考试约140分钟(含考生填写个人信息时间5分钟)。

一、听 力

第一部分

第1-15题：请选出与所听内容一致的一项。

1. **A** 付出才会有回报
   B 生活是很辛苦的
   C 这个世界是不公平的
   D 人们都奢望丰厚的回报

2. **A** 桂林的历史不长
   B 桂林位于广西东南部
   C 现在的桂林被过度开发了
   D 桂林是个适宜旅游的城市

3. **A** 睡眠越充足越好
   B 睡眠时间因年龄而异
   C 婴儿睡8个小时就够了
   D 夏季人们睡眠时间缩短

4. **A** 实际经验比读书重要
   B 阅读可以使人缓解压力
   C 高谈阔论显得没有涵养
   D 要想成功必须掌握知识

5. **A** 朋友很体贴父母
   B 朋友的母亲住院了
   C 朋友的父母听力不好
   D 父母给朋友打了两个电话

6. **A** 地图上没有河流
   B 图上绘制了四个省
   C 那些地图来自于汉代
   D 最早的地图在河南出土

7. **A** 钓鱼浪费时间
   B 钓鱼时要集中精神
   C 喜欢钓鱼的人没有烦心事
   D 钓到鱼的成就感让人满足

8. **A** 唠叨能延长寿命
   B 男人更乐于交流
   C 唠叨有助于表达爱
   D 女人的记忆比男人强

9. **A** 孩子很懂事
   B 孩子想要买糖吃
   C 那位老奶奶是乞丐
   D 孩子帮助了老奶奶

10. **A** 中国人都很孝顺
    B 此话表达长辈对晚辈的关怀
    C 这是给老人过生日时说的话
    D 这是祝贺别人升职时说的话

11. **A** 以貌取人是不对的
    B 有个性的人容易成功
    C 人的言语更有影响力
    D 人们更愿意帮助整洁的人

12. **A**《西游记》歪曲了历史
    B 人们喜爱孙悟空这一形象
    C《西游记》影响了整个世界
    D《西游记》是短篇神话小说

13. **A** 桶里有啤酒

    B 桶里是广告

    C 该店啤酒免费

    D 餐饮店生意冷清

14. **A** 袁隆平是美国国籍

    B 袁隆平是伟大政治家

    C 袁隆平医治了七千万人

    D 水稻杂交技术有助粮食增产

15. **A** 多尝试不同的工作

    B 要尽量掌握所有技能

    C 找工作要选自己擅长的

    D 选工作时无需考虑兴趣

第二部分

第16-30题：请选出正确答案。

16. **A** 寓教于乐
    B 参与体验
    C 冒险刺激
    D 参观观赏

17. **A** 北京人均收入高
    B 北京缺少娱乐公园
    C 北京有传统旅游景点
    D 得到政府的大力支持

18. **A** 娱乐设备
    B 景观建设
    C 表演项目
    D 主题活动

19. **A** 梦想狂欢节
    B 时尚狂欢节
    C 动漫狂欢节
    D 音乐狂欢节

20. **A** 优惠券
    B 导游图
    C 快速通行卡
    D 园内班车票

21. **A** 创意的门槛很高
    B 创意是高深莫测的
    C 每个人都可以有创意
    D 创意是大脑的一种负担

22. **A** 会议结束
    B 大家热烈讨论
    C 房间里冷气太大
    D 陷入没人发言的境地

23. **A** 埋头在书里想
    B 通过专门的训练
    C 常跟艺术家交流
    D 多思考，多动头脑

24. **A** 饮料
    B 美食
    C 调味品
    D 年轻人

25. **A** 比较贪吃
    B 做菜没有天赋
    C 常在家点外卖
    D 不喜欢动手做东西吃

26. **A** 一把古刀
    B 一幅油画
    C 一对瓷碗
    D 六把小紫砂壶

27. **A** 北京大学
    B 清华大学
    C 浙江大学
    D 交通大学

28. **A** 二十年
    B 三十年
    C 五十年
    D 没有提到

29. **A** 在美国工作
    B 是北大教授
    C 在美国留过学
    D 重视父亲留下的房子

30. **A** 中国统一
    B 把古刀高价卖出
    C 收藏更多的古物
    D 把古刀归还给中国

第31-50题：请选出正确答案。

31. A 半路上马丢了
    B 太贵了买不起
    C 世上本无千里马
    D 千里马已病死了

32. A 伤心难过
    B 大吃一惊
    C 认为物有所值
    D 生气并觉得不值

33. A 一分价钱一分货
    B 买千里马的方法
    C 做事情要有耐心
    D 用行动表达诚意

34. A 身长
    B 鱼鳞
    C 鱼骨
    D 鱼肚

35. A 金鱼寿命很短
    B 鱼春夏生长较慢
    C 鱼秋季停止生长
    D 鱼的年轮和年龄成正比

36. A 做到合理捕捞
    B 大大缩短捕捞时间
    C 可以避免破坏环境
    D 有助于增加捕捞量

37. A 补充能量
    B 驱除饥饿感
    C 使人心情愉快
    D 降低工作效率

38. A 吃得越多越好
    B 应该多吃坚果
    C 最好少吃甜食
    D 热量不能太高

39. A 零食有助于健康
    B 零食含有丰富营养
    C 零食可以代替正餐
    D 吃零食都是坏习惯

40. A 满一周岁
    B 眼睛很大
    C 还不会说话
    D 有自闭倾向

41. A 漂亮的娃娃
    B 捣乱的娃娃
    C 中立的娃娃
    D 帮助别人的娃娃

42. A 学习思考
    B 社交判断
    C 自我保护
    D 适应环境

43. A 父母教的
    B 模仿习得的
    C 与生俱来的
    D 从书中学到的

44. A 睡觉
    B 喝咖啡闲聊
    C 去户外散步
    D 去健身房运动

45. A 一定要在阳光下
    B 时间大约一小时
    C 饭后应避免运动
    D 运动强度不要太大

46. A 整理办公桌
    B 尽量多出汗
    C 删除电脑垃圾文件
    D 安排第二天的工作

47. A 如何锻炼身体
    B 白领的午休方式
    C 夏日里适宜的运动
    D 怎样提高工作效率

48. A 刺杀皇上
    B 蓄意谋反
    C 怒斥皇上
    D 在皇上面前斗嘴

49. A 依法治罪
    B 奖罚分明
    C 不了了之
    D 忘得一干二净

50. A 要唯才是用
    B 要一诺千金
    C 要杀一儆百
    D 要宽以待人

二、阅 读

第一部分

第51-60题：请选出有语病的一项。

51. **A** 权力得不到制约，必然会产生腐败。
    B 那就是我的原因我为什么能获得成功。
    C 如果你是一个抽烟者，看上去就会比同龄人衰老10岁。
    D 他刚从学校毕业一年，可以说经验不如其他设计师丰富。

52. **A** 只有在春天，才能见到这种鲜花。
    B 电脑的出现，给人们的生活带来了很大的方便。
    C 两个人在一起，遇到事至少可以商量商量一下，总比一个人好。
    D 对于不同年龄、知识层次不同、性格不同的人，色彩选取也不同。

53. **A** 在家人的照料下，他很快恢复了健康。
    B 学习外语时，如果你的听力不好，要想口语好，是绝不可能的。
    C 世界杯期间，一些公司采取了人性化的措施，将上班时间延后一小时。
    D 为了防止今后不再犯这样的错误，各部门已经及时地完善了各项措施。

54. **A** 要想消除"啤酒肚"，需要从多方面努力。
    B 不但他喜欢京剧脸谱，而且喜欢京剧的各种服饰。
    C 直到现在，人们还是没有完全弄明白恐龙灭绝的原因。
    D 我不知道是什么力量让我就这么在台下制造了引起全市轰动的新闻事件。

55. **A** 许多取得伟大成就的人，都拥有刻苦勤奋的品质。
    B 太阳能设备不用燃料，安全卫生，因为不会带来污染。
    C 想要拥有健康的身体，关键是要保持一个良好的心态。
    D 商业广告显然与公益广告不同，因为它有着明显的功利色彩。

56. **A** 你不努力学习，那怎么可能有好的成绩是可想而知的。
    B 有位哲学家曾经说过："金钱是最好的仆人，也是最坏的主人。"
    C 我是一名电影评论专业的研究生，去年一年我共看了206部电影。
    D 地球的生命有30亿年的历史，其中80%以上的历程都是在海洋中度过的。

57. A 当今社会，交通是衡量一个城市甚至国家发达水平的重要标准。

B 许多中国年轻人普通话不说得标准，这跟小学老师的普通话水平不无关系。

C "杯水车薪"，意思是用一杯水去救一车着了火的柴草，比喻力量太小，不能解决任何问题。

D "远亲不如近邻"指的是和邻居的友好关系。在发生紧急事情的时候，邻居往往会给我们更及时的帮助。

58. A 不是每次努力都能有所收获，但是每一次收获都缘之于努力。

B 互联网的应用给我们的生活带来了巨大的变化，这些变化既有正面的也是负面的。

C 在长期实践中，中国的建筑在色彩的运用上，积累了大量的经验，形成了南北不同的地域色彩体系。

D 《孙子兵法》也叫《孙子》，出自于公元前五世纪的春秋战国时期，是中国也是世界上最古老的军事著作。

59. A 作为倾诉对象，我们没必要发表自己的观点，只要认真倾听就够了。

B 南京，又称金陵，有近2500年的历史，它既有自然风光之美，又有人文历史之雅，兼具古今文明的园林化城市。

C 李嘉诚自小受家庭环境的熏陶，3岁开始学习唐诗，到小学毕业时，已经能读《红楼梦》、《老残游记》、《资治通鉴》了。

D 陈凯歌导演的电影《霸王别姬》是中国电影之中雅俗共赏的典范作品，也是大陆和港台电影人合作拍片最成功的代表作之一。

60. A 名校的毕业生要承担更多的社会责任，社会对他们有着更多的关注和要求。

B 人的精力是有限的，一个人不可能做完所有事，作为企业的领导者，要学会把权力下放给适当的人。

C 王永民发明的"五笔字型"汉字输入法，在古老的汉字和现代化电子计算机之间，架起了一座畅通无阻的桥梁。

D 我觉得这篇文章已经写得很好了，但是还存在一些缺点，只有好好地修改修改，把内容补充得更丰富一些，那就更好了。

第二部分

第61-70题：选词填空。

61. 追求完美有好的方面，也有坏的一面。它可以_____人们对成功的渴望，从而将自己
磨练得更加完美。但也可能使自己_____、害怕失败，甚至承受不了一个小小的失误
所带来的_____。

A 导致　　惊恐　　打击　　　　B 引诱　　焦虑　　失败
C 激发　　恐惧　　挫折　　　　D 造成　　痛苦　　困境

62. 人都有一种倾向：喜欢按照别人对自己的_____去生活。_____有人以对待成功人
士的态度去对待一个人，那么这个人将会_____出与成功者一样的能力。

A 指望　　设想　　出示　　　　B 渴望　　一旦　　发表
C 期待　　假如　　表现　　　　D 期望　　倘若　　表达

63. 30万人口的纳西族在中国50多个民族中不算是一个大民族，但是它的东巴文化却
_____，引起世人的兴趣和_____，现已成为前往丽江旅游探秘的热点之一。其中
东巴象形文字被认为是目前世界上唯一_____下来的象形文字。

A 名誉扫地　　注目　　保留　　　B 举世闻名　　侧目　　保修
C 名扬中外　　关注　　保存　　　D 声名远播　　注视　　保管

64. 他像是飘在大地上的风一样，随意地往前走。他经过_____村庄与集镇，它们尽管有
着百般_____，然而却以同样_____的树木，同样_____的房屋组成，同样的街道
上走着同样的人。

A 无数　　姿态　　颜色　　形状
B 无限　　姿色　　色泽　　模样
C 无穷　　姿势　　光彩　　外观
D 无边　　态度　　彩色　　外貌

65. 现代社会的竞争日益激烈，人们为了工作和生活_____，很多人都处在亚健康状态。
这时适当的锻炼，会让你保持_____的精力。如果你觉得_____，那就暂时_____
工作，运动一下，让你的血液加速吧。

A 风尘仆仆　　充沛　　眼花缭乱　　中断
B 废寝忘食　　充满　　头昏脑胀　　中止
C 疲于奔命　　旺盛　　昏昏欲睡　　停止
D 夜以继日　　充分　　筋疲力尽　　抛弃

66. 我们要为窘迫的人说一句解围的话，为_____的人说一句鼓励的话，为迷惑的人说一句提醒的话，为_____的人说一句增强信心的话，为伤心痛苦的人说一句_____、同情的话，很多时候，雪中送炭比_____好。

   A 失意　　　自觉　　　叮嘱　　　雪上加霜
   B 沮丧　　　自卑　　　安慰　　　锦上添花
   C 忧郁　　　自满　　　辜负　　　齐心协力
   D 害羞　　　自私　　　命令　　　自食其力

67. 许多有抱负的人都不够重视积少成多的道理，一心只想_____而不去努力耕耘，当他发现比他开始晚的人都有了_____的收入，而自己依然是_____时，才想到自己没_____，后悔莫及。

   A 一丝不苟　　　宏观　　　一如既往　　　培育
   B 一鸣惊人　　　可观　　　一无所有　　　播种
   C 功成名就　　　壮观　　　一事无成　　　照料
   D 一帆风顺　　　丰厚　　　碌碌无为　　　酝酿

68. 踢毽子是一项良好的全身性运动，它不需要任何专门的场地和_____，运动量可大可小，老少皆宜，尤其有助于培养人的_____性和协调性，有助于身体的_____发展，增强_____。

   A 设备　　　敏捷　　　全面　　　体质
   B 器材　　　灵敏　　　健康　　　身体
   C 设施　　　灵活　　　全能　　　体力
   D 工具　　　敏感　　　全部　　　体能

69. 甜食对治疗抑郁、_____心情很有奇效。许多人在犒劳自己的时候喜欢来一点儿甜的，忘却减肥、忘却塑身、忘却那些紧身的_____衣服。一般来说，喜爱甜食的人，_____都很好，他们的坏心情可以用巧克力、蛋糕、布丁、奶酪等甜美的食物来_____。

   A 轻松　　　奢侈　　　气氛　　　消失
   B 放松　　　华丽　　　脾气　　　消除
   C 摆脱　　　繁华　　　胃口　　　消灭
   D 缓解　　　豪华　　　语气　　　取消

70. 丁俊晖虽然是首次参加这种顶级赛事，但他表现得非常_____，具有非常大的_____。丁俊晖生于江苏，因父亲_____台球生意而与这项运动结缘，从9岁开始接受_____训练，15岁开始在国际赛场上尽情_____自己的台球天赋。

   A 平静　　　动力　　　管理　　　正式　　　展开
   B 冷静　　　努力　　　插足　　　正统　　　展出
   C 镇定　　　潜力　　　经营　　　正规　　　展示
   D 淡定　　　效力　　　处理　　　正经　　　展现

第三部分

第71-80题：选句填空。

71–75.

三国时期，曹操率大军想要征服东吴，孙权、刘备联合抗曹。

孙权手下有位大将叫周瑜，智勇双全，可是心胸狭隘，很妒忌诸葛亮的才干。因水中交战需要箭，周瑜要诸葛亮在十天内负责赶造十万支箭，哪知诸葛亮只要三天，还愿立下军令状，完不成任务甘受处罚。周瑜想，(71)_____，正好利用这个机会来除掉诸葛亮。于是他一面叫军匠们不要把造箭的材料准备齐全，另一方面叫大臣鲁肃去探听诸葛亮的虚实。

鲁肃见了诸葛亮。诸葛亮说："这件事要请你帮我的忙。希望你能借给我20只船，每只船上30个军士，船要用青布幔子遮起来，还要一千多个草把子，排在船两边。不过，(72)_____。"鲁肃答应了，并按诸葛亮的要求把东西准备齐全。

两天过去了，不见一点动静，到第三天四更时候，诸葛亮秘密地请鲁肃一起到船上去，说是一起去取箭。鲁肃很纳闷。诸葛亮吩咐把船用绳索连起来向对岸开去。那天江上大雾迷漫，对面都看不见人。当船靠近曹军水寨时，诸葛亮命船一字摆开，(73)_____。曹操以为对方来进攻，又因雾大怕中埋伏，就派六千名弓箭手朝江中放箭，雨点般的箭纷纷射在草把子上。过了一会，(74)_____，让另一面受箭。

太阳出来了，雾要散了，诸葛亮令船赶紧往回开。这时船的两边草把子上密密麻麻地插满了箭，每只船上至少五、六千支，总共超过了十万支。鲁肃把借箭的经过告诉周瑜时，周瑜感叹地说："(75)_____。"

A 三天不可能造出十万支箭

B 叫士兵擂鼓呐喊

C 这事千万不能让周瑜知道

D 诸葛亮神机妙算，我不如他

E 诸葛亮又命船掉过头来

76–80.

气象台有10次预报有雨，其中9次报对了，人们都带雨具做了预防，印象不深刻；(76)_____，许多人因此挨了雨淋，就怨声载道，而且很难忘掉这次挨雨淋的情形。其实，天气预报有时不准确的现象，在全国都比较普遍。

老天的脸"难琢磨"。实际上，天气预报准确与否是一个相对的概念，这个相对概念中既体现了公众对预报的理解和认知程度，(77)_____。据统计，以总体科技水平和科技能力来说，现在的我们对于一些灾害性天气的预报能力还是十分有限的，(78)_____。

天气预报还很年轻，虽然古人在观察天象过程中积累了许多有关预测的经验，但是气象卫星、气象雷达等发达探测仪器和计算机的应用时间并不长，基于现代科学基础上的天气预报历史相对较短，人类对于许多天气现象的产生、演变及其内在机理和规律并未完全掌握。这些因素对预报的准确率有着直接影响。天气本身变化无常，围绕地球的这层厚厚的大气是流体。也就是说，(79)_____，完全弄清楚它的规律，几乎是不可能的事。

天气系统还具有很强的地域性。(80)_____，感受大不相同。于是，有的人会觉得预报准，有人就会认为预报不准。此外，气象部门对这种阵性天气的可预报性在时间上也不可能会有很长的提前量。今天晚上的预报，要预报出明天白天可能会出现的雷阵雨，并准确报出它发生的时间，是非常困难的。但是雷达和气象卫星可以帮助我们做好短时和临近预报。

A 大气在一刻不停地流动着
B 所以预报准确率不可能达到百分之百
C 可是有一次暴雨没报出来
D 也与目前技术水平能达到的程度密切相关
E 这对身处不同地区的人来说

第四部分

第81-100题：请选出正确答案。

81-84.

　　男女最大的不同，在于他们如何处理压力。

　　压力来时，男人会愈来愈集中注意力和变得孤立；女人则愈来愈不知所措和变得情绪化。此时，男人对提升感觉的需求与女人不同，他藉由解决问题来让自己感觉舒服，女人则藉由谈论来使自己感觉舒服。若不了解或无法接受这个不同，两性的关系就只会徒增"摩擦"。

　　让我们看一个常见的例子：一个男的回家后，想藉由看看报纸来轻松解脱一下，他这天被那些未解决的问题搞得焦头烂额，现在他只想忘了那些事以求得松懈。他太太也想为这紧张的一天好好放松一下，但她想由谈论她这天的问题来得到松懈。他们两人的紧张气氛慢慢形成，逐渐变成了怨恨。男的心里暗自认为妻子的话太多了，妻子却觉得丈夫忽视她。他们若不了解彼此的不同，将会日益貌合神离。

　　解决丈夫和妻子的问题不在于他们彼此有多相爱，而在于他们了解异性的程度。科学研究表明，女人能承受比男人更大的压力与精神挫折。女人总能找到一种宣泄的方式，因此更易排解。当社会或家庭赋予女人使命或重担时，女人一点也不会比男人差。

　　人总是在生存中不断找寻适应现在生活的方法，面对什么样的问题，就会想办法适应与解决。

81. 压力来时，女人会变得怎么样？
　　A 变得孤立　　　　　　　　　B 集中注意力
　　C 变得情绪化　　　　　　　　D 急于解决问题

82. 第3段中男的回家后为什么看报纸？
　　A 暂时放松心情　　　　　　　B 不想与太太聊天
　　C 想了解国家大事　　　　　　D 这是每天的习惯

83. 根据上文，下列说法正确的是：
　　A 男人的承受能力更强　　　　B 女人总能找到宣泄方法
　　C 女人在任何方面都不比男人差　D 夫妻间不和的原因是彼此不爱

84. 上文主要谈的是什么？
　　A 女人和男人谁更厉害　　　　B 如何增进夫妻间的信任
　　C 男女处理压力的方法不同　　D 人应该如何面对生活问题

85-88.

一只老狐狸无意间路过一个四周被围墙圈起来的葡萄园。
它有一个非常灵敏的鼻子和一个格外聪明的脑袋。凭着多年的经
验，它闻出这个园里的葡萄很特别，是自己从没吃过的品种。这
只老狐狸以前吃过无数种好葡萄，它曾向自己的伙伴吹嘘："这
世上还没有我不曾吃过的葡萄呢!"面对这园中自己没有吃过的葡
萄，它的食欲和好胜心，都被挑逗起来了。它暗暗地对自己说："吃不到葡萄偏说葡萄酸
的狐狸，如同不想当元帅的士兵一样，是最没出息的。"

　　于是，它发誓必须要吃到这园中的葡萄，不然决不离开。可当它在四围转悠了一圈之
后才发现，这个葡萄园的墙太高，它根本无法跳进去。又经过一番仔细地搜寻，它终于找
到了一个可以进入葡萄园的小洞。但是这个洞口实在是太小了，它根本无法顺利通过。思
索片刻之后，它做出了一个决定：绝食减肥。经过三天绝食，这只老狐狸真的变瘦了，它
终于可以从那个小洞钻进葡萄园了。如它所料，这个葡萄园里的葡萄是到目前为止它吃过
的最好的一种。于是，它放开肚皮，在园子里整整吃了三天。之后，它打算尽快离开。在
这里呆久了，恐怕有危险。

　　这时，一个新的问题出现了：由于三天来吃了太多葡萄，它又胖了，无法再从那个小
洞出去。没办法，它只好再次绝食，这次比上次花的时间还多了一天。通过这种方法，它
的身体终于又变得和刚进来时一样瘦小。然后，它再次从那个小洞里钻了出来。

　　回家后，它把这次吃葡萄的经历告诉了另外两只同样阅历丰富的狐狸。并问它们：
"这事做得是否值得?"其中一只老狐狸说："你胖了多少就瘦了多少，相当于什么都没
吃，还要冒着丢掉性命的危险，当然不值。"另一只老狐狸则说："虽然你担了不少风险，
但你吃到了你从没吃过的葡萄，当然值得。"

　　老狐狸之间的对话体现了对人生的一种思考：当一个人的人生立足于占有时，他注定
会在占有欲未曾满足的痛苦与占有欲已获满足后的无聊之两极间徘徊；当一人的人生立足
于建设时，他必将会在未达目标时的追求与达到目标时的体味中潇洒。

85. 关于老狐狸，可以知道：
　　A 不想吃葡萄　　　　　　　　　　　B 觉得葡萄太酸
　　C 从来没吃过葡萄　　　　　　　　　D 吃葡萄的经验丰富

86. 老狐狸是怎么进入葡萄园的?
　　A 从小洞钻进去　　　　　　　　　　B 请别的狐狸帮忙
　　C 从葡萄园后门进去　　　　　　　　D 从葡萄园的高墙翻越进去

87. 从葡萄园出来时，老狐狸：
　　A 长胖了不少　　　　　　　　　　　B 恢复瘦小的样子
　　C 吃太饱消化不良　　　　　　　　　D 给朋友带了一串葡萄

88. 听了老狐狸的经历，另外两只狐狸：
　　A 羡慕老狐狸　　　　　　　　　　　B 都认为值得
　　C 看法有分歧　　　　　　　　　　　D 同时批评了老狐狸

89–92.

　　悬空寺，又名玄空寺，位于北岳恒山脚下的金龙峡。悬空的"危楼"山势陡峻，两边是直立百多米、如同斧劈刀削一般的悬崖，悬空寺就建在这悬崖上，或者说像是粘贴在悬崖上似的，给人一种可望而不可即的感觉。俗语说"平地起高楼"，可是，悬空寺却<u>反其道而行</u>之，悬空建在这绝壁之上。虽然悬空寺给人的

第一个印象是一栋"危楼"，但出于好奇和"探险"的冲动，谁都愿意鼓起勇气踏上寺门。过了佛堂前面的平台后，踏上那连接殿宇之间的栈道，人们会不约而同地提起脚跟，屏住呼吸，小心翼翼地踩在木板上，好像走在刚结了冰的河面那样，生怕脚重，寺塌下来，自己做了"空中飞人"；然而，脚板底下的木板虽然吱吱作响，而贴在岩石上的楼台，却岿然不动……

　　来到三官殿，才叫人松了一口气。这是全寺两座最大的建筑物，大殿的后面挖了很多石窟，变成了一半房子一半洞的特有建筑形式。原来，当年的建筑者就已经懂得向岩壁要空间的道理了。侧身探头向外仰望，但见凌空的栈道只有数条立木和横木支撑着。这些横木又叫做"铁扁担"，是用当地的特产铁杉木加工成为方形的木梁，深深插进岩石里去的。据说，木梁用桐油浸过，所以不怕被白蚁咬，还有防腐作用。这不正是修筑栈道的"古方"吗？看来，悬空寺就是用类似筑栈道的方法修建的，而楼阁的底座便铺设在许多"铁扁担"上。

　　其实，悬空寺之所以能够悬空，除了借助"铁扁担"之力以外，立木(即柱子)也立下了汗马功劳。这些立木，每条柱的落点都经过精心计算，以保证能把整座悬空寺支撑起来。据说，有的木柱起承重作用；有的是用来平衡楼阁的高低；有的要有一定重量加在上面，才能够发挥它的支撑作用，如果空无一物，它就无所借力而"身不由己"了。

　　大风烈日无损于悬空寺，别看这殿宇小巧玲珑，内里却大有乾坤。沿着窄小的楼梯直上，没想到还有一间半石窟式的佛堂。悬空寺因地制宜，扬长避短，虚实结合，整体建筑有山门、钟楼二楼，大殿、配殿、杂殿等应有尽有，仅限的空间小巧玲珑，具有一般寺庙的形制和规模，可以说是"麻雀虽小，五脏俱全"。

89. 第1段中画线句子"反其道而行"是指悬空寺：
　　A 平地起高楼　　　　　　　　　B 建造在悬崖上
　　C 建筑结构不结实　　　　　　　D 使人置身危险之中

90. 关于"铁扁担"，下列说法正确的是：
　　A 怕被白蚁咬　　　　　　　　　B 不具防腐作用
　　C 用铁杉木加工而成的　　　　　D 是悬空寺唯一的支撑

91. 关于悬空寺，可以知道：
　　A 位于南岳衡山脚下　　　　　　B 设有半石窟式的佛堂
　　C 木柱都是起承重作用的　　　　D 迄今已有两千年的历史

92. 上文主要写了关于悬空寺的：
　　A 建筑特色　　　　　　　　　　B 发展历史
　　C 旅游贴士　　　　　　　　　　D 地理位置

93-96.

　　"点心"这个词语，本意是饿时略为进食，后来演变为"略进食物"的意思。早在2500年前的《楚辞》中便有记载。而点心的兴起则于20世纪20年代初才真正开始。因为当时的"满清"后人不用工作，无所事事之余终日流连饮食场所，以致酒楼茶室数目急剧增加。也因此导致各商家之间竞争日益激烈。于是，各大茶室及酒楼均积极研究并推出不同点心、糕点，令本来已是种类繁多的点心、糕点更见多变。

　　点心虽然不是由广东人发明，但把点心发扬光大的必定是广东人。不仅如此，更把它传遍世界各地。从清同治年间开始，广东一带的商人们便喜欢聚到茶楼，一边谈生意，一边品尝"一盅两件"(也就是说一进茶楼最少要来个一碗茶、两样点心)。因此上茶楼也被称为"饮茶"。早上携同家人去酒楼饮茶，品尝地道的点心已经成为了一种粤式的饮食文化。如今这种文化更已传遍世界各地。因此点心对广东人来说有着特殊的感情，就算是到大酒楼吃盛宴，最后也一定要点上几样点心作为漂亮的"闭幕曲"。

　　江南人也有上茶楼吃点心小聚的风俗。汪曾祺先生在散文《故人往事》中说："摆酒请客，过于隆重。吃早茶则较为简便，所费不多。朋友小聚，店铺与行客洽谈生意，大都是上茶馆。间或也有为了房地纠纷到茶馆来'说事'的，有人居中调停，两下拉拢；有人仗义执言，明辨是非，有点类似江南的'吃讲茶'。"如此看来与粤人的"饮茶"相差无几了。

　　四川人也讲究饮茶，说一句"四川茶馆甲天下"并不过分。川人尤喜"摆龙门阵"，即在熙熙攘攘的茶馆之中，一边品饮盖碗茶，一边天南海北，谈笑风生。再叫上几样茶点小吃，一边欣赏着曲艺表演，实为人生一大乐事。但茶点不外乎就是些牛肉干、花生、瓜子之类，最多再点上一份酸辣粉、凉面什么的，终究上不了台面。

93. 喜欢在宴席后安排点心作为"闭幕曲"的是：
　　A 广东人　　　　　　　　　　　B 江南人
　　C 四川人　　　　　　　　　　　D 满清后人

94. 根据上文，下列哪项说法正确？
　　A 点心是由广东人发明的　　　　B 广东的茶点是牛肉干之类
　　C "吃讲茶"与"饮茶"相似　　　D 四川人喜欢品尝"一盅两件"

95. 四川人主要在茶馆做什么？
　　A 下棋打牌　　　　　　　　　　B 上台参与表演
　　C 享受休闲时光　　　　　　　　D 与商家恰谈生意

96. 最适合做上文标题的是：
　　A 点心的起源　　　　　　　　　B 点心的制作方法
　　C 广东人的饮茶文化　　　　　　D 别具特色的点心习俗

97–100.

在科学家张衡所处的东汉时代，地震比较频繁。据《后汉书·五行志》记载，自和帝永元四年(公元92年)到安帝延光四年(公元125年)的三十多年间，共发生了二十六次大的地震。地震区有时大到几十个郡，引起地裂山崩、江河泛滥、房屋倒塌，造成了巨大的损失。

张衡对地震有不少亲身体验。为了掌握全国地震动态，他经过长年研究，终于在阳嘉元年(公元132年)发明了地动仪——世界上第一架地震仪。这也是他的一大传世杰作。

据《后汉书·张衡传》记载，地动仪"以精铜铸成，圆径八尺"，"形似酒樽"，上有隆起的圆盖，仪器的外表刻有篆文以及山、龟、鸟、兽等图形。仪器的内部中央立着一根铜质"都柱"，柱旁有八条通道，称为"八道"。道中安有"牙机"。仪体外部周围铸有八条龙，头朝下，尾朝上，按东、南、西、北、东南、东北、西南、西北八个方向布列。龙头和内部通道中的发动机关相连，每个龙头嘴里都衔有一个铜球。对着龙头，八个蟾蜍蹲在地上，个个昂头张嘴，准备承接铜球。

当某个地方发生地震时，地动仪内部的"都柱"就发生倾斜，触动牙机，使发生地震方向的龙头张开嘴，吐出铜球，落到铜蟾蜍的嘴里，发生很大的声响。于是人们就可以知道地震发生的方向。

汉顺帝永和三年(公元138年)二月初三日，地动仪的一个龙机突然发动，吐出了铜球。当时在京城的人们却丝毫没有感觉到地震的迹象，于是有人开始议论纷纷，责怪地动仪不灵验。没过几天，陇西(今甘肃省东南部)有人飞马来报，证实那里前几天确实发生了地震，于是人们开始对张衡的高超技术极为信服。陇西距洛阳有一千多里，地动仪标示无误，说明它的"测震敏感度"是比较高的。

据学者们考证，张衡在当时已经利用了力学上的惯性原理，"都柱"实际上起到的正是惯性摆的作用。同时张衡对地震波的传播和方向性也有了一定了解，这些成就在当时来说是十分了不起的。而欧洲直到1880年，才制成与此类似的仪器，比起张衡的发明足足晚了一千七百多年。

97. 上文第3段主要介绍地动仪的：
    A 内外构造　　　　　　　　　　　B 应用实例
    C 测震原理　　　　　　　　　　　D 意义与贡献

98. 人们根据什么来判断地震的方向？
    A 很大的声响　　　　　　　　　　B 倾斜的"都柱"
    C 铜蟾蜍的数量　　　　　　　　　D 落到铜蟾蜍嘴里的铜球

99. 为什么说张衡的成就在当时来说是了不起的？
    A 张衡的发明比欧洲早　　　　　　B 他的发明获得了诺贝尔奖
    C 张衡掌握并应用了科学原理　　　D 地震仪发挥了非常重要的作用

100. 关于张衡，可以知道：
    A 是东汉时代的人　　　　　　　　B 从小就天资聪颖
    C 地震仪是张衡唯一的杰作　　　　D 人们一直不相信张衡的技术

三、书 写

第101题：缩写。

⑴ 仔细阅读下面这篇文章，时间为10分钟，阅读时不能抄写、记录。

⑵ 10分钟后，监考收回阅读材料，请你将这篇文章缩写成一篇短文，时间为35分钟。

⑶ 标题自拟。只需复述文章内容，不需加入自己的观点。

⑷ 字数为400左右。

⑸ 请把作文直接写在答题卡上。

　　一天，奥美公司接到了可口可乐公司一个订单：设计一期以环保为主题的创意活动。设计部主任凯尔将设计任务交给了安德鲁。接到任务后的安德鲁满怀信心地投入到活动的设计工作中去。很快，一份以"废旧瓶换饮料"为主题的活动方案出炉了。

　　"这样的方案太普通了，在学校交作业也许可以。你必须重新设计一套方案，记住，在奥美，你必须要有自己独一无二的创意。"

　　安德鲁沮丧到了极点，回到办公室，拿着被否定的方案呆若木鸡。一个上午很快就过去了，方案的事情却没有一点头绪。中午休息时，大学的一个同学打电话邀请安德鲁一起吃午饭。

　　安德鲁到达约定地点时，同学已经等候多时，饭菜已经全部上齐。他们还要了一瓶可乐。等服务生把可乐送过来时，安德鲁急忙去拧开瓶盖。可是，由于餐馆温度高，加上安德鲁开瓶时不小心晃荡了几下，瓶盖一开，可乐便从瓶口喷射而出，安德鲁急忙用手去堵瓶口，谁知，这一堵让瓶内的压力更大，不仅喷了一头，衣服上也满是可乐的污渍。安德鲁心情坏极了，朋友赶忙安慰他，并重新点了瓶可乐。

　　吃过午饭，安德鲁不禁为自己的行为感到好笑，便拿出那个可乐瓶琢磨起来。

　　"这简直就像一个喷壶，难道就不能在这上面做点创意吗？"

　　突然，安德鲁眼前一亮，如果给瓶子设计一个合适的盖子，那么瓶子不就可以改造成一个喷壶了吗？同样的道理，如果给这些瓶子加上相应的盖子，那么，这些废旧的瓶子不就都可以变成一个新的工具了吗？

　　回到单位后，安德鲁马上开始为这个创意进行策划。他通过查阅资料发现，有好多人在喝完可乐之后都会将废旧瓶子重新利用。还有一些小饭馆甚至在瓶盖上钻一个孔，用来盛放食醋等调味品。

　　受到启发后，安德鲁试着设计了几款不同的瓶盖，这些瓶盖拧到旧可乐瓶子上，瞬时就变成水枪、笔刷、照明灯、转笔刀等工具。试验成功之后，方案很快就策划好了，当安德鲁拿着这个方案再次给主任看时，主任惊讶地竖起大拇指，给予很高的评价。

　　这个方案得到了可口可乐公司的高度赞扬。2014年12月初，可口可乐公司联合奥美中国在泰国和越南发起了一次名为"快乐重生"的活动。在活动中，可口可乐为人们免费提供16种功能不同的瓶盖，只需拧到旧可乐瓶子上，就可以将瓶子变成各种各样的工具。

　　这些独特瓶盖的创意简单、充满智慧，同时也在改变消费者的行为习惯和心态。其实，生活中，只要有了创意，即使是一个被丢弃的塑料瓶子，也同样可以变废为宝，快乐重生。

정답

녹음 대본

맛있는 중국어
HSK 6급 **1000제**

정답

듣기	1. B	2. C	3. A	4. A	5. B	6. C	7. C	8. A	9. B	10. B
	11. D	12. A	13. C	14. D	15. C	16. B	17. C	18. D	19. A	20. C
	21. A	22. B	23. D	24. C	25. A	26. A	27. A	28. C	29. B	30. C
	31. D	32. B	33. C	34. D	35. A	36. B	37. D	38. C	39. C	40. D
	41. A	42. C	43. A	44. A	45. C	46. D	47. C	48. B	49. B	50. C

독해	51. C	52. D	53. A	54. B	55. B	56. C	57. C	58. B	59. A	60. A
	61. D	62. A	63. B	64. C	65. D	66. C	67. B	68. A	69. A	70. C
	71. B	72. A	73. E	74. C	75. D	76. E	77. A	78. C	79. D	80. B
	81. A	82. B	83. C	84. D	85. A	86. C	87. B	88. B	89. C	90. D
	91. A	92. D	93. D	94. D	95. C	96. B	97. A	98. A	99. C	100. B

神奇的售货机

　　巴西首都的商场内出现了一台用香烟"购买"时间的神奇售货机，上面写着：一根香烟能买到11分钟。

　　有位中年男子出于好奇，投入了5根烟，售货机恭喜他获得了55分钟，并建议他用这些时间看一本书，随即出货口跳出了一本书。周围的人见状，纷纷跃跃欲试。一位姑娘用10根香烟买到了110分钟，兑换到了一张电影票；一位小伙子买了220分钟，获得了一件T恤。原来只要你投进的香烟越多，"买"到的时间越多，就能获得越丰厚的奖品。

　　接下来的几天，这台用香烟"购买"时间的售货机又"转战"城市的各个角落，继续向人们"出售"时间。

　　其实，这是巴西政府推出的禁烟公益行动，售货机就是行动的主角。

　　虽然政府明令禁止市民在封闭的公共场所吸烟，但吸烟人数依然居高不下。因此，政府精心打造了这么一台特殊的售货机，用"每少吸一根香烟就能多活11分钟"的概念引导烟民把时间花在更有价值的事情上面。烟民的内心受到极大的触动，于是他们毫不吝惜地用手中剩余的香烟"购买"时间。

녹음 대본

(音乐, 30秒, 渐弱)

大家好! 欢迎参加HSK (六级) 考试。
大家好! 欢迎参加HSK (六级) 考试。
大家好! 欢迎参加HSK (六级) 考试。

HSK (六级) 听力考试分三部分, 共50题。
请大家注意, 听力考试现在开始。

第一部分

第1到15题, 请选出与所听内容一致的一项。
现在开始第1题:

1. 氢是一种燃料能源, 无污染, 燃烧后会释放少量氮氧化。氮化氢稍加处理就不会污染环境, 而且氢燃烧后的产物是水, 水又可以源源不断地产生氢气, 这样氢气就能被循环使用。
1-01

2. 宣纸的制作方法与普通纸有很大不同, 质地与普通纸也不一样。普通纸是通过造纸机制成薄薄的纸页, 再经过烘干而卷成的。宣纸却是用传统方法手工制成湿纸, 然后将湿纸贴在墙上, 风干而成的。
1-02

3. 雪中的世界为什么那么安静? 据气象学家解释, 原来雪会吸收部分声波, 雪花堆积起来的时候, 里面会有很大的间隙, 当声音遇到这样疏松的结构, 会被
1-03

多次反射导致能量损失, 从而无法继续传播。

4. 人在思考和学习时有两种模式: 发散模式和专注模式。发散模式就是大脑在放松时, 漫无目的地去思考问题, 比如洗澡时, 突然想到了一个久攻不破的问题的解决方案。而专注模式则是集中精力去学习或理解某件事。
1-04

5. 如果你是个容易晕车的人, 最好不要选择坐在车的后座。因为坐在后座, 视线被遮挡, 你很难看到前方的景色, 容易心情郁闷, 再加上车的后部比前部颠簸得更厉害, 也就更容易导致晕车。所以要想不晕车, 最好选择前座靠窗的位置。
1-05

6. 从前有一只蜈蚣走路走得非常好。一天它突发奇想, 决定观察一下自己是如何走得如此出色的。谁知它越是留心这个过程, 反而就越不会走。最终它只能躺在一个小沟里, 无法动弹。
1-06

7. 年轻人是促进社会发展的主要动力。如果忽视他们, 不在他们身上投资, 这个社会就没有希望。因此我们要多为年轻人提供锻炼的机会, 让他们多积累经验, 并迅速成长。
1-07

8. 当今社会, 我们被网络包围, 每个人每天都要面对较过去增长数倍的海量信息。如何迅速地筛选并吸收有效的信息, 成为了我们把握时代脉搏、跟上时代潮流的关键。
1-08

9. 近日, 一家服装公司推出了一套智能选衣系统, 该系统的工作原理是根据顾客
1-09

的思维来选择服装。顾客只需戴上一款像耳机一样的传感器，看着大屏幕上的各种场景，电脑便能记录下顾客在此过程中的脑电波，并据此为其挑选衣服。

10. 花圃里有位老园丁正在种花，有个农学院的学生傲慢地对他说："你种花的方法很不科学。照你这么干，它要是能开出5朵玫瑰花，就能让我大吃一惊。"老园丁回答："不光是你，我也会很吃惊，因为这是月季。"

11. 莲雾是一种热带水果，其顶端扁平，果肉呈海绵质，略有苹果的香味。它含有丰富的蛋白质、脂肪、碳水化合物及多种矿物质，对失眠、咳嗽、哮喘等有一定疗效。

12. 青龙峡作为云台山的主要景点之一，享有云台山"第一大峡谷"的美誉，是旅游的绝佳去处。游客可以在这里观赏到波澜壮阔的望龙瀑布、神奇独特的倒流泉、独具特色的溶洞景观等。青龙峡不仅景色优美，还是一处天然氧吧。

13. 苴却砚是中国十大名砚之一。因石材色彩和花纹十分丰富奇特，苴却砚又被称为中国彩砚。它所用的石材属于不可再生的稀有矿产，主要分布在金沙江两岸的悬崖峭壁上，开采极为困难。

14. 某日，表哥给我出了一道数学题。题目中给出了很多条件，计算经理怎样才能获得最大的利润。我怎么算，经理都是亏本。无奈，只好问表哥答案到底是什么。谁知表哥竟然在纸上写了两个字：改行。

15. 在射击运动中，射击服是必不可少的装备，它由两层厚厚的帆布制成，覆以皮革，重量超过5公斤。射击服虽然厚重，但能对运动员的身体起到很好的保护作用，而且射击服越厚重，其稳定性越好，也更利于运动员出成绩。

第二部分

第16到30题，请选出正确答案。
现在开始第16到20题：

第16到20题是根据下面一段采访：

女：作为中国当代摄影十年大展的学术主持，你怎么看连州摄影展？

男：这次的展览可以视为一次总结展，通过这次摄影展，大家可以了解摄影艺术在中国的发展历程，以及摄影文化的多元性。

女：连州摄影年展的定位是什么？

男：连州摄影年展一直以学术性作为自己的定位。连州每年都聘请学术界和艺术界有声望和经验丰富的专家，来担当策展人和学术主持。这是保证其学术性定位的重要策略。

女：你说过连州摄影年展的组织方一定要有强大的学术背景。为什么要强调学术背景呢？

男：中国大部分摄影节的展出作品主要呈现摄影较为唯美的一面，但把它当做复杂的思想来呈现的还不多，所以如何提高大型摄影活动的学术性，是中国摄影文化活动必须正视的问题。

女：十年来，你觉得中国当代摄影师的关注点以及表达方式有变化吗？ 如果有变化，体现在哪儿？

男：中国摄影主要经历了追求唯美的过程。这个阶段到现在也没有完结。在这个阶段的中后期，纪实摄影开始兴起，也取得过一定成绩，但没形成较大的规模。现在很多老一代的摄影师不拍唯美的风景照了，改拍一些语义模糊的纪实类照片。

女：越来越多的年轻摄影师在连州摄影年展中崭露头角。你对年轻摄影师有什么建议呢？

男：一些中国年轻摄影师特别想融入国际市场，却只看到招数，看不到思想。他们不明就里地模仿，却不知道那些成功作品背后的文化背景。这样做不但会贻笑大方，而且会耽误自身的进步提升。我希望年轻摄影师能深入了解作品背后的思想，并在国际环境中坚持本土文化的立场。

16. 连州摄影年展的定位是什么？
🎧 1-17

17. 男的认为中国大部分摄影节存在什么问题？
🎧 1-18

18. 中国的纪实摄影发展情况怎么样？
🎧 1-19

19. 男的给年轻摄影师提出了什么建议？
🎧 1-20

20. 根据对话，下列哪项正确？
🎧 1-21

第21到25题是根据下面一段采访：
🎧 1-22

男：今天做客我们节目的是高尔夫名人张新梅女士。张女士，您好！非常感谢您能接受我们的采访，请问您是从什么时候开始打高尔夫的？

女：第一次接触高尔夫是在1997年。我的先生在金融业工作，他也是高尔夫运动的高手。下班后，同事经常带他去高尔夫练习场，于是我也会跟着去试一试。但是我正式上场打球是在2002年后。

男：高尔夫运动带给您最大的感受是什么？

女：高尔夫就如同人生，会经历高峰和低谷。但是，不管你处在什么阶段，你都要有耐心，不要急躁，打球经历能让我变得更加自信，有耐心。我经常代表俱乐部参加各种对抗赛，每次在落后对手几个洞的情况下，只要耐心等待，一般都还有赢得比赛的机会。

男：张女士，您为何邀请欧巡赛的选手和教练来中国？

女：高尔夫起源于国外，在欧美等国已有几百年的发展历史，而在中国却是一项新兴的体育运动。欧巡赛赛事在欧洲、非洲等地举行，这些参赛选手都有过硬的实力和心理素质，邀请他们与我们中国的高尔夫爱好者进行互动交流活动、进行零距离接触，互相切磋球技，希望能够用他们的知名度、高超的球技、谦虚的态度以及自身夺冠的冲力，对我们国家年轻的高尔夫运动者，尤其是青少年一代高尔夫热爱者带来正面的影响。

男：高尔夫是奥运会的参赛项目，您认为中国运动员在这项运动上潜质有多大？

女：我认为中国人的体质是非常适合打高尔夫的，只要训练有素，中国在高尔夫上的发展前途将会非常乐观。

21. 关于张女士的丈夫，可以知道什么？
🎧 1-23

22. 张女士用高尔夫比喻什么?
1-24

23. 张女士为什么邀请欧巡赛的选手和教练?
1-25

24. 张女士是如何看待中国的高尔夫运动的?
1-26

25. 根据对话,下列哪项不正确?
1-27

第26到30题是根据下面一段采访:
1-28

女:您认为古籍修复是一项很复杂的工作吗?

男:对。古籍修复是一项特殊技艺。修复一本古籍往往涉及到很多道工序。一招一式都有规范与标准。这项工作看似简单,却大有学问。有时为了寻找底本的一个字,再把缺字复原到古籍当中,就需要好几天。我和几个学生一起做修复工作,但是一年也修补不了几本。

女:听说同样是手工纸张的书籍,明朝的保存状态却优于清朝,是这样吗?

男:是的。古籍并非时代越近保存越好,而是取决于纸的材质。明朝使用白棉纸或黄棉纸,纤维长,纸质好,所以保存状态好。从清朝开始,竹纸便盛行起来。竹纤维脆弱易损,不易保存。那些保存不好的古籍都不能轻易翻开。因为只要稍微不注意,书纸就会破损。

女:为什么宋版书占有非常重要的地位呢?

男:宋代是雕版印刷的鼎盛时期。宋版书之所以如此珍贵,一方面是因为许多著作在宋代才有了第一次印刷。因此宋版书是最接近原本的,而且这些书籍又经历了近千年的时代变迁,能保存到现在的非常少,几乎可以称为绝本。另一方面,宋代刻书在字体书写、文字校勘、上版雕刻和印刷装帧各方面都非常认真,错误很少,所以宋版书的学术价值和史料价值都很高。

女:一般人退休后开始享清福,而您却选择这么寂寞而辛苦的工作。为什么呢?

男:我从来没有觉得辛苦,相反我每天都觉得很幸福。这份宁静和从容是大多数现代人所体会不到的,而且我也不觉得寂寞,因为每时每刻我都在跟古人交流,精神上特别充实。

女:古籍修复涉及版本学、印刷史还有美学等多门学科,对修复人员的综合素质要求较高,那么怎样才能培养出合格的古籍修复人才呢?

男:的确是这样,这个工作对从业者的自身素质和操作手法要求极高。古籍修复人员不仅要熟悉古籍的版本、装帧形式,更需要娴熟的技艺和极好的耐心。培养人才是一个循序渐进的长期过程。初学者从最简单的换皮、钉线做起,逐步参与到破损程度较大、更加珍贵的古籍修复工作中,直到掌握全部知识技能,达到可以熟练进行独立操作的阶段。真正学成,起码要五年。

26. 古籍修复工作有什么特点?
1-29

27. 为什么明朝古籍的保存状态优于清朝?
1-30

28. 关于宋版书,可以知道什么?
1-31

29. 男的从事古籍修复工作有什么体会?
1-32

30. 培养一名合格的古籍修复人才最少需
    1-33 要多长时间？

第三部分

第31到50题，请选出正确答案。
现在开始第31到33题：

第31到33题是根据下面一段话：
1-34

俗话说"满天星，明天晴"，意思是如果
当天晚上的星星又多又亮，那么第二天会是
一个大晴天。这是有科学依据的。原来当空
中云层较厚时，星星会被遮去一部分，同时
星星发出的光还会被云层反射和吸收一部
分。这时从地面望去，星星就会显得比较稀
少。相反，如果空中云层较薄，从地面望
去，星星就会显得很多。夏季，中国陆地的
天气稳定性较强，所以如果我们在夏天的晚
上看到很多星星，那么基本可以判断第二天
是晴天。但是星星数量的多少与气温并没有
直接关系，有人说星星越多，第二天越热，
这是不准确的。因为影响气温的因素有很
多，各地的自然条件也不同，所以不能笼统
地下结论。

31. 晚上星星多，预示着什么？
    1-35

32. 夏季中国陆地的天气有什么特点？
    1-36

33. 根据这段话，下列哪项正确？
    1-37

第34到36题是根据下面一段话：
1-38

传说宋朝时有一次绘画比赛，考题是
一句诗：踏花归去马蹄香。这句诗的意思是
人们在春天骑马赏花，马蹄由于踩到了飘落
在地上的花瓣也变香了。看到这个题目，许
多画家抓耳挠腮，无从下笔。只有一位画家
画出了其中的韵味。这位画家画了一匹马，
又在马蹄旁边加了几只飞舞的蝴蝶。除此之
外再也没画别的东西。蝴蝶为什么绕着马蹄
飞舞？不正是马蹄上散发着落花的香气吗？
马蹄又怎么会有落花的香气呢？就是因为这
匹马刚从满地的落花上踏过。就这样，他仅
用几只蝴蝶就把无形的香气生动地表现了出
来。这幅画儿也被大家交口称赞。

34. 看到题目后，大多数画家是什么反应？
    1-39

35. 那位画家是通过什么表现"香"这个字
    1-40 的？

36. 大家觉得那位画家的画儿怎么样？
    1-41

第37到39题是根据下面一段话：
1-42

艺术总体上可分为两大类：一类是情
节类艺术，另一类是情态类艺术。情节类艺
术不要求受众自己去主动地进行再创作，而
情态类艺术具有恒新的性质，或者说它的永
久生命力并不在于自身的情节，而在于它提
供给我们一个可以不断把新的人生经验放进
去的空框。一般来说，文化素养相对较低者
更倾向于无需他们进行再创作的情节类艺术
作品，文化素养较高者则更倾向于情态类艺
术作品，因为他们可以在这里发挥自己的想
象力，以此来满足自身的精神需要。这也就
解释了为什么我们至多可以把福尔摩斯探案

这样的小说重读三遍，却可以把贝多芬的命运交响曲聆听千百遍的原因。

37. 关于情态类艺术，可以知道什么？
📻 1-43

38. 文化素养相对较低者更倾向于哪类作品？
📻 1-44

39. 根据这段话，下列哪项正确？
📻 1-45

第40到43题是根据下面一段话：
📻 1-46

夏季最痛苦的事情莫过于受到蚊子的叮咬之苦，事实上，蚊子在选择叮咬目标时是有偏好的。大约只有五分之一的人被蚊子叮咬得更频繁。经过研究，科学家给出了多种解释。

首先，蚊子能用下颚肌探测到人们呼出的二氧化碳，并由此锁定目标。所以，相同时间里，呼出更多二氧化碳的人往往是体型较大者，他们更吸引蚊子。其次，蚊子还会根据人们出汗时排出的乳酸、氨气等物质来确定目标。所以，人在剧烈运动后，会更易引起蚊子的注意。另外，遗传因素也会影响人们乳酸和其他物质的排出量，使某些人更容易被蚊子叮咬。

还有研究表明，人类皮肤上天然存在的菌群的类型和数量也对蚊子有不同的吸引力。皮肤上如果有大量的细菌，且菌群组成比较稳定时，就更容易吸引蚊子。因此蚊子尤其喜欢叮咬人们的踝关节和双脚。但是如果皮肤上的菌群种类较为多样的话，则不太吸引蚊子。

40. 为什么体型大的人更容易吸引蚊子？
📻 1-47

41. 什么因素会影响乳酸的排出量？
📻 1-48

42. 蚊子为什么更喜欢叮咬人们的双脚？
📻 1-49

43. 这段话主要谈的是什么？
📻 1-50

第44到47题是根据下面一段话：
📻 1-51

在一次驯虎表演中，一位驯兽师像往常一样领着几只老虎进入铁笼，然后将门锁上，开始表演。观众紧张地注视着聚光灯下的铁笼，看驯兽师潇洒地挥舞着鞭子，发号施令，看老虎做出各种杂耍动作。正当演出精彩之时，糟糕的事情发生了，现场突然停电！四周一片漆黑。黑暗中双眼放光的孟加拉虎近在咫尺，老虎能清楚地看见驯兽师，而驯兽师却看不到老虎，只有一根鞭子和一把小椅子可以用来防身。在近一分钟的时间里，观众的心都忐忑不安，他们都为笼子里的驯兽师捏了一把汗。不久，灯终于亮了，大家惊喜地发现，驯兽师安然无恙，之后他平静地完成了整个演出。

在后来的采访中，有记者问驯兽师，老虎能在黑暗中看见他，而他却看不到老虎，他当时是否害怕老虎会朝他扑过来。驯兽师说，一开始自己确实感到毛骨悚然，但他马上就镇静下来，因为他意识到了一个非常重要的事实：他确实看不见老虎，但老虎并不知道这一点。"所以，我只需像往常一样，不时地挥动鞭子、吆喝，就当什么事都没发生一样，不让老虎察觉。"

在复杂多变的生活中，我们也时常会与"黑暗中的老虎"不期而遇。此时我们要冷静下来，就像什么事也没发生一样，保持前进的勇气。

44. 演出中发生了什么？
📻 1-52

45. 观众们为什么忐忑不安？
📻 1-53

46. 这段话中，"黑暗中的老虎"指的是什
   么？

47. 这段话主要想告诉我们什么？

第48到50题是根据下面一段话：

为了延长食物的保质期，千百年来人
们绞尽脑汁，想出了各种办法，如：烟熏、
日晒、盐腌和罐藏等。其中罐藏技术诞生较
晚，但却有着举足轻重的地位。用罐藏技
术保存的食品，不仅口味鲜美，食用方便，而
且能长期存放。有人认为罐装食品之所以能
够存放很久，是因为添加了防腐剂。其实不
然，加工罐装食品首先要确保良好的卫生条
件，加工时先对原料进行处理，再将其装入
经过高温杀菌的包装罐内，最后通过加热排
气或机械抽真空，将罐内的空气排出。密封
后会再次对包装罐进行严格的灭菌处理。这
样一来，罐里的食物是无菌的，外面的细菌
也进不去，食物自然可以存放很长一段时
间。由此看来，罐装食品能够长期存放而不
变质，完全得益于严格的杀菌和密封处理，
而非防腐剂。

48. 关于罐藏技术，可以知道什么？

49. 加工罐装食品，首先要保证什么？

50. 根据这段话，下列哪项正确？

听力考试现在结束。

정답

듣기	1. C	2. D	3. D	4. A	5. D	6. D	7. D	8. A	9. C	10. B
	11. B	12. D	13. D	14. C	15. B	16. A	17. A	18. C	19. D	20. D
	21. B	22. C	23. B	24. B	25. D	26. B	27. C	28. D	29. D	30. B
	31. C	32. B	33. D	34. C	35. B	36. D	37. C	38. D	39. D	40. A
	41. A	42. C	43. A	44. B	45. A	46. A	47. C	48. A	49. C	50. D

독해	51. A	52. A	53. C	54. B	55. B	56. A	57. C	58. C	59. C	60. B
	61. D	62. C	63. D	64. B	65. A	66. C	67. B	68. A	69. B	70. A
	71. B	72. D	73. E	74. A	75. C	76. D	77. C	78. E	79. B	80. A
	81. B	82. C	83. B	84. D	85. A	86. A	87. D	88. A	89. B	90. D
	91. C	92. C	93. D	94. B	95. D	96. D	97. C	98. B	99. D	100. D

神农架的由来

　　相传上古时，人们不能分清粮食和杂草、药草和百花。随着飞禽走兽的减少，人们只能饿肚子，生了病也无法医治，生活十分凄苦。有个叫神农的人看到这一切，下定决心要带领大家外出寻找粮食和药草。

　　神农召集了一批人向西北大山走去。他们来到了一座大山脚下，这座山四面都是悬崖，根本没法攀登。神农灵机一动，指挥大家利用木杆和藤条沿着山崖搭架子。他们搭了整整一年，才将架子搭到山顶。

　　当他们沿着架子爬到山顶时，被眼前密密丛丛生长的各种各样的植物惊呆了！于是，神农白天尝百草，晚上就把尝过的植物的药用功效都记录下来。

　　就这样，神农从众多植物中辨别出了粮食和药草。等他们准备下山回乡，才发现架子已长成了一片茫茫林海。

　　原来他们在山顶待了数十年！正当他们为难时，空中飞来一群白鹤，把他们接走了。

　　后来，为了纪念神农尝百草、造福人类的事迹，人们把这片茫茫林海取名为"神农架"。

02회

모의고사

녹음 대본

(音乐，30秒，渐弱)

大家好！欢迎参加HSK(六级)考试。
大家好！欢迎参加HSK(六级)考试。
大家好！欢迎参加HSK(六级)考试。

HSK(六级)听力考试分三部分，共50题。
请大家注意，听力考试现在开始。

第一部分

第1到15题，请选出与所听内容一致的一项。
现在开始第1题：

1. 常听人说，知识就是力量。其实，知识本身并不是力量，运用知识的能力才是真正的力量。现在有很多大学毕业生，虽然学会了专业知识，但却不能在工作中合理运用，他们只是拥有了知识，却不具备运用知识的能力。

2. 吃生姜能加速血液循环，使人精力旺盛。古代著名地理学家徐霞客有每天早上吃生姜的习惯。他旅行时行囊中必备的一样东西就是生姜。现在民间还有很多关于姜的谚语，比如"早吃三片姜，赛过人参汤"等。

3. 绿岛气候温和，因绿植众多而得名。此外，它还有另外一个名字——火烧岛。相传百余年前，这座岛屿远远看去，好像燃烧着大火，于是火烧岛的名字不胫而走。

4. 婴儿在爬行时需要四肢同时用力，这能促进其协调能力的发展。没有经过爬行训练的婴儿，日后做难度较高的肢体动作时，其协调能力可能不如接受过爬行训练的孩子。

5. 有一次，性格放荡不羁的伏尔泰赞扬了一名作家，事后他的朋友私下告诉他："那位作家经常在你的背后说你的不是，你却慷慨地赞扬了他。"伏尔泰听后，当即回答道："哦，这么看来，那我们两个人都说错了。"

6. 提到能促进智力发育的食物，大部分人第一个想到的就是鱼。鱼头中含有丰富的卵磷脂，可增强人的记忆和分析能力。鱼肉则是优质蛋白质和钙质的极佳来源。其中含有的大量不饱和脂肪酸对大脑发育尤为重要。

7. "数字地球"主要是利用数字信息系统、遥感、全球定位系统等技术来获取、处理和应用关于地球各方面空间信息的新型系统。借助于"数字地球"，我们可以随时按地球坐标来了解地球上任意一处任何方面的信息。

8. 俗话说，"缓事宜急干，敏则有功；急事宜缓办，忙则多错"，这句话的意思是——对于不是急切需要完成的事情，要抓紧时间做，这样能提高效率；而对于紧要的事情，则要有耐心沉着应对，因为太过匆忙容易出错。

9. 西藏被誉为天然植物博物馆。这里植物种类繁多，仅药用植物就有一千多种，占全国药用植物种类的70%，其中不乏名贵珍稀品种，具有极高的科研和开发价值。

10. 中央电视台科教频道精心打造了一档大型美食文化类系列节目，名字叫《味道》，这也是科教频道重点推广的品牌节目。节目每年分两季播出：国庆季和春节季，内容围绕中国及世界各地的美食以及美食背后的通俗文化展开。

11. 名人效应影响着社会生活的方方面面。名人代言广告能够刺激消费，出席慈善活动能够引导社会关怀他人。简单地说，名人效应相当于一种品牌效应。它可以带动人群购买某一产品或从事某一项活动。

12. "文有太极安天下，武有八极定乾坤"，其中提到的"八极"，即"八极拳"，它作为中国武术拳种之一，至今已有300多年的历史，八极意为可达四面八方极远之处，八极拳以其刚劲朴实、动作迅猛的独特风格而在民间广为流传。

13. 人们在稍有点儿嘈杂的环境中，常常会产生手机铃声在响的幻觉。这是因为人们对1000~6000赫兹的声音格外敏感，而常用的手机铃声基本在这个范围内。所以人们听到该频段的其他声音时，容易误以为是手机铃声。

14. 姑嫂饼是乌镇的传统小吃，据史书记载，距今已有100多年的历史了。虽然姑嫂饼所用的配料跟酥糖相仿，但味道比酥糖更可口。吃起来油而不腻，酥而不散，既香又糯，甜中带咸。

15. 河马的汗液刚排出时是透明的，然后逐渐变成深红色，继而又变成棕色。这是因为河马皮下的腺体会分泌红色和橙色的色素，河马的汗液会使其皮肤看起来更粗糙，但它可以当做防晒霜使用，而且还有抗菌的功效。

第二部分

第16到30题，请选出正确答案。
现在开始第16到20题：

第16到20题是根据下面一段采访：

女：张董，您好！您的企业发展很快，请问您取得辉煌成就主要是因为创新吗？

男：众所周知，对于制造业来说，质量是非常重要的，而质量的提升就需要技术的创新。我们公司十分注重创新，20年中就申请了70多个国家专利，多次获得了国家技术进步奖。

女：看来技术创新确实是最重要的。大家都知道，贵公司近来努力构筑以高新技术为主导的纺织产业，但是在一般人的印象中，纺织业属于传统行业，怎么会是高新技术产业呢？主要体现在哪里？

男：大多数人认为纺织是一个传统的产业，甚至把它和落后联系在一起，这实际上是一种偏见，或者是因为不了解这个行业的情况造成的。一件衣服里面既有生物技术，也有互联网技术，还涵盖了很多工程技术的创新，是高新技术整合的产物。比如，我们要将先进的设计软件、先进的设计理念以及先进的形象思维结合在一起，才能设计出美丽的作品。另外，在制造过程中，要有一系列先进设备才能够实现用高新技术来改造和提升这类传统产业。

女：您说得对。现在我们常看到一个现象，那就是越来越多的中国制造进入国际市场。您觉得这意味着什么？

男：以我们纺织行业为例，在国外很难买到不是中国生产的服装。因为中国最近几年用高新技术来改造、提升传统产业，越来越多的中国企业走出了国门，所以中国的产业要想走得更远，发展高新技术是非常重要的。

女：作为从事制造业40年的老前辈，对于制造业的转型、升级，您有什么建议吗？

男：我觉得制造业转型、升级的关键点应该放到升级上，升级就是要提高制造业的设计能力、研发能力和精细化制造水平，而精细化制造需要几代人不断地努力，这就需要"工匠精神"，所谓"工匠精神"，我认为关键还要国家出台配套的支持政策，国家应该给予我们资金保障，使我们这些具有创新精神的企业家能够狠下心来，集中精力搞研发。

16. 男的觉得公司取得辉煌成就的原因是什么？
2-17

17. 大多数人是如何看待纺织业的？
2-18

18. 男的认为中国的产业要想走得更远，应该发展什么技术？
2-19

19. 怎样提高精细化制造水平？
2-20

20. 下列哪项是男的的观点？
2-21

第 21 到 25 题是根据下面一段采访：
2-22

男：你如何看待新闻给人们带来的感受？比如有些故事让人觉得温暖，有些却让人心寒。

女：记者要实事求是地反映事情的本来面目，但是作为一个普通人来讲，采访多多少少是一件傲慢的事。就像咱俩本来不认识，但你却要我说出我内心深处的想法，很多时候提问本身就是冒犯，那怎么办？ 我只能先表示抱歉，然后再告诉被采访者，如果你肯告诉我，我愿意和你一起分担。

男：你觉得采访技巧重要吗？

女：我以前也会经常总结，但后来我发现技巧是一种障碍。采访时你越是用心感受，就越能问出与原来预想不一样的问题。这个问题恰恰是对方愿意回答的。模式和技巧不能让你认识人，只有感受才能让你认识人。

男：社会对新闻媒体有着各种期许，总希望它能改变什么，促成什么。

女：有独立的受众，才有负责任的新闻。两者是相辅相成、互为因果的。记者的责任不是改造这个世界，而是把真相和盘托出。很多人只关心那些土地上表面的东西，那是因为还没有把根须都拔出来，还没有看到树本来的面貌。而拔出根须，揭露事情的本质，这是记者最重要的任务。

男：很多人都把你看做明星，你希望大家这样看你吗？

女：我没有这样的感受。我的书出版后，有一次在北京搞签售活动，有个读者等了好几个小时，他告诉我这并非因为我个人，而是因为我书里面的人以及我所做的事。现在我希望自己能好好儿恪守作为一个记者的本分。除此之外，我不想扮演其他任何角色。

男：你在工作或生活中会有很恐惧的时候吗？

女：产生恐惧的根本原因是无知。我觉得不管是面对工作还是生活，都应该有个核心的态度，就是不断地认知世界、认知自己。懂得越多，恐惧就越少。

21. 如果提问会冒犯别人，女的会怎么办？
   🎧 2-23

22. 女的怎么看采访技巧？
   🎧 2-24

23. 女的认为记者的责任是什么？
   🎧 2-25

24. 女的觉得应该怎样克服恐惧？
   🎧 2-26

25. 关于女的，可以知道什么？
   🎧 2-27

第26到30题是根据下面一段采访：
   🎧 2-28

女：干表演这一行，你觉得最难的事是什么？

男：最难的事就是我的恩师曾经提到过的，如何表演"想"，"想"几乎是没办法表演的，你很难用行动来表达一个人的思考和思想，不过对此演员也不是毫无办法，演员可以通过动作让思想外化，所以演员想要清晰地描述或者表达人物的思想和内心，他自己就首先必须是一个思想者，至少是一个爱思考的人。因此，人物不是演出来的，而是悟出来的。老表演艺术家都爱说，不会演戏的人演戏，会演戏的

人演人。

女：你认为演员这个职业与其他行业最大的不同是什么？换句话说，什么最让你感到困惑？

男：表演是一个容易让人变得脆弱的职业，稍有不慎，演员就有可能被巨大的压力压垮，尤其是舞台表演，它对人的要求近乎苛刻，不允许你犯错误，在重要的演出中，一两个口误或动作的失误就会让演员懊悔终生，舞台表演的难点就在于此，现场表演不可复制，任何错误不可更改，这和拍电视剧不同，所以说演员，尤其是舞台演员需要超强的心理承受力才能继续工作。

女：作为演员，最大的不幸是什么？

男：演员有两大灾难，外貌好看是演员的一大灾难，这会使他太关注自我；学院科班毕业后就演大主角是另一大灾难，就好比刚考上驾照，就开着一辆卡车到珠穆朗玛峰上去奔，非出岔子不可。这就有点儿像当初我在话剧《日出》中饰演方达生似的。作为演员，如果自己的能力比自己担任的角色的分量高出那么一点儿，你就会体会出快乐。

女：表演有什么秘诀吗？

男：没什么秘诀，多动脑子而已。我常常在拍电视剧时给人们改剧本，原本是一段戏，我能即兴写出三段戏来。戏演多了，琢磨得多了，自己就会编了。有的演员钻到人物躯壳里去出不来，也有演员把人物琢磨透了，让人物钻进自己的心里，活在自己的心里。前者是在被动地、机械地复制人物；后者则是在主动地、能动地创造人物。琢磨得多了，剧本中的人物会在不知不觉中钻进我的内心。

26. 演员怎样才能轻松地表达人物的内心？
2-29

27. 舞台表演的难点在于哪儿？
2-30

28. 为什么说外貌好看是演员的一大灾难？
2-31

29. 根据对话，男的提倡什么样的表演？
2-32

30. 关于男的，可以知道什么？
2-33

31. 那位心理学教授给参与者看了什么？
2-35

32. 那个实验说明了什么？
2-36

33. 听者厌烦交谈话题时会有什么样的表现？
2-37

第三部分

第31到50题，请选出正确答案。
现在开始第31到33题：

第31到33题是根据下面一段话：
2-34

常言道"眼睛是心灵的窗户"，它能帮助我们了解他人的心理状态。一位心理学教授曾做过一项实验。他随机给参与者看一些照片，然后观察他们瞳孔的变化。他发现当男性看到漂亮女性的照片时，瞳孔平均扩大了20%。这个实验表明人类瞳孔的大小不仅会随周围环境的明暗发生变化，还受对目标感兴趣程度的影响。就像通常所说的眼睛比嘴巴会说话一样，人的心理活动全都反映在眼睛里。在与人交谈时，假如对方看上去心不在焉，可他的瞳孔却在渐渐扩大，那么基本可以断定他其实对该话题非常关注。除了瞳孔的变化，观察对方的视线同样也可以获取很多信息。比如当你正口若悬河，而听者总回避视线上的交流，这说明听者已经厌烦这个话题了。这个时候，你就要考虑结束对话或者换一个话题了。

第34到36题是根据下面一段话：
2-38

日前，"第七届地球与天空国际摄影大赛"公布了获奖名单。本届大赛分为"夜空之美"和"对抗光害"两个主题。前者需要突显出星夜之美，后者则要强调光污染之害。更重要的是，作品本身必须符合大赛的主题"地球与天空"，将星空背景与地景元素结合在一起。今年获奖的10幅作品都完美融合了这些元素。

"对抗光害"组冠军，也是本届摄影赛的总冠军，罗马尼亚摄影师亚历克斯·库努，于比赛之前在挪威罗弗敦群岛的一处山顶守候到了美丽的北极光。自然极光与当地强烈的灯光形成了鲜明的对比。

"夜空之美"组冠军是中国摄影师叶梓颐，作品名为"极光之尾"。该摄影师称，如果把月亮比作一位年轻姑娘，那极光就应该是蒙着她的丝绸面纱。极光之城在经过连续5日的暴风雪之后，终于放晴。她驱车前往市郊的湖边，目睹了落月与极光构成的极美画面。

34. 那项摄影大赛对作品有什么要求？
2-39

35. 关于"对抗光害"组的冠军，可以知道什么？
2-40

36. 关于"极光之尾"，下列哪项正确？
2-41

第37到39题是根据下面一段话：

🎧 2-42

每当发生地震前，植物往往会出现一些异常现象。比如，1976年辽宁海城发生强震前的两个月，那里的杏树提前开了花；同年7月，唐山大地震发生前，出现柳树枝条突然枯死、一些果树结果后又再度开花的现象。

科学家发现，地震前最敏感的植物要数含羞草。在地震发生前的几小时，它的叶片会突然萎缩，然后枯掉。此外，合欢树在地震前也会有明显的异常反应。

科学家研究认为，地震在孕育的过程中，地球深处的巨大压力在石英石中形成电光，产生电流。植物根系受到地层中电流的刺激，便在体内出现相应的电位变化，从而引起植物的异常反应。

有些植物还能记录地震情况。地震发生后，地面上升或下降，能改变地下水对树木的供应；地面的裂口会损坏树根，继而影响树木对水分和养料的吸收。这些变化都会在树木的年轮上留下印迹。因此，我们可以从年轮上了解地震情况。

37. 唐山大地震前，柳树有什么反应？

🎧 2-43

38. 地震前，植物为什么会出现异常？

🎧 2-44

39. 根据这段话，下列哪项正确？

🎧 2-45

第40到43题是根据下面一段话：

🎧 2-46

魏文侯是战国时期魏国的开国君主。他尊重人才，广开言路，很多能人志士都愿意追随他。一天，魏文侯与国师田子方喝酒，喝到尽兴处，便让宫廷乐师奏乐起舞。乐声响起，魏文侯突然搁下酒杯问："田先

生，你有没有听出今天编钟的声音不太协调？左侧的音好像高了些。"田子方却只是埋头喝酒，没理会魏文侯。魏文侯又侧耳听了一会儿，接着说："左侧编钟的音确实有问题，我得问问奏乐的人这是怎么回事。"田子方笑了笑，还是没接话。魏文侯疑惑地问："你笑什么？难道是我喝醉听错了？"田子方摇摇头说："贤明的君主不用事必躬亲，乐音高低问题是乐官的职责。如果您直接过问，以后乐官就不好管理了。"说完，田子方把乐官叫到身边，问他刚才的表演怎么了。乐官忐忑地说："有座编钟临时出了问题，还没来得及调校，臣管理不善，下次一定多加注意。"魏文侯笑着说："看来乐官还是很称职的，还是田先生的办法好。我差点儿抢了乐官的差事。"

40. 关于魏文侯，可以知道什么？

🎧 2-47

41. 听音乐时，魏文侯发现了什么问题？

🎧 2-48

42. 田子方认为君主应该怎么做？

🎧 2-49

43. 魏文侯认为那个乐官怎么样？

🎧 2-50

第44到47题是根据下面一段话：

🎧 2-51

科学证明节约是自然界的神圣法则。

比如，当恒温动物的体温保持在恒定35℃左右时，它们所需要吸收和放出的热量最少，这就是共同的节约法则起到的微妙作用。

动物如此，植物在发展过程中也极其惊人地贯彻了节约的法则。例如，稻秆和麦秆都是空心的，其奥妙在于用最少的材料取得最稳固的结构。草本植物在风力和果实重力的作用下，秆子会扭转或者弯曲。从材料

力学的角度分析，实心秆和空心秆具有相同的抗弯和抗扭曲能力。但空心秆更有利于将吸收的营养集中到果实上，同时还能缩短生长期。这不是绝妙的生长方法吗？此外，葡萄、杨梅等都是圆球状的，这是因为圆球形物体所耗费的材料最少，而容积却最大。

自然界在进化发展过程中所体现出来的节约法则，极大地启发了人类的智慧。有位建筑师就受到启发，设计了一座圆球形建筑。这种建筑表面面积小，而内部空间却很大，这就大大节省了材料和费用。

44. 根据这段话，自然界的神圣法则是什么？
2-52

45. 相对于实心秆，空心秆有什么优势？
2-53

46. 圆球形物体有什么特点？
2-54

47. 关于那座建筑，下列哪项正确？
2-55

第48到50题是根据下面一段话：
2-56

美国加利福尼亚州立大学对企业内部的沟通情况进行研究后，得出一个重要结论：沟通存在位差效应。他们发现，来自领导层的信息只有20%被下级知道并正确理解，从下到上反馈的信息及完整度不超过10%，而平行交流的效率却可达到90%以上。这是因为平行交流是以平等为基础的。研究人员试着在整个企业内部建立一种平等沟通的机制。结果发现，推行新的沟通机制后，领导者与下属之间的协调沟通能力大大提高了，上下级之间、各个部门之间的信息形成较为对称的流动、业务流、信息流、制度流也更为通畅。由此，研究人员得出了一个结论：平等交流是企业内部有效沟通的保证。

其实，不论是上下级之间、朋友之间还是夫妻之间，最重要的一点就是要把平等的理念注入到沟通中去。

48. 平行交流为什么效率高？
2-57

49. 关于位差效应，可以知道什么？
2-58

50. 推行新的沟通机制后，企业内部发生了什么变化？
2-59

听力考试现在结束。

맛있는 중국어 HSK 6급 **1000제**

03회 모의고사

정답

듣기									
1. A	2. B	3. A	4. A	5. C	6. B	7. B	8. B	9. D	10. B
11. C	12. C	13. A	14. D	15. B	16. C	17. C	18. D	19. A	20. C
21. C	22. C	23. D	24. A	25. B	26. A	27. D	28. D	29. C	30. C
31. C	32. D	33. B	34. D	35. C	36. B	37. C	38. B	39. D	40. D
41. D	42. D	43. C	44. D	45. A	46. C	47. D	48. D	49. A	50. C

독해									
51. D	52. C	53. B	54. A	55. D	56. A	57. C	58. C	59. D	60. D
61. A	62. B	63. D	64. C	65. C	66. C	67. D	68. C	69. B	70. A
71. B	72. E	73. D	74. A	75. C	76. D	77. B	78. E	79. A	80. C
81. B	82. A	83. A	84. C	85. C	86. C	87. C	88. B	89. D	90. A
91. C	92. C	93. B	94. C	95. C	96. D	97. A	98. C	99. B	100. C

塞翁失马

　　战国时代，在一个偏僻边远的小城里，住着一位老人，人们称他为塞翁。
　　塞翁已年过古稀却依然精神矍铄，他养了许多马。一日天刚蒙蒙亮，他起床后发现马群里少了一匹马。邻居们听后纷纷前来安慰他，不料他却不以为然地笑了笑说："丢匹马没什么大不了的，天塌不下来，说不定还会带来福气呢。"邻居听后心里暗暗觉得好笑，心想这个怪老头明明心里很伤心，却还死要面子。
　　时隔不久，那匹丢失的马竟然自己回来了，而且还带回了一匹匈奴的骏马。听到这样的好消息，邻居们又纷纷前来祝贺。可此时塞翁却眉头紧锁，忧心忡忡地说："白白得了一匹好马，说不定会带来麻烦。"邻居听后都觉得这老头肯定脑子有问题，太虚伪了。
　　一个炎炎夏日，骄阳似火。塞翁的儿子骑着那匹好马出去游玩，却不小心从马上摔了下来，一条腿不幸摔断了。邻居们马上又来安慰他，谁知塞翁这次却说："腿摔断了，说不定是好事。"
　　不久，战争爆发了，成年男子都被拉去当兵，十有八九都战死了。只有塞翁的儿子因为腿断了没去当兵，保住了性命。

녹음 대본

(音乐，30秒，渐弱)

大家好！欢迎参加HSK (六级) 考试。
大家好！欢迎参加HSK (六级) 考试。
大家好！欢迎参加HSK (六级) 考试。

HSK (六级) 听力考试分三部分，共50题。
请大家注意，听力考试现在开始。

第一部分

第1到15题，请选出与所听内容一致的一项。
现在开始第1题：

1.
3-01
噪声污染主要来自于交通运输、工业生产、工地施工。噪声给人们带来的危害不可低估。首先它会损害听力，有检测表明：当人连续听摩托车声8小时，听力就会下降。它还会影响人的神经系统，使人急躁、易怒，影响睡眠，造成疲倦。

2.
3-02
今天去菜市场买鱼，我指着左边活蹦乱跳的鱼问老板："老板，这鱼多少钱一斤？"老板说："这个8块。"我又指着右边有点儿翻肚的鱼问："那这个呢？"老板说："这也是8块。"我说："可是这鱼快死了啊！"老板淡定地说道："没死，天热不想起床而已。"

3.
3-03
向日葵喜欢温暖、日照充足的生长环境，它生长相当迅速，通常种植约两个月即可开花，花期约达两周。花朵外形酷似太阳。它的种子具有很高的经济价值，不但可做成人们爱吃的葵花籽，还可制成低胆固醇的高级食用葵花油。

4.
3-04
有个人为了学习杀龙本领而上山拜师学艺，他耗费三年时间，耗尽万贯家产，终于学成归来。然而他找来找去，连龙的影子也没见到。他付出了巨大代价学来的本领，竟然没有丝毫用处。

5.
3-05
研究结果表明，吃盐过多对身体有百害而无一益。过度摄入盐分，不仅会使血压升高，还会导致面部细胞失水，从而造成皮肤老化。所以，每天盐的摄入量最好不要超过6克，并且还要多喝水，帮助皮肤排毒。

6.
3-06
五指山是中国名山之一，因其主峰状如五指而得名，位于海南省中南部，地处热带，终年高温多雨。这种优越的自然条件，使得五指山森林成片，而且植物生长茂密，种类繁多。因此，五指山有"绿色宝库"的美称。

7.
3-07
射箭是用弓把箭射出并射中预定目标，打在靶上的技艺。一名优秀的射箭运动员不仅需要有过人的心理素质，而且还需要有超人的力量。据统计，一次世锦赛中，运动员需要搭弓射箭三百一十二次，男选手用力累计将近八吨，女选手用力累计超过五吨。

8.
3-08
游泳是最受欢迎的健身运动项目之一。适当地进行游泳训练，不仅能给人带来心理上的愉悦，塑造优美的体型，还能增强体质，提高协调性。而且，游泳是损伤率最低的体育活动。此外，游泳还可以预防疾病，促进心理健康和智能发展。

9. 中国象棋有着悠久的历史，是二人对抗性游戏的一种，以先"吃掉"对方将帅为胜。它不仅用具简单，趣味性强，而且有助于开发智力，启迪思维，锻炼辩证分析能力和培养顽强的意志，因此成为深受喜爱的棋艺活动。

10. 每逢新春佳节，家家户户都要在屋门上、窗上、墙壁上贴上大大小小的"福"字。春节贴"福"字，是中国民间由来已久的风俗。贴"福"字，无论是现在还是过去，都寄托了人们对幸福生活和好运的向往。为了更充分地体现出这种祝愿，许多人干脆将"福"字倒着贴，表示"幸福已到"、"福气已到"。

11. 一位妇产科医生自己开了一家医院，第一天下班回到家后，妻子问他："今天工作怎么样？"医生回答："不算太坏，虽然产妇和婴儿都没保住，但总算把婴儿的父亲救活了。"

12. 中国魔术历史源远流长，分南北两大流派，南派讲究道具、造型的宏伟，表演优美洒脱，一般不说话。北派除重视手上功夫外，还注重语言艺术，表演十分细腻。后来随着南北两派相互取长补短，它们的区分已不太明显。

13. 爱听表扬的话是人类的天性。赞美他人会使别人愉快，而被赞美者的回报也会使自己感到愉快，这样就形成了人际关系的良性循环。养成乐于夸奖他人的习惯，将会使你的人际交往变得更加和谐愉快。

14. 乌鸦正要搬家，鸽子正巧路过，便关心地问："你要去哪里？"乌鸦愤愤不平地答道："其实我不想离开，可是这儿的居民都嫌我的叫声不好听。"鸽子说："别费力了，如果你不改变你的声音，飞到哪儿都不会受欢迎。"

15. 不同的水果营养成分不同，适合不同职业的人。柿子适合疲惫不堪的体力劳动者食用，疲劳在多数情况下，是由于缺铁造成的，而柿子里含有多种铁元素；菠萝适合运动员食用，它有消炎和消肿的作用，可以促进血液循环，使外伤康复。

第二部分

第 16 到 30 题，请选出正确答案。
现在开始第 16 到 20 题：

第 16 到 20 题是根据下面一段采访：

女：此次亚运会，你将以大满贯的身份出战，跟以前的林丹相比，现在的你有什么不同？

男：我为自己感到骄傲。我在国家队用了15年证明自己依然是男子单打组中教练首选的运动员之一。我曾经参加过三次奥运会，这也是我第三次代表中国男单参加的亚运会，我要做的是创造后人难以超越的纪录，这是一个林丹的时代。

女：奥运史上，连续参加三届甚至四届的先例屡见不鲜，但是能够始终保持高水平的几乎没有。

男：对，没错。特别是羽毛球的每一场比赛消耗的体能和精力，和很多项目是完全不一样的，特别是男子单打，非常辛苦。我在过去15年的职业生涯中，已尽可能把我最好的竞技状态都表现了出来。只要我还打下去，对很多年轻人来说就是一种鼓励。一个运动员一辈子没有几次能代表祖国参加奥运会和亚运会，我格外珍惜。但我相信这绝不是我人生的终点。

女：你的父母也将前往现场观看比赛。我们知道，过去你父母很少到现场看你比赛，这次有他们到场，是否会觉得更心安？

男：是的，他们都会到场，这样我的压力也会减轻不少。因为我知道，不管结果如何，在赛场某个小小的角落里，会有他们无私的支持。家人的爱是没有一点儿私心的，是最无私的，这让我非常幸福。

女：31岁的你对幸福的理解是什么？

男：我觉得幸福不在于你住多大的房子，或者是拥有了什么。也许通过你的努力拥有了这些之后，会有一种成就感，但那种成就感并不一定就是幸福感。幸福是早上下楼给家人买早点，是一家人一起聊天；幸福也是回家的时候，一抬头就能从窗口看到爸妈在厨房里忙活。我觉得幸福是家人的爱，比如他们在背后的默默鼓励和支持。

16. 男的如何评价现在的自己？
    3-17

17. 男的认为自己对年轻人的帮助体现在哪儿？
    3-18

18. 男的对奥运会和亚运会有什么看法？
    3-19

19. 男的认为幸福是什么？
    3-20

20. 关于男的，可以知道什么？
    3-21

第21到25题是根据下面一段采访：
3-22

女：马先生，欢迎您来参加我们的访谈节目，这两年您在百家讲坛讲文物收藏，被大众认可。这个电视节目已经造就了不少文化名人，您当初是怎么跟它合作的？

男：是我朋友推荐的。

女：您觉得上百家讲坛最大的好处是什么？

男：可以迫使自己加快脚步去做事，很多事情我在心里想了很久，但一直拖着，可是百家讲坛不让你拖，我共讲了50堂课，每次都得备课，这使我把已掌握的知识每次都得重新温习一遍，还要核实很多东西。以前我上其他谈话节目时不需要备课，百家讲坛可不行，有成千上万的人给你挑错呢。

女：上百家讲坛的很多人都是大学教授，您觉得自己跟他们最大的不同是什么？

男：我没有像他们受过系统的教育，没有框框，表述起来没有谁约束我。

女：您曾说如果于丹算鸡汤的话，您就是方便面，这有什么不一样的？

男：于丹讲《论语》正好是社会上很多人心灵需要慰藉的时候，就像心灵鸡汤一样，喝一口心里很温暖。我说我是方便面，是说特别实际，对收藏者来说，是一袋干粮，比较实用。我自己认为我说的这些对于每个收藏者来说都是必听的，这些东西都是我摸索出来的，明白人能听出方法来，一般人就听一个故事，听一听就行了，能听多少就听多少，但是不可不听，也不可白听，听了一定有用。只要你听了之后喜欢，别说喜欢收藏，我觉得只是喜欢文化就够了。

女：您觉得有些学术性的东西通过电视大众化是好事吗？

男：从民族文化贯穿的角度来看，我认为它是好事。知道的人越多，这个东西延续的可能性就越大；知道的人越少就越难延续，最后可能就消亡了。很多文化都消亡了，这就是因为知道的人太少，不知道它也就不能去感受它。

21. 关于百家讲坛，可以知道什么？
🎧 3-23

22. 男的最可能是做什么的？
🎧 3-24

23. 男的觉得与大学教授相比，自己有什么优势？
🎧 3-25

24. 男的如何评价自己讲述的内容？
🎧 3-26

25. 对于通过电视将学术性的东西大众化，男的怎么看待？
🎧 3-27

第26到30题是根据下面一段采访：
🎧 3-28

女：各位观众朋友，大家好！今天我们的节目请来了著名心理学家张教授。张教授，您好！

男：您好！各位听众朋友们好！

女：我们今天讨论的话题是如何培养孩子的领袖气质。可能有的家长会说："我没想让孩子成为什么领袖，只要孩子能快快乐乐地做他喜欢的事情就好了。"那么，请张教授给我们说说，这个"领袖气质"和"领袖"可以划等号吗？

男：二者当然不能划等号。领袖是一种社会角色，不是所有的人都要成为领袖；领袖气质是指一个人在团队里的言行能够被认可，指引着团队的某些决策和行动，对团队中的其他成员有着正面的积极影响。家长都希望孩子快乐，而孩子能够被团队所认可，是他最快乐的事情。如果不具备领袖气质，那么孩子成为领袖的概率也就降低了。

女：您的意思是说在孩子未成年之前，都应该培养他的领袖气质。这样他才能够更好地融入团体，更好地处理人际关系，更能快乐地做事和做成事。

男：是的，你理解得很对。

女：那么领袖气质究竟包括哪些品质呢？

男：领袖气质的首要因素就是要有良好的沟通技巧，要会很好地与人合作，社会上所有的问题都脱离不了人际关系这个范畴，而且还需要有稳定的情绪、思考和创造性地解决问题的能力、鼓励和倾听别人的能力、积极参与实践的能力等。

女：人们常说父母是孩子的第一任老师，那么父母应该在日常生活中怎样培养孩子的领袖气质呢？

男：若想培养领袖气质，首先要培养孩子的责任感。责任感不是教出来的，父母只能适当引导，让孩子自己去感受，让孩子自己做决定，让孩子自己承担犯错的后果，这样一点一滴养成他负责任的态度。当然，还要给孩子贡献的机会，提供孩子为家庭、为亲人做事的机会，即使做得不尽如人意，父母也要表示欢迎、感谢。同时别忘记在亲人面前称赞他，这样才能给以他信心。

女：有些家长喜欢把"你真棒!"挂在嘴边，

但我发现效果并不太好，为什么呢？

男：归根结底在于鼓励方式的错误上。鼓励不只是说"你真棒！"，应该具体到他做得好的行为上。另外，还要注意，许多家长在真诚的赞美后，习惯再加上一个"但是"，这是非常不可取的。因为孩子容易只听到"但是"，而且可能会怀疑前面赞美的真实。这样有可能会误导孩子。

26. 关于领袖，男的持怎样的观点？
🎧 3-29

27. 培养孩子的领袖气质有什么作用？
🎧 3-30

28. 下列哪项是领袖气质中最重要的品质？
🎧 3-31

29. 家长该如何培养孩子的责任感？
🎧 3-32

30. 男的认为父母应该怎样鼓励孩子？
🎧 3-33

第三部分

第 31 到 50 题，请选出正确答案。
现在开始第 31 到 33 题：

第 31 到 33 题是根据下面一段话：
🎧 3-34

有人曾提出这样一个疑问：一分钟我们能做多少事？答案自然是能做很多事，比如可以阅读一篇五六百字的文章，跑400米等。鼓励人们在一分钟内做更多的事情，或者节约每一分钟，自然是件好事。但这表面上看似积极的问题和答案，实际上掩盖了一种急功近利的心态，会让大家产生一种急促

感，像蚂蚁一样匆忙地跑来跑去。一心想着尽可能多地做一些事情，却不再有从容的心态去做事情，尤其是不再去思考什么是真正重要的事情。

什么才是有意义的人生？我想并不在于争得每一分钟，而在于生命作为一个整体内涵有多丰富。如果因为追求每一分钟的充实，而迷失了一生，实在是得不偿失的事情。既然如此，何不在有生之年活得更精彩一些呢？

31. 对于鼓励人们节约每一分钟，说话人持什么态度？
🎧 3-35

32. "像蚂蚁一样匆忙地跑来跑去"，这句话被用来说明什么？
🎧 3-36

33. 这段话主要想告诉我们什么？
🎧 3-37

第 34 到 36 题是根据下面一段话：
🎧 3-38

从前，一个男孩子在一个离森林不太远的地方牧羊。村里的人告诉他，如果有危险，他只要大声喊"救命"，他们就会来帮他。一天，这个男孩子想和村里的人闹着玩儿，给他们制造一点儿麻烦，以便找个乐子。于是，他就一边向村里跑，一边拼命地大喊："狼来了，狼来了，救命啊！狼在吃我的羊！"村里的人们听到喊声，便放下手中的农活儿，拿着棍子和斧头赶过来赶狼，可是他们并没有发现狼。孩子看着他们气喘吁吁的样子哈哈大笑，他觉得这样挺有趣。第二天男孩子又喊："狼来了，狼来了，救命啊！狼在吃我的羊！"人们又来了，不过没有第一次来的人多。他们还是没有看到狼的影子，只得摇了摇头又回去了。第三天，狼真的来了，闯进了羊群，开始吃羊。

男孩子惊恐万分，大叫："救命！救命！狼来了！狼来了！"村里的人们听到了他的喊声，但他们想男孩子可能又在耍什么花招，没有人理睬他，也没有人来救他。

34. 第一天男孩子为什么喊狼来了？
3-39

35. 第三天为什么没人来？
3-40

36. 这个故事结果怎么样？
3-41

第37到39题是根据下面一段话：
3-42

　　两个儿子长大了。父亲想知道他们谁更聪明。一天，父亲锁上大门，把两个儿子带到百里之外的一座城市，然后给他们出了个难题。他交给他们每人一串钥匙，一匹快马，看他们谁先回到家，并把大门打开。马儿跑得飞快，兄弟两人几乎同时到家。但是面对紧锁的大门，两个人都犯难了。哥哥左试右试，苦于无法从一大串钥匙中找到需要的那把。弟弟呢，则苦于没有钥匙。因为他刚才光顾着赶路，钥匙不知什么时候丢了。两个人急得满头大汗。突然，弟弟一拍脑门，有了办法。他找来一块石头，几下子就把锁砸开了，大门打开了。

　　人生的大门往往是没有钥匙的，在命运的关键时刻，人们最需要的不是墨守成规的钥匙，而是一块砸碎障碍的石头。

37. 父亲为什么把儿子带到另外一个城市？
3-43

38. 最后谁把门打开了？
3-44

39. 这个故事告诉我们什么？
3-45

第40到43题是根据下面一段话：
3-46

　　与沉闷的环境和聊天相比，音乐更能缓解驾车时的疲劳，从而让司机达到最佳的反应状态。但并不是所有的音乐都适合在驾驶中收听。噪音太大的音乐，可能让司机情绪烦躁，分散注意力；空灵缥缈的靡靡之音容易把人带入一种冥想状态，产生催眠效果；而劲爆的乐曲和过于情意绵绵的乐曲都会在你的驾驶中"帮倒忙"。一项调查显示，在驾驶中，曲调优美的古典音乐和旋律悠扬的通俗歌曲等舒缓的音乐是最好的选择，它能让司机心情愉快，集中注意力。

　　但是，在听音乐的过程中，有几个方面还是值得我们注意的。一些车友开车时喜欢随意更换歌碟操控车内音响，这样是不安全的。车友不妨选择在等红灯时换碟，或让副驾驶座上的人帮忙更换；开车时喜欢戴耳塞听音乐，这样的后果更严重，不仅耳朵对外界声音不敏感，长此以往还会造成耳部血管弹性失调，甚至引发神经紊乱。

40. 开车时听音乐有什么好处？
3-47

41. 下列哪种音乐适合开车时听？
3-48

42. 开车的时候，为什么不能戴耳机听音乐？
3-49

43. 根据这段话，下列哪项正确？
3-50

第44到47题是根据下面一段话：
3-51

　　据传，古时候贵州没有驴这种动物。一天，有个人把一头驴运到了贵州。到贵州后，他却发现驴在当地没什么用处，便把它拴在山下不管了。

有一只老虎路过山下，见到这头驴，心想这一定是个神奇的东西，于是老虎隐藏在树林中，远远儿地窥视这头驴。慢慢地，老虎胆子大了，开始一点点向驴靠近。但是因为不了解驴到底有什么本领，老虎还是谨慎行事。

终于有一天，驴突然大叫一声，老虎被吓了一大跳，以为驴要吃了自己，马上跑得远远儿的。后来，老虎躲在远处反复观察，觉得驴好像也没什么特殊的本领。

这样过了一段时间，老虎渐渐地习惯了驴的叫声，也就不再害怕了。再后来，老虎靠近了驴，在它身边走来走去，有时候也会碰碰它，完全不把驴放在眼里。

结果驴忍不住怒气，用蹄子踢了老虎一下，老虎一下子高兴起来。它终于明白，驴的本领也不过如此啊！于是老虎跳起来，猛地朝驴扑过去，用锋利的牙齿一下子咬断了驴的喉咙，美美地饱餐了一顿。

44. 那个人为什么把驴拴在山下？
🔊
3-52

45. 一开始老虎觉得驴怎么样？
🔊
3-53

46. 为什么老虎被驴踢了一下，反而很高兴？
🔊
3-54

47. 根据这段话，下列哪项正确？
🔊
3-55

第48到50题是根据下面一段话：
🔊
3-56

据儿童心理专家研究表明，在家教严明的家庭里，孩子会更茁壮地成长，因为良好的规矩会使孩子更有安全感，并且还可以教会他们自控和自信。作为成年人，我们不太喜欢别人告诉我们应该做什么，不该做什么。于是我们认为孩子们也会对规矩做出负面反应，其实不然。孩子们更需要指令明确，同时不会随时改变主意的父母。其实，每个家庭都有自己的小规矩，但是很多父母忽略的是他们往往按照自己一时的感觉来随意修改规矩，这样做会使孩子们不知所措，进而对规矩不屑一顾。

那么，如何在家里颁布这些规矩呢？最有效的做法是：第一，定下的规矩应该是合情合理的；第二，告诉孩子规矩时要温和，不要太严厉。

48. 良好的规矩对孩子有什么作用？
🔊
3-57

49. 根据这段话，父母在制定规矩时应注意什么？
🔊
3-58

50. 根据这段话，可以知道什么？
🔊
3-59

听力考试现在结束。

맛있는 중국어 HSK 6급 **1000**제

04회

모의고사

정답

듣기	1. C	2. A	3. B	4. C	5. C	6. D	7. C	8. A	9. B	10. C
	11. A	12. C	13. B	14. B	15. C	16. B	17. B	18. A	19. B	20. D
	21. C	22. D	23. A	24. A	25. B	26. C	27. A	28. C	29. B	30. C
	31. A	32. D	33. A	34. C	35. B	36. D	37. C	38. C	39. B	40. B
	41. A	42. D	43. A	44. C	45. B	46. D	47. D	48. D	49. D	50. D

독해	51. C	52. B	53. A	54. C	55. C	56. C	57. C	58. D	59. B	60. D
	61. C	62. B	63. A	64. B	65. A	66. A	67. C	68. A	69. C	70. C
	71. D	72. E	73. A	74. B	75. C	76. A	77. E	78. D	79. B	80. C
	81. C	82. B	83. D	84. A	85. D	86. D	87. D	88. A	89. B	90. C
	91. D	92. A	93. D	94. D	95. A	96. D	97. D	98. C	99. B	100. B

神笔马良

　　从前，有个孩子叫马良。马良酷爱画画，但是他连一支笔也买不起。他只能想方设法利用树枝或草根画画。

　　很多年过去了，马良画画的技巧在不断提高。一天晚上，马良梦见一位白胡子老人送给他一支金灿灿、沉甸甸的神笔。他顿时惊醒，发现手里真的有一支画笔，他欣喜若狂。马良用神笔画鸟，鸟儿飞上了天；画鱼，鱼儿跃进了水里……他画的东西都变成了真的！

　　马良帮助村里的穷人画他们需要的东西，穷人们都十分感谢他。这件事很快传到了财主耳中，他派人抓走了马良，命令他画金银财宝，马良却很有志气，坚决不从。财主把马良关进牢里。没想到马良在牢中用神笔画了大火炉和热菜。财主得知后想派人抢走马良的神笔。结果马良在墙壁上画了一扇门，趁天黑逃走了。财主派人追捕他，眼看就要追上了，马良又画了一条河，把追捕的人隔在了对岸。财主只能眼睁睁看着马良消失在远处。

　　后来马良四处流浪，继续画画帮助穷人。

　　这就是流传至今的"神笔马良"的故事。

04회 녹음 대본

모의고사

(音乐，30秒，渐弱)

大家好！欢迎参加HSK(六级)考试。
大家好！欢迎参加HSK(六级)考试。
大家好！欢迎参加HSK(六级)考试。

HSK(六级)听力考试分三部分，共50题。
请大家注意，听力考试现在开始。

第一部分

第1到15题，请选出与所听内容一致的一项。
现在开始第1题：

1.
4-01
寓言一般短小精悍，其主人公可以是人，也可以是拟人化的动植物或其他事物。无论是哪个国家或哪个时代的寓言故事，都总结了人们的生活经验和为人处世的道理，具有鲜明的哲理性，也对提高自身修养有很大帮助。

2.
4-02
黑土享有"土中之王"的美誉，主要分布在中国东北地区。那里气候寒冷，草类春生秋亡，年复一年，在土壤中形成了厚厚的腐殖质层，使土壤看起来油黑油黑的。黑土土层深厚，肥力很高，适于农作物生长。

3.
4-03
一项研究结果表明，从一个女性偏爱的服装颜色，可以看出她的性格。比如：爱穿红色衣服的女性，往往性格外向；爱穿黄色衣服的女性，容易使人产生信任感；常穿黑色衣服的女性，则擅长逻辑推理；偏爱粉色的女性，较富同情心。

4.
4-04
一日，老王在北京的路上堵了长达几小时，终于无法忍受了，他暴跳如雷地打开车门，拉开后备箱，从里面拿出一根长长的木棍。所有堵车的人吃惊地看着他，只见他大骂着把地上一只蜗牛敲得粉碎，一边敲一边骂着："看你还敢超过我！"

5.
4-05
老年人由于视力、听力所限，使用一般手机时存在很多不便。为了满足老年人的通信需求，市场上出现了很多专为老年人设计的手机。这些"老人手机"普遍配有超大屏幕、超大按键及超大音量，因而老年人看得更清楚，听得更真切，操作更便捷。

6.
4-06
传统贺卡在一定程度上受到了电子贺卡的冲击，但电子贺卡还无法从根本上取代前者。有些人认为，收到传统贺卡时那种幸福、激动的感觉，是其他方式所不能替代的。传统贺卡依然有着自己独特的魅力。

7.
4-07
五四运动是1919年5月4日发生在北京的一场以青年学生为主的学生运动，是广大群众、市民、工商人士等中下阶层共同参与的一次示威游行、请愿、罢工、暴力对抗政府等多形式的爱国运动。是中国人民彻底地反对帝国主义、封建主义的爱国运动。

8.
4-08
时常听到这样一句话：读万卷书不如行万里路，行万里路不如阅人无数，阅人无数不如名师指路，名师指路不如自己去悟。这就让人进入一个误区，似乎读书没什么用了！其实，书是人类进步的阶梯。一个人要想取得成就，必须多读书，读好书。

9. 动物也有"特异功能"，它们对天气变化的反应很敏感。据观察，全世界有600种动物称得上是"天气预报员"。比如，你在夜间如果听到蟋蟀的唧唧声，则预示明天是个好天气；蜻蜓在空中上下飞窜，则预示一两个小时后将会有雨。

10. 以前，中国人喜欢看京剧，而现在看京剧的都是老人，年轻人却不喜欢看京剧。最根本的原因是什么呢？这是因为京剧的大部分内容是历史故事，如果不知道历史故事，就很难理解。年轻人看不懂、听不懂京剧，他们更喜欢听轻松的音乐。

11. 有个懒汉，什么事都不肯干，他求人给他介绍一个最轻松的工作。后来有人请他去看坟地，说没有比这更轻松的工作了。懒汉去了两天就回来了。他愤愤不平地说："这工作一点儿不轻松！""为什么？""别人都躺着，只有我一个站着。"

12. 飞机为什么要迎风起落呢？这是因为这样可以使飞机产生更大的起飞升力和降落阻力，缩短起落滑行距离，以保证安全。跑道的方向主要根据当地一年中气象资料统计的主导风向来决定。

13. 一项研究表明，零到六岁是儿童的行为习惯、情感态度、性格等形成的重要时期，也是儿童养成良好的人格品质的关键时期。这一时期儿童的发展状况具有持续性，会影响儿童日后人格的发展方向。

14. 一天，我走在路上，一美女向我问路。我发誓从未见过如此美若天仙的女孩儿，那女孩儿太漂亮了，就是我的理想型……也不知道是紧张还是被兴奋冲昏了头脑，我把自己家的地址告诉了她。

15. 二十四节气是中国古代气象科学的一项伟大成就。中国人对二十四节气的划分，可以追溯到5000年前，那个时代华夏大地已经进入农业社会。这些季和节是中国古代先人根据气候现象划分的。

第二部分

第16到30题，请选出正确答案。
现在开始第16到20题：

第16到20题是根据下面一段采访：

女：听说您自幼学习音乐，是出身音乐世家吗？

男：虽然我自幼学习音乐，接触音乐，但我并不是出生于音乐世家。我父亲是搞体育的，但是他酷爱音乐，他喜欢拉手风琴、弹钢琴，包括现在，他每天还保持六个小时的练习。因为他退休在家里，闲来无事，便每天在家练琴。

女：作为一位指挥家，您在指挥前会做哪些准备呢？

男：第一件事自然是选定曲子，包括这个作品的快慢搭配，情绪上、人员分配上也要合理。第一环节结束后，要了解你选定作品的作曲家背景，以及他在什么阶段写的作品，同期的还有哪些。这样你会更了解这个作曲家的真正用意，然后才能对他的音乐有所理解。

女：通常一个作品加上彩排，排练最少有多少次？

男：因作品而异。一个作品，有的时候我们上下午都进行排练，可能需要两周，有的可能需要一周。大家比较熟的，常年演出的作品大概是三天。

女：许多音乐爱好者都对指挥棒很感兴趣，您能简单说说吗？

男：有指挥棒的时间很短，指挥才只有一百年。指挥棒实际上是延伸手臂的长度，并不是代表某一种什么东西。因为一般的乐团都是七八十人，拿指挥棒，是为了让大家更集中，所以有的指挥家也可以不用指挥棒，因为指挥棒有时并不是必须的。

女：大部分对指挥感兴趣的人可能都有这样一个疑问，做指挥家到底难不难？有没有什么捷径或者秘诀？

男：其实做指挥没有想象的那么难，但也远没有想象的那么简单，主要是你要对音乐有一个正确的理解。它不像拉小提琴那样，对技巧要求很高。指挥技巧不需要学很多年，我想大概三四年就足矣。有很多指挥家不一定在学院里面学过，但他们有很多的经验和阅历，这是他们最大的财富。

女：您的意思是说不像学乐器那样要求技巧很高，而是需要有一个音乐的悟性，但是这个音乐悟性不是一两天就可以有的吧？

男：学指挥其实并不需要耗费很多时间，但至少要对一到两件乐器非常熟悉，而且是一个专业的水准，比如说钢琴、小提琴等等。也就是说你要在这个指挥的基础上再增加一个专业，只学习指挥就够了的想法是十分片面的。

16. 关于男的的父亲，下列哪项正确？
🎧 4-17

17. 为什么要熟悉作曲家的背景？
🎧 4-18

18. 常年演出的作品一般要排练多久？
🎧 4-19

19. 关于指挥棒，下列哪项不正确？
🎧 4-20

20. 男的怎么看待指挥这个职业？
🎧 4-21

第21到25题是根据下面一段采访：
🎧 4-22

男：您从开始写诗歌到现在大约有多长时间了？

女：我写诗歌比较早，是86、87年的时候，但那时候作品不算很成熟。

男：那时候您写的作品主要是关于哪些方面的？

女：大部分是跟爱情有关的，生活其他方面也有。

男：当初您怎么想到以爱情为主题写诗？

女：是因为阅历和经历。和爱情相关的接触多了一些，对这方面的感触认识也深了一些。特别想把这些情感抒发出来，一方面供大家去鉴赏，另一方面我也特别想把爱情当中苦辣酸甜的东西分享给大家，希望大家在爱情生活当中去借鉴，去吸取营养。

男：写爱情诗歌，我们也看过前人的一些

作品，您写的时候会参照谁的风格，或者谁的爱情诗歌给您带来了影响？

女：我国是诗歌的国度，有几千年的诗歌文化。诗歌是文化的精华，爱情是诗歌永恒的主题。无论是古代、近代还是现代，爱情都是大家非常关心的话题，当然有很多诗人写得不错。古代我就不说了，近代以来我比较喜欢汪国真和舒婷的，我看他们的比较多。

男：几年前您出了第一本爱情摄影诗歌集，您当时是怎么想到把诗歌配以图片进行展示的？

女：写完作品之后，我把它拿到出版社的时候，非常矛盾。因为我对诗歌市场比较了解，不少诗歌出版以后，被冷落在书店里面。随着现代社会的发展，人们接触知识文化的视野也越来越开阔了，渠道比以前多了，大家欣赏的角度也放宽了，单纯的铅字有时候不太受欢迎。我想诗歌本身就是很浪漫的东西，它应该和诗情画意的东西结合在一起展示给读者，现在又有这样的条件。所以当时我就想采取诗情画意的方式，出版效果会不一样，所以当时进行了第一次的尝试。

男：这次的尝试得到的反馈是怎样的？

女：诗集出来以后远远超出我的预想，大家非常喜欢，每首诗都配有图片，对诗进行了图解，模特儿用肢体语言表达了诗的内容，也通过肢体语言表达了诗的意境，两者互相结合，更提高了阅读欣赏的吸引力。

21. 女的最初为什么以爱情为诗歌主题？
4-23

22. 女的对于中国诗歌是怎么看待的？
4-24

23. 关于女的几年前出版的那本诗集，可
4-25

以知道什么？

24. 那次尝试的结果怎么样？
4-26

25. 关于女的，下列哪项正确？
4-27

第26到30题是根据下面一段采访：
4-28

女：观众朋友们，今天我们有幸请到了当代画坛泰斗吴冠中先生。吴老，您好！我们知道，您刚上大学的时候并不是学艺术的，而是学工科的，后来为什么走上艺术的道路了呢？

男：我刚上大学时，有一次去参观杭州艺术专科学校，第一次看到了那么多油画，那么美，我一辈子也没有见过那么美的艺术品。正因为过去没有见过，这就像是初恋，当时就坚定了信念：我要放弃工科的学习，我一定要学艺术。

女：从当时的情况来看，学工科是很有前途的，您不觉得可惜吗？

男：是，学了工科将来的生活就有保障了。可是我当时深深地爱上了艺术，我可以为了学艺术放弃一切，我一定要学艺术，选定了就要一条道走到黑。

女：在创作的过程中，是一种怎样的心理状态？

男：创作任何一部作品，都是忘我的，尽可能做到心无旁骛，眼中只有作品。这就像猎人打猎，你想去追猎物，在追的过程中你什么都忘了，哪怕地上有个坑都管不了，只要把猎物打到。创作作品的时候也是一样，一定要把心中的灵感表现出来以后，才能够放下心来，这时候胃才开始工作，才能

够吃东西喝水。在这之前，什么都停不下来。

女：到了今天，您身边的学生也好，或者是业界的人也好，当然对您的赞誉多，您觉得自己今天还能够听到真正的批评吗？

男：我很想听，但是说实话不容易听到。我现在活动也不大多，学生都是讲好话的多，我说你一定要把真正的声音告诉我。

女：如果一个人站在您的画儿面前，说我一点儿也看不懂您这画儿，我一点儿也不喜欢，您能接受吗？

男：当然可以接受，我完全愿意听到这样的声音。因为欣赏者是我的对象，我就是来为他们服务的，和他们沟通交流的。他这样的反感能使我反思。我往往听别人讲，你的画儿很好，可惜我不懂。我心里挺不是滋味的，你不懂不是你的问题，是我的问题。一件优秀的作品，应该抓住读者。所以他一说"我不懂"，我觉得这是骂我了。

26. 男的说"要一条道走到黑"是什么意思？
4-29

27. 男的举打猎的例子想说明什么？
4-30

28. 男的怎样看待别人说"你的画儿很好，可惜我不懂"？
4-31

29. 男的认为优秀的作品是什么样的？
4-32

30. 关于男的，下列哪项正确？
4-33

第三部分

第31到50题，请选出正确答案。
现在开始第31到33题：

第31到33题是根据下面一段话：
4-34

你是否想过自己可能有两种声音？仔细想想一些细节，比如当你在听自己的录音时会发现自己的声音"变"了，当你用话筒说话时，你也会发现有"两种声音"。这到底是怎么回事呢？

事实应该是这样的：我们说话时，别人所听到的你的声音是经过空气振动传播的，而我们自己所听到的自己的声音有经过空气传播和经过颅骨振动传播两种途径，两者的频率不相同导致了音调的不同。还有一个有趣的实验，吸入氦气然后会发现音调变高了，因为声音在氦气中传播速度远大于空气，约为3倍，所以会造成你的音调变高。据此我们可以推测，自己的录音中的声音比自己所听到的声音略低沉，因为声音在固体中传播速度大于气体。

31. 别人听到的你的声音是经什么传播的？
4-35

32. 氦气中的声音为什么音调变高了？
4-36

33. 这段话的主要内容是什么？
4-37

第34到36题是根据下面一段话：
4-38

心理学研究曾做过一个实验：给四岁的儿童每人一颗非常好吃的软糖，并告诉他们，如果立刻就吃，只能吃一颗；但如果等20分钟后再吃，就可以吃到两颗。有的孩子急不可耐，立刻就把糖吃掉了。而另一些孩子，则耐着性子等待着。有的闭上眼睛或头枕双臂做睡觉状，还有一些孩子用自言自语或唱歌来转移注意力，消磨时光以克制自己的欲望，最后获得了两颗糖。研究人员对这些孩子进行了跟踪研究，发现最终得到两颗软糖的孩子，上中学后普遍表现出较强的适应性、自信心和独立自主精神。而那些禁不住软糖诱惑的孩子，则往往屈服于压力而逃避挑战。随后几十年的跟踪观察，也证明那些能克制自己、等待吃两颗糖果的孩子，事业上更容易获得成功。

34. 得到一颗糖的孩子有什么特点？
🎧 4-39

35. 这项研究持续了多长时间？
🎧 4-40

36. 这项研究关注孩子的什么？
🎧 4-41

第 37 到 39 题是根据下面一段话：
🎧 4-42

　　大多数人都在自己不熟悉的领域会感到不自信，容易羡慕别人。当对这个领域相当熟悉了，羡慕的情绪就会消失，取而代之的是一种平静。

　　举个例子来说，一个人懂得一些基本的电脑维护知识，他并不会觉得自己的电脑水平有多高，但对那些不熟悉电脑操作和维护的人来说，他可能会被认为是电脑牛人。而一个电子城的老板却不会因此就羡慕他，只会觉得那样也只不过是个初学者而已。

　　所以羡慕他人是一种正常的心理，但是如果只是羡慕别人而丢掉了自信和追求，那肯定是相当愚蠢的。羡慕只是因为我们对涉及的这个领域不熟悉而已，和自己的能力没有直接的关系。所以重要的是去熟悉，去掌握。

37. 在自己不熟悉的领域，大多数人会怎样？
🎧 4-43

38. 在电子城老板看来，懂得基本电脑维护知识的人怎么样？
🎧 4-44

39. 根据这段话，下列哪项正确？
🎧 4-45

第 40 到 43 题是根据下面一段话：
🎧 4-46

　　在雪地里长时间行走，往往看不见路线以致迷失方向，有甚者会患上雪盲症。人们一直以为雪盲症是由大面积积雪反射强光后，眼睛受到紫外线辐射灼伤所致。因此，雪地行军时，士兵会戴上墨镜。然而，即使是这样，还是会有人得雪盲症。原来，强烈的光线只是会对眼睛造成伤害，而引发雪盲症的主要因素是雪地里空无一物，人的眼睛总是在不知疲倦地探索周围的世界，从一个落点到另一个落点。若长时间搜索而找不到一个落点，就会因为紧张而视线模糊，甚至失明。

　　人们依此"对症下药"找出了对付雪盲症的办法：在雪地里插上颜色较深的旗帜，这样在一望无垠的白雪中便有了一个个醒目的标志，人的目光就有了落点，也就不会因为长时间的空白而引起视神经紧张。

　　人生旅途亦是如此，我们一生中要越过无数的雪地，当我们在这些雪地里行走时，只有找到落点才不会慌乱，才会铆足了劲儿大踏步地往前走。否则，就会像患了雪盲症一样，迷失在人生的旅途中。因此，我们的眼睛一定要努力搜寻目标，然后向着目标前进。

40. 引发雪盲症的主要因素是什么？
🎧 4-47

41. 如果眼睛长时间搜索而找不到落点，
会怎么样？
4-48

42. 下列哪种办法能真正对付雪盲症？
4-49

43. 这段话主要想告诉我们什么？
4-50

第44到47题是根据下面一段话：
4-51

　　传说新疆的吐鲁番有座火焰山，有一
两百里长，山上的石头会喷火。不管是不是
真的有这么一座山，吐鲁番是全中国最热的
地方，这一点儿也不假。长江沿岸的南京、
武汉、重庆被称为三大火炉，吐鲁番比这三
个地方还热。难怪自元代以来那里就被称
作"火洲"呢！吐鲁番一早一晚却特别凉快，
哪怕中午是摄氏40度，夜里也会降到25度左
右。夜晚凉风一吹，人们睡觉还得盖被子
呢！所以"早穿皮袄午穿纱，围着火炉吃西
瓜"的说法一点儿也不夸张。

　　独特的生活环境使这里的人们形成了
独特的生活习惯。他们一早一晚下地干活
儿，中午到水渠旁、树荫下或屋子里休息。
室内并不太热，温度最高的时候也不过30度
左右，从屋外走进去立刻会感到一阵凉爽。
因为吐鲁番的房子全都藏在绿树丛中，阳光
很少能直射到，墙又特别厚，通常都在一米
左右。所以室内是冬暖夏凉，有些房子还有
地下室或半地下室，那就更凉快了。

44. 吐鲁番又被称作什么？
4-52

45. "早穿皮袄午穿纱"是什么意思？
4-53

46. 在吐鲁番人们什么时候下地干活儿？
4-54

47. 下列哪项不是吐鲁番室内冬暖夏凉的
原因？
4-55

第48到50题是根据下面一段话：
4-56

　　魏国有一个有名的神箭手，叫更羸。
　　一天，更羸随从魏王到郊外去打猎。
一只大雁从远方慢慢飞来，边飞边鸣。更羸
仔细观察后，指着大雁对魏王说："大王，
我不用箭就能让这只大雁掉下来。"魏王不
信，更羸说："请让我试一下!"只见更羸并
没取箭，他左手拿弓，右手拉弦，只听"嘣"
的一声响后，那只大雁就拼命往上飞，可拍
了两下翅膀，就从空中掉落下来了。

　　魏王看了，不禁大吃一惊，连连称赞
更羸本事大。更羸笑笑说："不是我的本
事大，是因为我知道这是一只受过箭伤的
鸟。"魏王不解地问："你是怎么知道的？"
更羸说："我发现它飞得慢，叫声很悲惨。
飞得慢，是因为它受过箭伤，伤口还没有愈
合；叫得悲惨，是因为它离开同伴，孤单无
助。它一听到弦响，心里很害怕，就拼命往
高处飞，它一使劲儿，伤口又裂开了，就从
空中掉落下来。"

48. 魏王不相信什么？
4-57

49. 更羸根据什么判断大雁受伤了？
4-58

50. 根据这段话，下列哪项正确？
4-59

　　　　　　　　　　　　听力考试现在结束。

맛있는 중국어 HSK 6급 **1000제**

05회 모의고사

정답

듣기										
1. C	2. C	3. D	4. A	5. C	6. D	7. D	8. D	9. B	10. B
11. B	12. A	13. A	14. A	15. A	16. B	17. B	18. D	19. C	20. B
21. D	22. A	23. D	24. A	25. C	26. B	27. A	28. C	29. A	30. C
31. D	32. D	33. C	34. D	35. B	36. D	37. A	38. C	39. D	40. A
41. A	42. A	43. A	44. D	45. D	46. C	47. B	48. D	49. B	50. A

독해										
51. A	52. A	53. B	54. B	55. A	56. D	57. B	58. B	59. A	60. D
61. B	62. A	63. D	64. D	65. A	66. D	67. B	68. C	69. B	70. C
71. B	72. A	73. C	74. E	75. D	76. E	77. A	78. C	79. B	80. D
81. A	82. B	83. D	84. D	85. C	86. C	87. D	88. C	89. B	90. D
91. C	92. D	93. D	94. B	95. D	96. C	97. B	98. C	99. A	100. D

						城	市	作	业	本									

我 漫 步 在 城 市 街 头 ， 不 经 意 间 邂 逅 了 一 个
个 街 心 花 园 ， 打 动 我 的 是 标 牌 上 写 着 的 内 容 ：
这 是 由 志 愿 者 承 包 的 种 植 花 园 。

19 94 年 ， 市 政 府 为 了 提 醒 车 辆 减 速 ， 建 了 ₁₀₀
许 多 交 通 环 岛 路 。 一 日 ， 街 道 园 艺 工 人 张 师 傅
把 一 袋 肥 料 暂 时 堆 在 街 角 ， 居 民 王 小 姐 顺 手 把
鸟 吃 剩 下 的 葵 花 籽 扔 在 上 面 。 没 想 到 葵 花 籽 顺
着 雨 水 钻 进 了 那 片 肥 沃 的 土 壤 ， 生 根 发 芽 了 ，
最 终 长 成 了 一 棵 棵 喜 人 的 向 日 葵 ， 挺 立 在 城 市 ₂₀₀
的 中 心 。

随 后 ， 市 政 府 接 到 很 多 想 要 承 包 种 植 花 园
的 市 民 打 来 的 电 话 ， 他 们 愿 意 义 务 栽 培 植 物 。
于 是 ， " 绿 色 街 道 项 目 " 开 始 运 行 了 。 市 民 把
这 个 项 目 叫 做 " 城 市 作 业 本 " ， 如 同 孩 子 一 样 ₃₀₀
在 城 市 的 花 坛 上 勾 勒 着 美 丽 的 图 案 。 无 论 老 人 、
孩 子 、 情 侣 …… 大 家 纷 纷 拿 起 农 具 ， 热 火 朝 天
地 打 造 着 生 机 勃 勃 的 景 象 。

20 06 年 市 政 府 还 邀 请 了 专 业 的 园 林 设 计 师
开 设 培 训 班 。 迄 今 为 止 ， 已 有 50 0 多 份 " 城 市 ₄₀₀
作 业 本 " 在 城 市 的 街 头 向 人 们 展 现 着 独 特 的 风
采 。

这 一 举 措 ， 不 仅 改 善 了 环 境 ， 缓 解 了 人 们
的 心 理 压 力 ， 还 增 进 了 人 与 自 然 的 亲 密 互 动 ，
培 养 了 人 们 的 责 任 心 ！ ₅₀₀

05회 녹음 대본

모의고사

(音乐，30秒，渐弱)

大家好！欢迎参加HSK(六级)考试。
大家好！欢迎参加HSK(六级)考试。
大家好！欢迎参加HSK(六级)考试。

HSK(六级)听力考试分三部分，共50题。
请大家注意，听力考试现在开始。

第一部分

第1到15题，请选出与所听内容一致的一项。
现在开始第1题：

1.
5-01
元宵节又称"灯节"，是中国传统节日之一。古时候一到过年，家家户户张灯结彩，普天同庆。挂在门上的大红灯笼，除了用于照明外，还可以增添节日气氛。元宵节这天，人们不仅会吃元宵，还要赏花灯、猜灯谜，十分热闹。

2.
5-02
小王刚开始学滑雪的时候，看着别人滑雪，觉得很容易。于是他穿上滑雪板，一下就滑下去了。结果，他从山顶滚到山下，摔了很多个跟头，他根本就不知道怎么停止、怎么保持平衡。小王反复练习，一个星期后，他终于学会了在坡上停止、滑行、再停止。

3.
5-03
一种新产品上市之前，首先为它取个好名字是至关重要的。一个好的名字，不仅要反映这种产品的特点和卖点，还应该说起来顺口，容易让人记住。一个好的名字，可以为产品的推广节省大量的广告费用。

4.
5-04
机器无油不能运转，人无体力不能生活。人的身体就像一部机器，有损耗就要加油。所以，放下手边的工作，去做一些让自己充满活力的事情吧。例如：到健身房挥汗如雨，和朋友出去玩儿，抑或和家人去郊区散心……这些都是给自己加油的好办法。

5.
5-05
父母会比孩子有更多的人生经验，但不能说他们一定是对的。他们可能从过去的经验中得出错误的结论。父母往往忽视孩子们自身的兴趣和能力，以及实际情况，对孩子要求过高，制定出不切实际的计划。这样会使孩子因压力太大而失去生活的乐趣。

6.
5-06
一个小男孩儿不慎打碎了一个珍贵的盘子，妈妈看见了碎片，便问是谁打碎的。"是我打碎的。"男孩儿说。妈妈又问："到底怎么打碎的？"男孩儿一时找不到合适的词，情急之下，便把另一个盘子也摔到地上，说："就是这样打碎的。"

7.
5-07
炎热的夏天来了，很多人习惯到海边去游泳。但是去海边游泳有很多注意事项，最为重要的一项就是，一定要选择好时间。一般来讲，傍晚5~7点去游泳比较合适，海水温暖。早晨和夜晚水温太低，中午水温高，但是阳光强烈，容易晒伤皮肤。

8.
5-08
心理学家认为，色彩对人的思维、情

绪、感觉、行为等有强烈的控制与调节作用。人们如果长期生活在色彩不和谐的环境中，就会变得焦躁不安，容易疲乏，注意力不集中，自控力差，从而导致健康水平下降。这就是视觉污染给人带来的伤害。

9. 《牡丹亭》出自明代剧作家汤显祖之手，是中国戏曲史上的浪漫主义杰作。作品描写了杜丽娘和柳梦梅生死离合的爱情故事，感人至深。全剧采用抒情诗的笔法，语言优美，一些唱词直至今日仍然脍炙人口。
5-09

10. 我和同桌吵架了，上课时，我们俩谁也不理谁。突然，我的手机收到一条同桌发的短信，他说："对不起，都是我的错。"我看后顿时感动，正要回短信给他，同桌突然举手大喊："老师，他上课玩儿手机!"
5-10

11. 第一次与人会面的时候，为了给对方一个好的印象，服装要整齐、大方，不要过于追求华丽。整齐大方的服装既能表现自己的素养，也是对对方的尊重。谈话时要彬彬有礼，可以询问一下对方的工作情况、生活情况，不要打断对方的谈话，这样是不礼貌的行为。
5-11

12. 飞鱼真的存在吗？事实证明飞鱼在海洋中是存在的，主要生活在热带和亚热带水域。它们在水里游得好好儿的，为什么要飞出来？海洋生物学家认为，飞鱼的飞翔或是为了躲避金枪鱼、箭鱼等大型鱼类的追逐，或是因为受到了船只的惊扰。
5-12

13. 太阳能离我们越来越近。它作为一种分
5-13

布广泛、取之不尽的绿色清洁能源，逐渐成为可持续发展过程中的首选目标。如今越来越多的城市安装太阳能路灯、太阳能交通指示牌，越来越多的家庭安装了太阳能热水器、太阳能发电器。

14. 资料显示，中国人群高血压患病率呈持续增长趋势，对此专家指出，高血压患者一定要坚持每天测量血压，建议测量血压的时间为清晨服药前或夜晚入睡前。另外，测量血压前应至少休息15分钟，为确保测量结果的准确，建议在测量一遍后间隔两分钟再测量一次。
5-14

15. 许多人都有从众心理，而且物以稀为贵，越是供不应求的东西，人们就越喜欢抢购。排队购买的人多，就自然说明该商品的人气旺。限量供应就是抓住这一特点，商家刻意把购买规模变小，制造出供不应求的局面，以保持旺盛的人气。
5-15

第二部分

第16到30题，请选出正确答案。
现在开始第16到20题：

第16到20题是根据下面一段采访：
5-16

女：这个展厅的布置显得很有特色，非常独特，请您给我们简单介绍一下。

男：这个展厅主要被用来展示雕刻工艺产品的。这些都是纯手工做的，是我们重点推荐的产品，也是我们今年的一

个新的概念，来这里做一个尝试，想看看市场的接受度怎么样。要是市场反响比较好的话，明年我们会在这个系列上做出更大胆的尝试，可能会不止一个系列，会有两三个系列的。

女：你们品牌最大的特色是什么呢？

男：最大的特色无疑是设计，我们一直致力于很突出的设计，将世界上领先的设计灵感，引入到我们的产品上，引入到我们的设计中，推荐给国内的用户。

女：现在国外也有很多家具品牌进入中国市场，您怎么面对这种激烈的竞争呢？

男：首先我们是非常欢迎他们来到中国市场的，这就证明我们的市场是有活力的、有吸引力的。当然我们作为民族的品牌，作为本地的企业，首先我们更了解客户的需求，我们更了解中国人的审美，更了解中国人的消费习惯。可能国外的产品，工艺上做得很精致，但中国人更需要的就是温馨感，一种家的感觉，在这方面，我们的设计和东方人更贴近，所以我觉得我们的产品在这个氛围的营造上，更能为国人所接受。

女：那我们这个品牌的消费者定位在什么层面上？

男：现在我们做的都是中高端产品，主要是针对别墅和高端公寓的市场，消费者几乎都属于中高收入群，他们来消费，我们产品的接受度会好一些。

女：今年原材料等都在上涨，这对于产品的销售有什么影响吗？

男：我觉得这是整个行业面临的问题，我们之所以一开始致力于高端，就是希望能够从价格和成本的竞争中跳出来，更多地以设计来吸引客户。原材料价格的增长总是会有一些影响，但

是对我们来讲，影响会比其他的品牌小一些。而且我们已在这方面做好充分的准备，来应对一切变化。

16. 关于这次展览的产品，可以知道什么？
🎧 5-17

17. 男的认为他们品牌最大的特色是什么？
🎧 5-18

18. 面对国外产品，男的认为他们的优势是什么？
🎧 5-19

19. 该品牌主要针对哪些人？
🎧 5-20

20. 男的怎么看原材料价格上涨的问题？
🎧 5-21

第 21 到 25 题是根据下面一段采访：
🎧 5-22

男：您最近发布的时装秀令在座观众屏息凝视，受到莫大的震撼，它们着重表现什么呢？

女：此次时装秀是中华民族服装魅力的展现，纷繁的设计及材质均表达了一个主题——神奇东方古国兼容并蓄、海纳百川的博大胸怀，色彩及外形诉说着细腻的东方情怀。

男：此次时装秀，您通过中国文化表现中国时装，这已是设计界的共识。那您对此如何看待？

女：我们不能把民族性理解为外表式样的问题，它毕竟不是小褂儿，或是绣花长衫和蜡染布。我们要表现出深藏其中的民族精神。

男：创意与市场是互动的，就此您说要找到一个点生存，这个点是什么？

女：要找到这个点其实并非易事。在创意与市场之间，我努力保持对生活最真实的感应，同时也培养灵敏的市场嗅

觉。我不会向市场妥协，但会努力令市场需求与自我风格有机结合。我们的每一个完整的设计方案，都是通过先市场收集、整理、归类，再提出创意提案，最后满足需求、适应市场，这样三步来完成。

男：在筹备这场时装秀期间，您在西双版纳呆了近一个月，体验那里的生活。请您给大家谈谈，设计师该如何从生活中找到创作灵感？

女：当在西双版纳的密林中写生时，我邂逅了不可思议的光景。苍翠的树木为心灵注入源源不断的盎然绿意，孔雀、竹楼、月光下的凤尾竹、茂密的热带雨林，显得那么浪漫。我只能用整个心灵，用每根细微的神经去感受，体味光影与色彩所形成的幻想。作为设计师，应该把创作当做对人生的一种态度，生活不是缺少美，仅仅是少了点发现，重要的是有一双善于发现和有品位的眼睛。

男：近些年来时装界刮起自主创新、国际名牌热风，您认为什么是时装的自主创新？表现在哪些方面？

女：时装真的很神奇，它拥有神奇，它会自我复制，自我创造。如今社会对时装的要求日益更新，与日俱增，人们越来越注重个性的表现，各种各样的表现形式也促进着服装本身的改变。作为时装设计师，就是要创造属于民族的、属于世界的艺术作品。

21. 这场时装秀表达了什么主题？

 5-23

22. 为展现民族文化，服装中应主要表现什么？

 5-24

23. 女的设计服装时最后一步是什么？

 5-25

24. 女的认为创作的灵感来源于哪儿？

 5-26

25. 关于女的，可以知道什么？

 5-27

第 26 到 30 题是根据下面一段采访：

 5-28

女：您之前有没有想到自己会获得这个奖项？

男：基本上没想到，因为我觉得可能性太小了。全世界有这么多优秀作家，包括我们中国也有很多优秀的作家，他们都具备着获得诺贝尔文学奖的资格。我想这么一个大奖落到我头上可能性太小了。

女：您觉得获了这个奖对您以后的文学创作有什么影响吗？

男：这应该是一种巨大的鞭策，我想尽快从热闹和喧嚣中解脱出来，该干什么就干什么。

女：那您觉得这次能够获奖是您作品当中的什么地方打动了评委会？

男：我的作品是中国文学，也是世界文学的一部分。我的文学表现了中国人民的生活，也表现了中国独特的文化和民族的风情，同时我的小说也描写了中国广泛意义上的人。我一直是站在人的角度上，立足于写人，我想这样的作品就超越了地区和族群的局限。

女：很多人往往把诺贝尔文学奖看做是文学创作的一个顶峰，可能是因为诺贝尔文学奖是一个国际最高的奖项。

男：这个看法我不同意，它是一个重要奖项，但绝对不能说是最高奖项。诺贝尔文学奖也只代表了诺贝尔文学奖的评委的看法和意见，如果换另外一个评委小组或评委群体，可能得奖者就未必是我，因为它只代表了一部分评委的看法。

女：众所周知，您是一位高产作家，作品量很大。在这些作品当中，您自己最满意和喜欢的是哪一部?

男：首先我觉得我不是高产作家，因为很多作家写得比我还多。这个很难回答，写了这么多的小说，究竟哪一篇最满意? 这个问题也是被问了好多遍，但是最狡猾的说法就是：就像一个母亲面对着自己的一群孩子一样，你不愿意说最喜欢哪一个。喜欢老大，老二不高兴了；喜欢老小，他们的哥哥姐姐又不高兴了。所以我的主要作品还是都比较满意的，当然也有缺憾。

26. 这次获奖对男的的未来创作有什么影响?
🔊 5-29

27. 男的是如何评价自己的作品的?
🔊 5-30

28. 关于诺贝尔文学奖，男的有什么看法?
🔊 5-31

29. 男的觉得哪个问题很难回答?
🔊 5-32

30. 关于男的，下列哪项正确?
🔊 5-33

第三部分

第 31 到 50 题，请选出正确答案。
现在开始第 31 到 33 题：

第 31 到 33 题是根据下面一段话：
🔊 5-34

众所周知，人类的大脑分为左右两个半球，但是两侧半球的功能是不一样的，这就叫大脑的策划。比如大部分人的语言功能是由左半球来控制的，那么，右半球在语言中是否也起着一定作用呢?

答案是肯定的。但右半球在语言中所起的作用与左半球有所不同。人类用语言交谈时，会伴随着相应的表情、肢体语言、眼神，甚至是音腔音调。它们传递着语言交流中暗含的信息，比如言外之意、字面意思与实际表达的意思不同等。这些语言中暗含的信息，都是由右半球来处理的。如果右半球受损，就无法理解这些没说出来的信息。比如用讽刺的语气来夸奖某人打扮得漂亮，右半球受损的人就理解不出其中蕴含的讽刺意味。

31. 下列哪项是大脑的策划?
🔊 5-35

32. 这段话中"言外之意"是什么意思?
🔊 5-36

33. 这段话主要谈的是什么?
🔊 5-37

第 34 到 36 题是根据下面一段话：
🔊 5-38

一位老太太跟丈夫结婚50年了。在结婚50年纪念日那天，她向朋友说出了她保持婚姻幸福的秘诀。她说："从我结婚那天起，我就准备列出我丈夫的10条缺点，并告诉自己，每当他犯了这10条错误中的任何一条时，我都愿意原谅他。"有人问她："10条缺点到底是什么？"老太太回答说："老实说，五十年来，我始终没把这10条缺点具体列出来。每当我丈夫做错了事，让我特别生气时，我马上提醒自己，算他运气好，他犯的是我可以原谅的十条错误之一。"这位老太太保持婚姻幸福的秘诀不是别的，而是宽容。

34. 老太太什么时候说出了保持婚姻幸福的秘诀？
🎧 5-39

35. 丈夫做错事时，老太太怎么做？
🎧 5-40

36. 保持婚姻幸福的秘诀是什么？
🎧 5-41

第37到39题是根据下面一段话：
🎧 5-42

　　10多岁，本该是无忧无虑花一般的年纪，但在某个国家的一些偏远村庄，女孩儿到了这个年纪就可能被迫出嫁，由此开始儿童新娘的悲惨命运。许多父母在为10岁左右的儿女张罗婚礼，有的新娘甚至还在吃奶。

　　在该国西北部一个地区，每年4月底有一个传统节日，这一天成千上万还在父母怀中的婴儿便与别家娃娃举行婚礼。这种婚礼和正常婚姻一样，经过媒妁与父母之言，最后举行正式结婚仪式。婚礼仪式也和成年人的婚礼一样，3、4岁的孩童穿戴整齐，戴着项链和手镯，在大人指点下绕"圣火"三圈。尚不会走路的婴儿便放在金属制的大托盘里，完成各种婚礼仪式。

37. 那个国家的许多10岁左右的女孩儿要面临什么命运？
🎧 5-43

38. 尚不会走路的婴儿怎么完成婚礼仪式？
🎧 5-44

39. 关于童婚，下列哪项正确？
🎧 5-45

第40到43题是根据下面一段话：
🎧 5-46

　　关于阅读，有一个形象的说法：渔民在阅读海洋，农民在阅读大地，医生在阅读病人，气象人员在阅读天空。凡是用眼睛看到的，用心去体会的，都是在阅读，阅读无处不在。然而，在信息社会到来之时，人们才真正感到阅读的必要和压力。信息社会阅读呈现三大趋势。首先，进入信息社会和知识经济时代之后，阅读在生活中越来越重要。各种知识和信息如爆炸般围绕我们，阅读已成为我们生活中不可或缺的一部分，人们的阅读在增多而不是减少。其次，出现了从读纸到读屏二者并存的时代。读屏也就是看电脑、看手机、看电视等，这些图像和文字信息已经越来越多地进入人们的生活。甚至有激进的观点认为，文字的报纸将在2043年消失。第三，阅读向离散化、多中心的方向发展。读者集中阅读一本书、一个刊物的情况越来越少，呈现个性化、多中心的现象，尽管会出现超级畅销书销量逾百万册的情况，但这种情况越来越少。更多的是兴趣分散化、小众化的趋势。这种读同一本书的人减少，书的品种增加，阅读呈现多样化、个性化的趋势，其实正是文化发展、文化繁荣的标志。

40. "阅读无处不在"是什么意思？
🎧 5-47

41. 人们的阅读有什么变化？
🎧 5-48

42. "文字的报纸将在2043年消失"是一种什么样的说法？
🎧 5-49

第 44 到 47 题是根据下面一段话:
5-51

　　女儿过生日时，为了培养女儿与别人相处的能力，我让女儿请邻居家小孩儿一起吃生日蛋糕。女儿似乎不太高兴，问我："为什么要请她来一起吃我的生日蛋糕呢？"我说："因为她是你的朋友啊！"女儿又说："可她生日的时候，没请我吃蛋糕。"我说："这次你请她了，下次她生日就会请你了。这样你不是等于过了两次生日吗？"女儿同意了。到了吹蜡烛的时候，女儿对着蜡烛却不知该说什么愿望。大家帮她出主意，女儿说："我都不知道该听谁的了。"她转头问我："妈妈，生日愿望是不是我最想要什么，就可以说什么？"我说："是啊！""好，那我知道了。"她自信地说。等女儿悄悄地说了生日愿望后，大家都问她是什么愿望。她竟不好意思了，脸都红了。这更增强了我们的好奇心。在大家一再要求下，她快快地嘟囔了一句，我坐在她旁边也没听清楚。我请她好好儿说，她大声重复道："我想小丽快点儿过生日。"

44. 说话人为什么请邻居家小孩儿一起吃
5-52　蛋糕？

45. 女儿为什么不想请小丽来？
5-53

46. 大家问女儿的生日愿望时，女儿的表
5-54　现怎么样？

47. 女儿的生日愿望是什么？
5-55

第 48 到 50 题是根据下面一段话:
5-56

　　天气晴朗时，群体生活的蚂蚁常常要外出寻找可吃的食物，为了找吃的东西，它们有时得走很远的路。从很远的地方再回到自己的"家"，这可不是一件简单的事。但小小的蚂蚁却有一套杰出的认路本领，不会轻易迷路。

　　科学家在研究蚂蚁时发现，它的视觉非常灵敏，不但陆地上的景致被用来认路，而且连天空中的景致也能被用来认路。太阳的位置和蓝天反射下来的日光，对于蚂蚁来讲，都是可以用来辨认方向的。除了依靠眼睛外，蚂蚁还能够根据气味来认路。实验证明，有些蚂蚁在它们爬过的地面上留下一种气味，在归途中只要沿着这种气味，就不会误入歧途。

　　由于蚂蚁具有认路的本领，即使浓云密布，蓝天被遮挡的时候，或者地面上的气味被大动物踩踏破坏的时候，只要还保留一些可以利用的线索，它们仍然会找到蚁巢，只是多走些弯路而已。

48. 除了眼睛，蚂蚁还靠什么来辨识方向？
5-57

49. 根据这段话，"误入歧途"是什么意思？
5-58

50. 这段话主要谈蚂蚁的什么？
5-59

听力考试现在结束。

정답

듣기										
1. D	2. C	3. A	4. B	5. A	6. C	7. A	8. B	9. B	10. B
11. A	12. C	13. D	14. B	15. C	16. B	17. C	18. D	19. B	20. D
21. C	22. A	23. D	24. B	25. D	26. D	27. C	28. B	29. A	30. A
31. C	32. D	33. B	34. A	35. C	36. C	37. D	38. C	39. A	40. A
41. D	42. D	43. D	44. A	45. B	46. A	47. C	48. B	49. D	50. C

독해										
51. A	52. D	53. D	54. A	55. A	56. D	57. C	58. A	59. D	60. C
61. B	62. B	63. D	64. A	65. B	66. D	67. D	68. A	69. C	70. D
71. C	72. A	73. E	74. D	75. B	76. C	77. E	78. A	79. B	80. D
81. A	82. A	83. D	84. C	85. C	86. B	87. D	88. D	89. C	90. B
91. C	92. C	93. D	94. B	95. D	96. A	97. B	98. D	99. C	100. C

　　　　　为少数人开发的产品

　　一群年轻人在街头进行调查问卷，请路人给两款车的外形打分。第一款车柔美温和，第二款则狂野奔放。

　　几天后，助手菲比整理了调查数据，并交给了上司卢茨。原来，该公司开发了一款性能优越的新车，但高层们在车的外观方面发生了意见分歧，于是卢茨决定做市场调查。

　　调查结果一目了然：满分10分，第一款车得分7.5分，第二款只得了5分。菲比以为卢茨会选择得分高的那款，可卢茨却出人意料地决定推出5分的车。他分析道，人们给第二款车打分呈两级分化，说明虽有人对它不屑一顾，但有人疯狂喜欢它。而第一款车得分大多在7分左右，说明人们对它并不讨厌，但也还没喜欢到会购买的程度。那些给第二款车打9分、10分的人才是真正可能会购买的客户！

　　公司采取了卢茨"为少数人开发新产品"的策略。果然，狂野奔放型汽车一经上市，受到了一部分人的狂热追捧，很快便销售一空。

　　该事例启示我们：多数人的满意比不上少数人的狂热。公司应该挖掘对产品狂热的潜在客户，他们正是企业盈利的关键。

06회 녹음 대본

모의고사

(音乐，30秒，渐弱)

大家好！欢迎参加HSK (六级) 考试。
大家好！欢迎参加HSK (六级) 考试。
大家好！欢迎参加HSK (六级) 考试。

HSK (六级) 听力考试分三部分，共50题。
请大家注意，听力考试现在开始。

第一部分

第1到15题，请选出与所听内容一致的一项。
现在开始第1题：

1. 泰山虽不是中国最高的山，但却因浓厚
🔊 的文化艺术气息，而被称为"天下第一
6-01 山"。从古至今，历代文人过客惊叹于
泰山的雄伟和壮丽，便把自己的感受写
成文章或诗句，刻在泰山的石头上，从
山脚到山顶，足有上千个石刻。

2. 在一般人的观念里，理财是为了发财，
🔊 其实不然。它的目标是保持财务平稳。
6-02 有个很有名的说法，理财不是为了让你
更富有，而是让你永远富有下去。可
见，理财是挣钱、存钱、花钱的整体行
为，而不单纯就是发财。

3. 《茉莉花》是一首人们喜听爱唱的民间
🔊 小调，主要流传于江苏、浙江、安徽一
6-03 带。各地的《茉莉花》歌词基本相同，都
以反映青年男女纯真的爱情为其内容。
而曲调则有许多不同，而且各具特点。

4. 一位老人正在路上散步，忽然看见一
🔊 个小孩儿想按一个门铃，但门铃太高，
6-04 怎么也按不到。好心的老人停下来对孩
子说："我来帮你按吧。" 于是，他帮那
个孩子按响了门铃，整个房子里的人都
听到了铃声。小孩儿这时却对老人说：
"现在咱们快逃。"

5. 倾听别人的建议，固然可以汲取经验和
🔊 教训，也可以让自己少走弯路，但是如
6-05 果一味地征求别人的意见，而没有任何
主见，就可能在纷繁复杂的环境中不知
所措，丧失了自己的价值观，从而迷失
自己的方向。

6. 宋代的文明水平达到了前所未有的高
🔊 度。中国古代的"四大发明"中，除了造
6-06 纸术，其余三项——指南针、火药、活
字印刷术均出自宋代，可见当时科技水
平达到了空前的繁盛。另外，宋代的数
学、天文学、冶炼和造船技术等也都在
世界上处于领先地位。

7. 中国有一句古老的谚语叫"人无远虑，
🔊 必有近忧"，其意思是人如果没有长远
6-07 的谋划，忧患就会很快到来。它告诫我
们要未雨绸缪，不能只顾眼前、竭泽而
渔，而忘却了奋斗的方向和最终目标。

8. 如果生活是茶水，那么金钱、地位都是
🔊 杯子。没有杯子我们喝不到茶水，但杯
6-08 子只不过是一种工具，所以杯子不一定
要最好，茶水才是最重要的。有时候我
们的烦恼、郁闷、忧愁都是因为过分看
重手中的杯子造成的，而忘了杯中的茶
香。

9. 一个人遇到农夫，便问农夫是否种了麦子，他说：“没，我担心不下雨。”那人问：“种棉花了吗？”他说：“没，我怕长虫子。”那人又问：“那你种了什么？”他说：“为了确保安全，我什么也没种。”一个不愿冒险和付出的人，必将一事无成。

10. 汉语中常用人体的各个器官来比喻不同身份的人，这显得生动有趣，比如用“手足”比喻兄弟，用“骨肉”比喻亲生儿女，用“首脑”比喻国家的领导人，用“心腹”比喻亲近而信任的人。还可以用器官来比喻抽象的事物，例如用“手腕”比喻办事的本领和手段。

11. 一日买莲花，正在犹豫不决时，花贩告诉我，清晨买莲花要挑那些盛开的，因为早上是莲花开放的最好时间。如果一朵莲花早上不开，那中午和晚上就更不会开了。看人也一样，一个人年轻时若没有志气，中年或晚年就更难有志气了。

12. 从哥伦布发现新大陆后，16世纪烟草从美洲传入欧洲，从贵族社会传入平民百姓，盛行了几百年。现在，在欧洲，它已经面临厄运，它不再被认为是社交工具，不再是表现绅士淑女风度潇洒的奢侈品，而被认为是一种公害。

13. 一天深夜，刚出生几个月的孩子大声哭了起来，妻子身体不舒服不想起床。丈夫起来抱着孩子准备给他唱一段催眠曲，刚唱了几句，妻子求饶道：“你还是让孩子哭吧，别管他了！”

14. 随着人们生活水平的不断提高，越来越多的家用电器走入了普通百姓家，其中洗衣机进入家庭的速度最快。由权威调查数据显示，目前中国城镇居民家庭平均百户拥有洗衣机90台。但一项最新研究称，使用洗衣机是引起肥胖的重要原因之一。

15. 企业发展重在管理，管理之道重在用人，人才便是事业的根本。企业管理者必须善于识人、用人，只有做到唯贤是举、唯才是用，企业才能在激烈的社会竞争中立于不败之地。

第二部分

第16到30题，请选出正确答案。
现在开始第16到20题：

第16到20题是根据下面一段采访：

男：我们知道你出演了传记电影《萧红》中萧红这一人物，你平时就喜欢看人物传记类电影吗？

女：对，像《铁娘子》、《时时刻刻》，这一类电影我都很喜欢。

男：萧红这个角色吸引你的地方在哪里？

女：看完剧本，我觉得我就是另一个萧红。我觉得这个角色让我来演，对我来说就像一种使命似的。她的很多作品，比如像《呼兰河传》，我小时候就读过。接演这个角色后，我当然又做了大量的功课，买了一堆书在家看，想看她的文字，想接触她的内心。

男：看她文字的时候，你有什么样的感觉

呢？跟你后面拍戏的感觉契合吗？

女：我觉得她的文字有一些笔触，就像一个孩子，特别干净，特别纯粹。她的文字不是很华丽，也不是很漂亮，但就是特别地干净，特别地朴素，特别地打动人心。

男：你对她这种干净朴实的印象会不会带到电影《萧红》的表演里面？

女：我去感受她的一些文字，看她的作品，其实不一定对我的表演有多么明确的帮助。我觉得这就是一种潜移默化的感受和影响，通过她的一些文字，我能对萧红生活的方方面面有一个模糊的判断。我们这部电影，表现更多的还是萧红的情感。

男：在演绎萧红的时候，有什么样的情节，或者片段，或者心态，跟你自己是相通的？

女：我不会太刻意地去寻找我跟她相似的地方。因为我是一个专业的演员，我从学习表演那一刻开始，相信的就是"塑造"。就是让我自己努力地去变成她，而不是说我一定去找到某个地方跟她相似，再去表演。

男：人物传记和现代戏有什么表演上的不同吗？

女：完全不同。拍现代戏可能更随意、轻松，因为可以创造角色，自由发挥的空间比较大。但是出演人物传记，我有自己的一个尺度，希望这个戏更准确一点儿。这种自我要求会让我更加小心翼翼，如履薄冰。

16. 女的为什么要读萧红的作品？

   🅖
   6-17

17. 女的觉得萧红的文字怎么样？

   🅖
   6-18

18. 《萧红》这部戏主要表现主人公的哪个

   🅖
   6-19

方面？

19. 与现代戏相比，女的认为演人物传记
    🅖 有什么不同？
    6-20

20. 关于女的，下列哪项正确？
    🅖
    6-21

第 21 到 25 题是根据下面一段采访：
🅖
6-22

女：新东方学校目前已成为我国最大、最著名的私立教育机构，能给我们说说作为一个创办人，您如何看待创业之初的困难？

男：生活中，如果你热爱某件事，又能够一心一意地去做，那么在做这件事的过程中是不会体会到困难和挫折的。只是在外人的眼里，别人会觉得你一定经历了各种磨难，其实你在一个环境中只要有目标，为自己的目标奋斗，是不会觉得辛苦的。

女：您觉得新东方学校在中国教育培训领域最难以打败的对手是谁？

男：肯定是自己，没有任何外在的力量能把一个人或一个机构打败，能把一个人打败的是自己的内心世界，把一个机构打败的是内部的管理。如果新东方被超越，只能是对方手段更灵活，理念更强大，所以新东方应该做的是不断地修炼内功。

女：您在大学时期的学习和经验对以后的事业发展有什么帮助？

男：我在大学读了很多关于文学、哲学和社会学的书，这些书对我未来的事业有很大帮助，让我养成了从不同的角度去对待、思考问题的习惯，而且书读得多了，这会使你的个人气质和思想境界大大提升。

女：如果作为一名毕业生到新东方去应聘的话，您最看重他哪方面的素质？

男：他的综合素质，比如说他的性格是不是开朗、活泼，是不是对生活比较乐观，读过的书是不是足够多，我认为大学生如果读书不够，即使专业知识再丰富都不太好用，因为他积累的知识和经验不够，未来发展的潜力也不够。他只是一个单向型人才，没法变成一个真正有用的综合型人才。其次我们会根据他所应聘的岗位，去看看与它相关的专业能力是不是强，至于他从哪所大学毕业，通常不在我们考虑的范围之内。无论什么大学毕业的，我们都要。但在学历上，我们原则上要求本科，高中生即使再聪明，你会发现他的发展潜力容易受到限制。

21. 男的为什么觉得创业初期不辛苦？
6-23

22. 男的认为新东方最大的对手是谁？
6-24

23. 男的认为多读书有什么好处？
6-25

24. 招聘员工时男的一般不考虑下列哪个因素？
6-26

25. 根据这段采访，下列哪项正确？
6-27

第26到30题是根据下面一段采访：
6-28

男：对你来说，孔雀有什么特别的意义吗？

女：在民间，跳孔雀的都是男的，本来孔雀也是雄性最好看，会开屏。但在舞台上，女的跳才好看。孔雀本来是一种族人的信仰，它开屏是为了示爱、求偶，后来就化成爱的象征。孔雀对我来讲，不但是爱情，更是一种美学。它特别适合用手来表现，是舞蹈的最佳题材。

男：您的《云南映象》成长7年了，在这个过程里，作品本身有没有发生什么变化？您在节目里有独舞表演，身体感觉和7年前比有变化吗？

女：作品的变化一定是有的，而观众看不出来，自己也是看录像才看到一些小的变化，但总的来讲在进步。我的身体状态一直都差不多，都在保持。

男：您最喜欢哪一种少数民族舞蹈？

女：傣族，我大部分的独舞都是傣族的。但是《云南映象》不同，有很多不同民族的歌舞，演员也来自云南不同的村寨。

男：您这么多年来一直在推广和保存少数民族舞蹈，您觉得这件事的价值在哪里？

女：首先我热爱舞蹈，这些歌舞都是文化、历史，我叫它原生态歌舞集，就是歌舞都来自原本的，来自人对大自然的观察和信仰，来自对生命的认知，所有舞蹈都跟生命和情感有关，都不是简单的形式。

男：您有没有想过去跳其他国家或文化的舞蹈？

女：完全没有。我搞了40年才九牛一毛，云南的东西还是挺多的，没必要再去跳别的，而且我们的根总比其他舞蹈更重要。

男：您觉得能为少数民族歌舞保留多少呢？

女：其实保留不了多少，因为太多了，也没有办法的。都是多少年代代智慧累积下来的。我只能尽量保护少数民族的文化，在台上保留几个精华、几滴水，但是没有办法保留大海，我的能力只有这样。

26. 对于孔雀，女的有什么看法？
6-29

27. 关于《云南映象》，可以知道什么？
6-30

28. 女的怎么看待少数民族舞蹈？
6-31

29. 女的说"没有办法保留大海"，这句话的
6-32　意思是什么？

30. 关于女的，下列哪项正确？
6-33

第三部分

第 31 到 50 题，请选出正确答案。
现在开始第 31 到 33 题：

第 31 到 33 题是根据下面一段话：
6-34

　　北宋画家文同，字与可，他画的竹子
远近闻名，每天总有不少人登门求画。文同
画竹的秘诀在哪里呢？原来，他在自己家的
房前屋后种上各种各样的竹子，无论春夏秋
冬，阴晴风雨，他都会去竹林观察竹子的生
长变化情况，琢磨竹枝的长短粗细，叶子的
形态、颜色，每当有新的感受就回到书房，
铺纸研墨，把心中的印象画在纸上。日积月
累，竹子在不同季节、不同天气、不同时辰
的形象都深深地印在他的心中，只要凝神提
笔，在画纸前一站，平日观察到的各种形态
的竹子立刻浮现在眼前。所以每次画竹，他
都显得非常从容自信，画出的竹子，无不逼
真传神。当人们夸奖他的画时，他总是谦虚

地说："我只是把心中熟悉的竹子画下来罢
了。"后来有人写了一首诗形容他，其中有
两句是："与可画竹时，胸中有成竹。"于是
人们便用"胸有成竹"比喻做事之前已做好充
分准备，对事情的成功已有了十分的把握，
信心十足。

31. 文同画什么最拿手？
6-35

32. 关于文同，下列哪项正确？
6-36

33. "胸有成竹"是什么意思？
6-37

第 34 到 36 题是根据下面一段话：
6-38

　　田径是世界上最为普及的体育运动之
一，也是历史最为悠久的运动项目。田径和
游泳、射击被视为奥运金牌三大项目，田径
也是奥运金牌最多的项目，"得田径者得天
下"这句话也由此而来。

　　田径赛，顾名思义是田赛和径赛的合
称。为什么叫田赛和径赛呢？原来，它们
都是根据场地而定名的。最早并没有像现在
这样的标准田径场，那时的一些跳跃和投掷
项目的比赛，都在一块空地上举行，而一些
赛跑的项目，都在一段平坦的道路上举行，
"田"和"径"的命名就由此而来。"田"指广阔
的空地或原野，田赛是在一定的区域内进行
的各种跳跃和投掷项目比赛的统称。"径"指
跑道或道路，径赛是在田径场的跑道上，或
场外规定的道路上进行的不同距离的竞走和
各种形式的赛跑的统称。

34. 为什么说"得田径者得天下"？
6-39

35. 田径赛是根据什么来命名的？
6-40

36. 根据这段话，下列哪项正确？
6-41

第 37 到 39 题是根据下面一段话：
6-42

　　不管做什么事，提前制定计划会更容易取得好结果。计划可分为长期计划和短期计划。在一段较长的时间内，比如一年或半年，可以制定一个长期计划。因为实际生活中有许多变化无法预知，所以制定长期计划不需要很详尽，只要对必须要做的事做到心中有数即可。而对于近一段时间，比如下一周的学习计划，就应当尽可能具体些。把大量的任务合理分配到每一天中去完成，就可以逐步而稳定地实现长期计划。可见，没有长期计划，生活就会缺少大方向；同样，没有短期安排，目标也很难达成。所以两者缺一不可。

　　此外，制订计划时还应该注意，不要将计划定得太满、太死，要留出一点儿空余的时间，使计划有一定的灵活性。毕竟现实不会完美地跟着计划走。给计划留出一些调整的余地，这样完成计划的可能性就更大了。

37. 长期计划一般指多长时间的计划？
6-43

38. 制定一个星期的计划，应该注意什么？
6-44

39. 如何增加完成计划的可能性？
6-45

第 40 到 43 题是根据下面一段话：
6-46

　　有一天，我路过一个果树园，看见一个果农正在给果树施肥，他在离果树两米左右的地方挖了一个坑，然后把肥料埋下去。我很好奇，为什么他不把肥料直接堆放到果树的根部，而要隔开一段距离呢？

　　果农似乎看出了我内心的疑惑，便笑着说："如果把肥料直接堆放到树的根部，它的根就长不大，长不深，果树的生长就会受到影响。""把肥料直接堆放到根部，果树不是能更好地吸收肥料的养分，更有利于成长吗？"我说。果农风趣地说："对果树来说，这种'饭来张口，衣来伸手'的生活，只会让它失去追求的动力。"

　　果农见我还是一头雾水，于是继续解释："你想，把肥料直接堆放在根部，那些根还用得着伸展到远处、深处去吸收养分吗？没有了追求，它的根系就会逐渐萎缩，从而影响到整棵果树的生长。"

　　人生又何尝不是如此呢？正是有了一段追求的距离，一段憧憬的距离，人生之路才能走得更成功，更精彩。

40. 说话人对什么感到好奇？
6-47

41. 把肥料放到树的根部有什么坏处？
6-48

42. 这段话中"饭来张口，衣来伸手"是什么意思？
6-49

43. 这段话主要想告诉我们什么？
6-50

第 44 到 47 题是根据下面一段话：
6-51

　　打雪仗、堆雪人，这是许多成年人的快乐往事。但如今这样的开心事却渐渐与城市的孩子无缘，一些家长担心雪天路滑，怕孩子摔伤，也怕弄湿衣服着凉，干脆让孩子呆在家里看书、画画儿。那么该不该让孩子尽情地玩儿雪呢？刘学是一名三年级小学生，下雪让他觉得新奇、好玩儿，可以打雪仗，堆雪人。刘学的父亲对儿子玩儿雪表示明确反对。他说："玩儿雪的话，摔伤了怎么办？衣服弄湿了，感冒了怎么办？"他认为南京下雪不如北方那么多，许多雪都化成了水，容易弄湿衣服，再加上天气寒冷，衣服洗了也不好干；另外，玩儿雪也容易出意外，毕竟孩子年龄小，自我防护能力差。最后刘学只能在家里做寒假作业、看电视、看课外书。记者在南京的一个小区做了一些调查，在八个孩子中，只有两个今年冬天玩儿过雪。南京一位老师表示，如今许多学生写作文缺乏真情实感。雪天让小孩儿真切感受一下，这是难得的一次机会，小学生很少看到这么大的雪，强行禁止他们玩儿雪，效果并不理想。与其让孩子自己随便玩儿，家长们提心吊胆，还不如由家长带着玩儿，让孩子将来也有打雪仗的童年回忆。

44. 为什么现在的孩子不玩儿雪？
6-52

45. 说话人对孩子玩儿雪是什么态度？
6-53

46. 关于孩子玩儿雪，说话人有什么建议？
6-54

47. 这段话主要讨论了什么话题？
6-55

第 48 到 50 题是根据下面一段话：
6-56

生气，既有害身心健康，也不利于建立和谐的人际关系。因此，我们应该学会控制自己的情绪。如果碰到生气的事，要自己给自己消气，使不好的情绪得到疏导，以免气出病来。有人说，"江山易改，本性难移"，脾气不好，是天性使然，没有办法改变的。这种观点不仅背离实际，而且十分有害。一个人容易动怒，固然与其天性有关。但经过长期的自我反省与努力，还是可以改变的。我们要胸怀宽广，宽宏大量，凡事与

人为善，不锱铢必较，并善于控制和调节自己的情绪。只要有意识地加以克服和改变，"假以时日"，就一定会取得成效。

48. 说话人对"江山易改，本性难移"是什么看法？
6-57

49. "假以时日"的意思是什么？
6-58

50. 这段话主要告诉我们什么？
6-59

听力考试现在结束。

정답

듣기

1. D	2. B	3. D	4. C	5. A	6. C	7. D	8. B	9. B	10. B
11. C	12. A	13. C	14. B	15. A	16. A	17. C	18. B	19. A	20. A
21. D	22. A	23. B	24. D	25. A	26. C	27. B	28. A	29. C	30. A
31. A	32. D	33. D	34. A	35. B	36. D	37. A	38. C	39. C	40. B
41. D	42. B	43. A	44. A	45. B	46. A	47. C	48. C	49. B	50. D

독해

51. D	52. B	53. A	54. C	55. B	56. B	57. B	58. D	59. C	60. D
61. D	62. C	63. A	64. D	65. D	66. B	67. B	68. A	69. A	70. D
71. A	72. C	73. E	74. D	75. B	76. C	77. B	78. D	79. A	80. E
81. A	82. D	83. A	84. C	85. B	86. A	87. D	88. A	89. A	90. B
91. B	92. D	93. D	94. D	95. A	96. C	97. D	98. A	99. D	100. A

你敢与鲨鱼同眠吗？

　　姜恩经营着世代传下来的水族馆。他从小就对水生动物情有独钟，后来他立志要把水族馆办得与众不同，用感官方式引领人们欣赏奇妙的海洋世界。

　　姜恩喜欢与鲨鱼们独处。有一次，他潜入鲨鱼馆时被儿子看到了，儿子吓得说不出话来。几天后，姜恩的朋友暂住在他家，霸占了儿子房间。儿子抱怨："要是他明天再不走，就让他跟鲨鱼睡！"

　　没想到儿子不经意的气话，让姜恩萌生了大胆的创意。他请来设计师，准备打造一间能看到鲨鱼的水下房间，设计师认为姜恩在异想天开。后来专家给出结论：只要夜间不开闪光灯拍照，就不会惊动鲨鱼，这样就能保证安全。

　　终于，位于水下10米深处的房间打造完成了。姜恩带着儿子住了一晚，儿子高兴地手舞足蹈。姜恩的朋友也赶来体验，这样新鲜的体验让朋友兴奋异常。

　　全透明玻璃可以360度无死角观察到35条鲨鱼，因此想要冒险的客人们络绎不绝。这种体验除了给人刺激的感官享受，还能让人明白鲨鱼并不是冷血杀手。而姜恩也完成了梦想：做出了水族馆独有的风格。

07회 녹음 대본

모의고사

(音乐，30秒，渐弱)

大家好！欢迎参加HSK (六级) 考试。
大家好！欢迎参加HSK (六级) 考试。
大家好！欢迎参加HSK (六级) 考试。

HSK (六级) 听力考试分三部分，共 50 题。
请大家注意，听力考试现在开始。

第一部分

第1到15题，请选出与所听内容一致的一项。
现在开始第 1 题:

1.
7-01
有一天，一家失火了，爸爸妈妈都逃出来了，只剩下儿子还在房间里。妈妈大声喊："儿子啊，你在干什么呢？快出来，失火了！"儿子回答："我在穿袜子啊。"妈妈生气地说："失火了还穿什么袜子！"过了一会儿儿子还没出来，妈妈又喊道："儿子你在干什么呢？"儿子回答："我在脱袜子啊。"

2.
7-02
大多数鲸鱼生活在海洋中，只有少部分栖息在洞穴里。通常可将它们分为两类：一类口中有须有齿，称须鲸。另一类口中无齿无须，叫雪鲸。鲸鱼眼睛都很小，视力不好。

3.
7-03
人的忍耐力是有限的，当事情超出你的能力和控制范围时，你要试着将困扰自己的事情放一放，把注意力转到自己喜欢的事情上。比如，女士可以通过试穿漂亮衣服来改善心情，这样有助于缓解压力，困扰你的事就不会那么可怕了。

4.
7-04
世界杯是球迷的盛宴，同时也是各参赛队赚钱的好机会。为了鼓励俱乐部支持球员参赛的积极性，国际足联对俱乐部的奖励在不断提高，2010年的这笔费用为4000万美元，而巴西世界杯则追加到了7000万美元。

5.
7-05
齐白石不但在中国绘画史上成就卓著，而且为人也十分谦虚。有一次，他见弟子的一张画儿画得不错，便借过来临摹，弟子惊讶无比。齐白石说："我虽然是你的老师，但你不一定就比我差。"弟子听后，对老师这种谦虚的态度肃然起敬。

6.
7-06
今明两天，本市大部分地区将出现高温天气。此次高温将持续到本周五，周六气温会有所下降，午后有小雨。再次提醒大家，近期应尽量避免午后高温时段的户外活动。

7.
7-07
黄色不仅能刺激人的消化系统，还有助于加强人的行动力。所以在房屋设计中，厨房常用暖黄色。这样不仅让整个空间显得明亮开阔，还带来一种舒适、轻松的氛围，让人尽情享受烹饪美食的乐趣。

8.
7-08
中医将人的体质分为寒性和热性两种，认为相应的食物也有凉性和热性之分，在日常生活中，人们可以通过合理饮食来获得所需的各种营养素和能量，并调节人体的阴阳平衡，由此可以达到保健甚至防病和治病的目的。

9. 一项研究结果表明，看一个人的笔迹就可以看出他的性格。习惯写小字的人，通常具有良好的观察力；习惯写大字的人，喜欢引起别人的注意；习惯写圆形字的人则比较随和、善解人意。

10. 一只狼正在磨牙齿，一只狐狸看见了，便问道："这里又没有猎人，也没有危险，为什么要磨牙？"狼说道："如果有一天我被猎人追逐，那时我想磨牙也来不及了。我平时把牙磨好，到时就可以保护自己了。"

11. 一条街上散落着垃圾，几天之后，它就会被更多的垃圾覆盖。如果街道很清洁，一旦出现垃圾，就会有人主动把它扔进垃圾箱。这是一种心理惯性，不好的东西让它更坏一些也没关系，好的东西人们则会不由自主地维护它。

12. 二十几岁是人生的春天。这个春天很短暂，如果不及时播下种子，等到了夏天再播种，种子就不易发芽了。就算发芽了，成长的过程也会变得非常艰难。因此，聪明的农夫一定不会错过春天这个播种的季节。

13. 宝宝不喜欢尝试新食物，有时是源于自我保护。对于没见过的食物，人们都会有一种陌生感。只有当这个食物多次出现在餐桌上，才能增加宝宝的安全感和信任感，他才可能去尝试。

14. 师傅带弟子们来到一块儿空地，空地上长满了杂草，师傅问弟子们该如何去除杂草。甲说用手拔，乙说用锄头，丙说放火烧，师傅听后，让弟子们去做。一年后，那块儿地依旧长满了杂草。师傅对弟子们说："要想根除杂草，种庄稼是最好的办法。"

15. 上班族应注意眼睛健康。由于长期呆在空调屋内，眼睛容易干涩。加上长时间盯着电脑屏幕，眨眼频率降低，这些都会减少眼内润滑剂的分泌。因此，一般用眼一个小时就应该休息一下，向远方眺望。另外，不要过度依赖眼药水。

第二部分

第16到30题，请选出正确答案。
现在开始第16到20题：

第16到20题是根据下面一段采访：

女：我手边有一本您的书，叫《生命在高处》，您觉得有多高呢？在您的记录本上，写着8848这个数字，这也就是珠穆朗玛峰的高度。让我感到惊讶的是，在此之前您从来没有登上过海拔8000米以上的高峰，为什么会在自己52岁的时候去登世界屋脊呢？

男：开始我认为我有一个最大的障碍，就是年龄问题，登顶成功之后，才发现我的成功主要是因为这个年纪。

女：我觉得过去我们对年龄这事太敏感太在乎了，其实，个体本身是因人而异的。你本身有很多潜力还没有发挥出来，这让我想到有一本书说的：评价一个男人，他的后半生要比前半生重要得多。

男：我同意，因为人的经验和经历都是后

半生才开始的，实际上男人50岁才刚开始。登顶珠峰有什么意义呢？我觉得它是对很多年过半百的中国男性的一种刺激。之后我在不同场合遇到50岁左右的人，他们都说："看到你这样，我觉得成功的定义应该重新界定，我要重新安排我的后半生。"

女：对于山，人们一直说要征服，但是真正要登山的时候，我想可能也会有另外一种感觉，就是你对自然的一种敬畏，实际上你只是和它融合在一起，而并不是在征服它。

男：对登山者来讲，是没有征服这两个字的。山就在那儿，你要选择最合适的时间、最保险的路线，还要考虑上去了之后怎样下来。

女：对，没错，不在乎你曾经到达什么高度，你要很安全地回来，才算走完了这段旅程。您现在起码有三分之一，或者说四分之一到三分之一的时间在登山，对吧？

男：应该是三分之一的时间，以后可能还会逐步加大，甚至二分之一。

女：所以有人批评你，说你不务正业。你是一个职业经理人，怎么能这么由着性子呢？

男：我觉得他们对我的定位是不对的，我首先是一个创业家，创业家要解决一个接班人的问题，要解决你离开之后如何来淡化你的影响力的问题。标准在于你是第一把手，你离开两个月，离开三个月，这公司还在正常运转，而且你回来还没有什么事，这说明你是在务正业还是不务正业呢？说明你务正业，而且你的效率还非常高，这对股民和公司来说都是负责任的。

16. 开始男的认为他攀登珠峰的最大障碍

是什么？

17. 男的认为登顶珠峰有什么意义？

18. 女的对登山有怎样的感觉？

19. 男的是如何定位自己的？

20. 关于男的，下列哪项正确？

第 21 到 25 题是根据下面一段采访：

男：据了解您喜欢"例外"和"无用"这样的字眼，为什么？

女：当初创立"例外"工作室的时候，我发现人们的审美观是求同，而不是求异，于是就想有一个与众不同的设计，是反流行的。至于"无用"，所有人都在追求"有用"，是否"有用"，甚至已成为我们做事的前提。但眼前的"有用"和未来的价值往往不同。我想把人们眼中无用的东西变得有用，我想把人们以是否有用作为取舍原则的观念打破。

男：听说您最近在做专人设计，那么在给专人做设计的时候，您的出发点是什么？

女：为专人设计，这还是我的第一次尝试。我对专人设计的理解是在符合设计师个人审美价值观的前提下，为特定对象提供符合其需求的服装服饰。

男：您总是倡导人们回归自然，但据我所知设计师在一定程度上，都是为功能性、实用性服务的，您如何看待这两者之间的悖论？

女：当今社会，消费几乎是一种必需，但消费与自然主义其实并不矛盾，关键是人们只购买必需的东西，停止不必要的消费。

男：您最欣赏的设计师是谁？

女：我最欣赏的设计师是大自然，它设计的七十亿人中，没有两个完全相同。

男：您本人偏爱穿什么风格和牌子的衣服？

女：我一半在国外买自己喜欢的设计师的作品，但不一定要名牌，另一半则自己设计。其实我在穿着上，不是太讲究。这似乎是一个矛盾，我把服装看得很重很重，可以说是我的生命，我的一切，我把自己百分之七八十的精力投入进去。而另一方面，我又不看重服装，它只是一种外表，而一个人更重要的是自我充实。只有在特定场合时，我才会穿得比较正式，而平时注重的是舒适。

男：听说您很少做专访，甚至不接受媒体拍照，为什么？

女：我经常提醒自己：设计师不是演员，毕竟还是要回归到设计上；设计师不是明星，应该踏踏实实，埋头苦干。我所崇拜的一些国外设计师就是这样。他们默默耕耘几十年，保持低调。我觉得这样的方式比较适合自己，我不想把自己搞得疲惫不堪。

21. 女的对专人设计怎么看？
7-23

22. 女的最喜欢的设计师是谁？
7-24

23. 女的对着装有什么讲究？
7-25

24. 女的对下列哪种观点持反对态度？
7-26

25. 关于女的，下列哪项正确？
7-27

第 26 到 30 题是根据下面一段采访：
7-28

女：您毕业于北京大学数学系，而非文科出身，后来是怎么走上文学翻译之路的？

男：在我去外国进修数学期间，有人找我翻译一部作品——《成熟的年龄》。这部作品文字很自然，一点儿都不做作，感觉像是把自己的一段经历和感受写下来，因此对初学翻译的人比较合适。尽管是第一次翻译，但我翻译得挺顺利，一遍就译好了。后来翻译家郝运看了我的处女译，给了我充分的鼓励，还对照原文逐字逐句修改，使我受益匪浅，至今我仍对他感激不尽。

女：在学习翻译的过程中，哪些作品对您帮助最大？

男：我自幼就爱看书、看电影，至今还珍藏有初版的《傲慢与偏见》。王科一的译本宛如田野上吹过的一阵清新的风，我觉得译本中俏皮、机智的语言妙不可言。对这位不相识的译者，心向往之。傅雷也是我青年时代崇拜的翻译家，他翻译的作品，让我至今都难以忘怀。

女：忠实于作者思想是翻译时最大的难题，您如何看待译者与作者的不同？

男：在我看来，作者是创作，是无中生有。译者是再创作，前提是尊重原作文本的"有"，而共同之处是两者都是创作。翻译尽管是二度创作，但译者的才情大有用武之地。他所体验的甘苦，也是一种创作的甘苦。翻译不是外文加中文的物理反应，而是化学反应，要加催化剂。化学反应就是再创作，对于翻译来说，就是要把原作者的文采，透过译者传递给读者。按照这一逻辑，译者最好的状态应该像一块儿玻璃，读者可以透过玻璃看到原作，看到作者，这实际上很难做到，或者说是不可能完全做到的，甚至可以说是天方夜谭。

女：我们知道每个作家都有自己独特的作品风格，那么译者的性格对翻译作品是否会有影响？

男：性格对翻译有影响是不可避免的，好的译者多多少少会是一个性格演员，而不一定是本色出演。

女：如果要给自己定一个翻译标准，您希望是什么呢？

男：我希望给自己定的翻译标准，一是让正襟危坐的读者能顺利地读下去；二是让有文学趣味的读者能从中读出它的好，从中有所收获。

26. 男的第一次翻译时感觉如何？
7-29

27. 男的觉得王科一翻译的《傲慢与偏见》好在哪里？
7-30

28. 男的如何看待翻译和创作的关系？
7-31

29. 男的把好的译者比喻成什么？
7-32

30. 关于男的，下列哪项正确？
7-33

第三部分

第31到50题，请选出正确答案。
现在开始第31到33题：

第31到33题是根据下面一段话：
7-34

体育课上，老师讲解跳高要领后，点名让一个学生示范跳高。由于当时正在走神，这个学生匆忙中奔向横杆，情急之下，忘了老师刚刚讲过的跳高要领。结果他背对着横杆跃了过去，当他落在沙坑里的时候，同学们都哄然大笑。只有体育老师没有笑，他不仅没有责怪这个同学跳法错误，相反却鼓励他去练习这种独特的跳高方法。

经过坚持不懈的训练，他终于越过了2.24米的高度，打破了当年的奥运会纪录。背越式跳高技术从此一鸣惊人，天下皆知。

生活中难免会出现错误，而难能可贵的是从错误中发现成功的契机。换一种思维，从错误中看到成功，那么错误也就成了我们的老师。

31. 那个同学为什么会被大家嘲笑？
7-35

32. 关于那个同学，下列哪项正确？
7-36

33. 这段话主要想告诉我们什么？
7-37

第34到36题是根据下面一段话：
7-38

从小时起，我就最崇拜科学家，对自然界也充满了好奇心。我认为科学家是在为全人类探索道路。在一片漆黑的世界里，科学家走在最前面，不畏艰辛，顽强地开拓。历经无数次的失败后，为人类找到发展的道路。想成为科学家是一件很难的事情。就算将全部的身心都投入进去也不够用。你还得有非常坚定的意志，能承受一次又一次的失败。此外，你做的事情全人类只需要做一次，如果你重复做了别人已经做过的，发现别人已经发现的，你的工作就毫无意义。

34. 说话人对科学家的态度是什么？
7-39

35. 说话人认为什么样的人能成为科学家？
7-40

36. 科学家做的是什么样的事情？
7-41

第 37 到 39 题是根据下面一段话：
7-42

　　人的短期记忆在早晨是最强的，大约比其他时间强15%，因此学生应当记住，早上面临考试的时候，事先浏览一下笔记的确有益处。但是短期记忆对几天后才举行的考试帮助不大。

　　长期记忆则有所不同，对于几天、几周或几个月之后仍想记住的资料，最好是下午研读，利用这个时间来背诵文章最为有效。如果是学生，明智的做法是：较困难的课程安排在下午，同时，尽量在下午完成大部分的功课，而不要留到深夜。如果您的工作经常需要与词语和数字打交道，则在早上做更佳。

37. 人的短期记忆什么时候最强？
7-43

38. 对几天后的考试，短期记忆怎么样？
7-44

39. 根据这段话，下列说法哪项正确？
7-45

第 40 到 43 题是根据下面一段话：
7-46

　　我们应该在日常生活中培养一种时时沟通，事事交流的习惯。否则，即使为了表达某种善意，或是为了把事情做好，也有可能因为缺少沟通而让事情变得更糟。

　　丈夫要在重要的会议上演讲，妻子为此专门为他购置了一套西服。吃饭时，妻子问西服是否合适，丈夫说上衣很好，就是裤子长了两公分，不过也能穿，影响不大。晚上丈夫早早儿就睡了，可他的妻子却睡不着。她一直在琢磨着丈夫最重要的演讲，怎么可以穿着长了的西裤！她觉得反正也睡不着，索性下床把西裤的裤腿剪掉两公分，缝好烫平，然后去做早餐了。又过了一会儿，女儿也起床了。看妈妈的早餐还没做好，就想起爸爸的西裤的事情，心想自己也要为爸爸做点事情。就拿起西裤剪短两公分，缝好烫平。就这样，一条只长了两公分的裤子因为缺乏交流与沟通，被连续剪短两次。等这位丈夫做好所有的准备，下来换西裤时，却发现这条裤子已经短得不能再穿了。

40. 这条裤子是谁买的？
7-47

41. 女儿为什么把裤子剪掉两公分？
7-48

42. 丈夫的裤子为什么不能穿了？
7-49

43. 这段话主要想告诉我们什么？
7-50

第 44 到 47 题是根据下面一段话：
7-51

　　随着寒假接近尾声，近日白云机场乘坐飞机的学生人数倍增，其中不少是单独乘机的儿童。白云机场特别提醒旅客，航空公司对接收无人陪伴儿童乘机数量有限制，家长需在购票时申请无人陪伴儿童服务。没有预先申请的，在办理登机手续时，一般是不被受理的。

　　一般国内航空公司规定每个航班的无人陪伴儿童的年龄限制为5~12周岁，年满12周岁但未满18周岁，也可自愿申请无人陪伴儿童服务，但需由航空公司同意。各航空公司对无人陪伴儿童服务的规定存在差异，监

01 02 03 04 05 06 07 08 09 10

护人需购票前仔细了解，根据自身需求选择合适的航班。

在接送无人陪伴儿童时，务必要晚走早到。送机的家长要在孩子乘坐的航班起飞后再离开机场，接机的家长则要在飞机抵达前半小时到机场。接机的人需携带身份证明文件，核对好接机地点。机场工作人员在核对接机人身份信息无误后，方可将无人陪伴儿童交给家长，以确保无人陪伴儿童的人身安全。

44. 近日白云机场乘客情况有什么变化？
7-52

45. 多大的孩子单独乘机时必须申请无人陪伴儿童服务？
7-53

46. 家长在接送无人陪伴儿童时要注意什么？
7-54

47. 关于无人陪伴儿童服务，下列哪项正确？
7-55

第 48 到 50 题是根据下面一段话：
7-56

"手表定律"是指一个人只有一只表时，可以准确地知道现在的时间，而当他同时拥有两只手表时却无法确定时间。两只手表并不能告诉一个人更准确的时间，反而会让这个人失去对准确时间的信心。你要做的就是选择其中较信赖的那只，尽力校准它，并以它为标准，听从它的指引。手表定律在企业管理方面给了我们一个非常直观的启发，就是对同一个人或同一个组织的管理不能同时采取两种不同的方法和标准，不能同时设置两个或几个不同的目标。换而言之，手表定律所指的是任何一个组织或一个企业都必须有统一的企业文化作为统领，有统一的生产

管理准则以及明确的作业规范，这是一个企业成功的基础。否则企业的行为将迷失方向，最终陷入混乱。

48. 当一个人有两只手表时会怎么样？
7-57

49. 关于"手表定律"带来的启示，下列哪项正确？
7-58

50. 这段话主要谈的是什么？
7-59

听力考试现在结束。

정답

듣기	1. A	2. A	3. C	4. B	5. D	6. D	7. D	8. C	9. A	10. C
	11. D	12. B	13. D	14. C	15. A	16. B	17. D	18. D	19. A	20. C
	21. D	22. B	23. B	24. A	25. A	26. A	27. A	28. C	29. B	30. A
	31. B	32. C	33. B	34. A	35. A	36. D	37. B	38. B	39. C	40. B
	41. A	42. A	43. B	44. D	45. C	46. A	47. C	48. D	49. B	50. C

독해	51. A	52. B	53. B	54. A	55. B	56. C	57. C	58. C	59. A	60. C
	61. B	62. B	63. D	64. B	65. C	66. C	67. A	68. C	69. D	70. B
	71. C	72. B	73. D	74. A	75. E	76. A	77. D	78. E	79. C	80. B
	81. B	82. C	83. A	84. D	85. B	86. D	87. C	88. B	89. D	90. D
	91. A	92. D	93. B	94. D	95. D	96. B	97. C	98. A	99. B	100. B

						张	大	千	的	为	人	胸	襟		
		张	大	千	是	中	国	画	坛	的	国	画	大	师	。
他	旅	居	海	外	，	在	泼	墨	和	泼	彩	方	面	开	创
了	新	的	艺	术	风	格	。	张	大	千	的	艺	术	成	就
可	谓	人	尽	皆	知	，	他	的	为	人	胸	襟	更	是	为
众	人	所	称	道	。										100
		19	36	年	，	张	大	千	在	英	国	举	办	画	展
，	他	临	场	发	挥	画	了	一	幅	水	墨	牡	丹	图	。
收	笔	后	，	他	含	了	一	口	茶	，	"	噗	"	一	声
把	茶	水	喷	到	了	画	上	，	顿	时	，	牡	丹	如	久
旱	逢	甘	露	，	绽	放	得	更	加	美	艳	动	人	了	。
		围	观	者	叹	为	观	止	，	可	唯	独	有	个	英
国	当	地	画	家	不	以	为	然	，	嗤	之	以	鼻	。	面
对	这	样	一	个	踢	馆	的	，	张	大	千	笑	而	不	语
。	大	家	都	不	解	张	大	千	为	什	么	不	说	明	。
张	大	千	解	释	道	：	"	如	果	他	对	中	国	画	真
没	兴	趣	，	我	何	必	解	释	？	如	果	他	真	有	兴
趣	，	将	来	一	定	会	知	道	这	是	中	国	画	的	神
奇	画	法	。	更	何	况	，	人	际	关	系	更	重	要	，
如	果	我	说	得	他	哑	口	无	言	，	只	会	切	断	了
我	们	间	的	友	谊	桥	梁	！	"	朋	友	们	这	才	恍
然	大	悟	。												
		后	来	那	位	英	国	画	家	得	知	了	中	国	画
的	技	法	，	他	被	张	大	千	的	为	人	胸	襟	所	折
服	，	登	门	道	歉	，	并	帮	助	他	在	世	界	各	地
办	画	展	。												400
		生	活	中	，	我	们	不	必	摆	出	一	副	得	理
不	饶	人	的	样	子	。	说	得	别	人	无	力	还	击	，
只	是	收	获	一	时	的	口	头	之	快	，	然	而	输	掉
的	却	是	与	对	方	建	立	友	谊	的	机	会	。		
															500

08회

모의고사

녹음 대본

(音乐，30秒，渐弱)

大家好！欢迎参加HSK (六级) 考试。
大家好！欢迎参加HSK (六级) 考试。
大家好！欢迎参加HSK (六级) 考试。

HSK (六级) 听力考试分三部分，共50题。
请大家注意，听力考试现在开始。

第一部分

第1到15题，请选出与所听内容一致的一项。
现在开始第1题：

1. 同一支玫瑰，悲观者看到的是刺，乐观
8-01 者看到的是花。不同的心态与思维方式，会导致不同的结果与命运。绝大部分成功者的心态是积极的，哪怕只有一线希望，也会全力以赴去争取。

2. 一天，一对夫妻吵架了，都不和对方说
8-02 话。晚上休息时，丈夫写了一张纸条给妻子，明天早上七点叫我起床。到了第二天，丈夫醒来一看闹钟，已经八点了。旁边放着一张纸条，上面写着：七点到了，快起床。

3. 亡羊补牢这个成语的意思是，因为羊圈
8-03 破了而丢了羊，那么尽快修补羊圈还不算晚。比喻出了问题以后，及时采取补救措施，就可以免于遭受更大的损失。

4. 吃杏仁儿巧克力有利于大脑健康。的
8-04 确，但这不是巧克力的功劳，而是杏仁儿中的维生素在起作用，它可以减缓大脑衰老。当然也不能忽视心理因素的影响，例如感到焦虑时，吃一块儿杏仁儿巧克力，无疑是对自己小小的宠爱。

5. 我们每天都在遵照不变的节奏生活，
8-05 饮食起居，上班下班，休闲娱乐，与人交往，不知不觉中，也许五年、十年很快就过去了。而到那时，我们常常会做出和大多数人相同的反应：感叹青春易逝，岁月无情。

6. 不同天气情况对军事活动的影响往往不
8-06 同。就算是同一种天气情况，也常常因指挥员及部队运用是否得当，而产生不同的结果。比如说大雾，虽然会给飞机的起飞带来困难；但另一方面，又可以掩护部队的作战行动。

7. 某杂志进行过一次调查，其结果显示，
8-07 虽然谦逊是一种美德，但在当今社会并不一定适用于男性。研究人员发现，女性不喜欢谦逊、羞于在人前展示才气的男性。更青睐自信、甚至有点儿自傲的男性。

8. 电影是音乐和绘画的结合。音乐是电影
8-08 艺术中的重要组成部分。许多人乐于在电影院里看电影，主要就是想感受声音的刺激。从开始到结束，大量的音乐使情节显得更丰富，更曲折了。

9. 承德避暑山庄是名副其实的避暑圣地，
8-09 山庄里的温度一般要比庄外低三到五度。所以每年夏天，都会有大量的游客前往避暑山庄。山庄内的荷花也极负盛

名。七八月份，荷花开满池塘，花期要一直持续到九月末。

10. 在毕业典礼上，校长宣布全年级第一名的同学上台领奖。但是，接连叫了几次之后，那个学生才缓缓走上台。后来，老师问他："刚才，你怎么了？生病了，还是没听清楚？"学生回答道："我没生病，我是怕其他同学没听清。"

11. 科幻小说是人们最喜欢的通俗读物之一。它的独特性，在于它与科学技术的发展有着直接的联系，但又是一种文艺创作。而且科幻小说中的情节，不可能发生在人们已知的现实世界里。

12. 风遇到防护林时，速度会减小百分之七十到八十。等穿过防护林，到距离防护林林木高度约二十倍的地方时，风会恢复到原来的速度。所以，防护林必须是平行排列的许多林带，两排间距不要超过林木高度的二十倍。

13. 柴米油盐酱醋茶，虽然茶排在最后一位，但许多人离不开它。饮茶可以补充人体所需的一些微量元素，对有些疾病也有防治作用。长期喝茶的人，腰围与臀围可以各少两厘米，而且身体脂肪比例也会少20%。

14. 航天科技活动与人类的生活密切相关。人们的电视、手机等无不依赖于天上的卫星进行信号传递。连城市的交通也要依赖于卫星信号来调控。由此可见，航天科技活动对人类生活的影响正在逐渐增大。

15. 一家时装店门口，有个人对一个女孩儿

说："你可以和我说几句话吗？"女孩儿好奇地问："为什么？""我妻子进去一个多小时了，但如果她看见我和你说话……"没等他说完，他妻子已快速走出服装店，挽着他离开了。

第二部分

第16到30题，请选出正确答案。
现在开始第16到20题：

第16到20题是根据下面一段采访：

女：作为清华创业园的主任，您认为大学生创业的优势和劣势都有哪些？

男：大学生创业的优势是没有包袱。大学生本来就一无所有，即使失败了，也能收获到经验。我认为这就是大学生最大的创业优势。另外从经验方面来看，没有经验的人反而敢于冒险。一些较难的项目有经验的人不敢轻易去做，恰恰因为他是大学生，"初生牛犊不畏虎"，他开始做了，并获得了成功。

女：从海外归来的留学生也没有经验，他们和国内的大学生主要的差别是什么？

男：留学生之间差别比较大，如果留学生是纯粹搞技术的，那么就跟国内毕业生是一样的。技术出身的人把技术看得比较重，技术为主的公司不成功的主要原因就是欠缺商业化运作能力。国内大学生和留学生都存在这样的问题。在清华，有这样一批留学生，他们有创业经历，掌握海外先进技术，

清楚如何将技术变成市场需求的产品，怎样与资本结合达到上市等。这种留学生市场观念比较强，市场运作能力较强，吸引资金本事也比较大。他们不仅带回来技术，还拥有最新的观念和理念。这种留学生创业是比较容易成功的。

女：对于我们大学毕业生来说，是不是应该先不要头脑发热，要先确定自己是不是适合创业？

男：对大学生来说最重要的是，不管怎样创业，首先要搞清楚一件事情，不论你卖的是产品还是服务，最主要的还是看有没有市场需求，产品的潜在市场有多大。在市场里，要做跟别人不一样的东西，要考虑如何在市场里获得一杯羹。

女：在创业者里面有个人也有团队，哪一种更多？

男：大多数都是团体创业。一般都是懂技术和懂市场的相结合。比如说我们做电脑的，搞技术的人把电脑做得更出色，以便好卖，这是最基本的一种结构，有人开发市场需求的产品，有人推销出去，再把信息反馈回来，这是最简单的组合。如果还有懂资金，懂管理，懂人力资源的，这样的团队就更完美了，成功的可能性大很多。

16. 大学生创业的优势是什么？
🔊 8-17

17. 关于在清华的一批留学生，下列哪项正确？
🔊 8-18

18. 技术为主的公司不成功的主要原因是什么？
🔊 8-19

19. 大学生创业应该先搞清楚什么？
🔊 8-20

20. 根据这段采访，可以知道什么？
🔊 8-21

第 21 到 25 题是根据下面一段采访：
🔊 8-22

男：国外对针灸一直很有兴趣。先请您谈谈这其中的原因吧！

女：针灸疗法简便易行，行之有效。在治疗很多疾病中，可以起到立竿见影的作用。比如说牙疼、腰疼这类疼痛性疾病，很多好的医生可以做到一针下去，病痛顿除，所以很容易被大家接受。再者，它对人体没有任何伤害，是一种纯自然疗法，非常符合现在人对疾病的治疗理论，所以国外对针灸的兴趣是非常大的。当然，针灸还可以治很多慢性病。它主要是通过治疗来调节人体自身的抗病抵御能力。这也是国外对针灸感兴趣的原因之一。

男：从西方只认同实践来看，您是否认为，中医推广的力度还远远不够？

女：我很同意你的看法。中医要发展，还是任重道远。特别是中药服用比较复杂，要煎服，口感也不好，不方便携带。所以如果制药方式没有重大变革，推广是有难度的。现在有免煎颗粒，比过去就好得多了。再者，我们的宣传也不到位。大家没有认识到，整体调整、调节自身免疫功能来战胜疾病的好处。

男：有人说："中医是养生，西医是治病。"您赞同这种说法吗？

女：其实西医也有很多是养生的理论，中医也有很多治病的办法。看问题应该理性，应该平和。所以对这种说法，我不能完全赞同。

男：您如何看待中西医结合这一问题？

女：我曾在《百家讲坛》中专门讲到中西医

结合的问题。中医和西医尽管是两种医学理论体系，但是它们的研究个体是一个，都是人。所以，它们在理论上有一定的通用性，在治疗上有很大的互补性。我常说，中医是寸，寸有所长，西医是尺，尺有所短。我们如果能很好地把它们结合在一起，来治疗疾病，将会事半功倍。

21. 关于针灸疗法，下面哪项正确？
8-23

22. 中药有什么缺点？
8-24

23. 关于中医推广，女的是什么看法？
8-25

24. 女的怎样看待中医和西医？
8-26

25. 关于女的，可以知道什么？
8-27

第26到30题是根据下面一段采访：
8-28

女：今天应邀来到我们现场的嘉宾是著名的画家蔡志忠先生，蔡志忠先生是一个很特别的人物，每天全球至少有15部机器在同时印刷他的作品。听说蔡先生很小就迷上了漫画，能跟我们说一说您入迷的经过吗？

男：我小时候家里房子很多，从两三岁时起，我就单独睡一个房间，逐渐培养了独立自主的个性。我也记不清是从哪一年开始对漫画产生了兴趣。反正小学课本和作业本的白边上，到处都活跃着我亲手画的小人国。考上中学后，我的态度才认真起来。将书报杂志上的漫画拿来仔细品味揣摩，然后将心中的构思画在纸上，向出版社投稿。画稿也很幸运地不断地被采用，

随后我就被一家杂志社录用了。

女：那时您初中毕业了吗？

男：还没有，只差半年。可我太热衷漫画了，别说半年，就是一个月也等不下去。于是我决定接受这份工作。

女：您的父亲没有阻拦吗？

男：我能走到今天，要特别感谢父亲的宽容。俗话说，"知子莫若父"，父亲对我非常了解，也十分支持，他知道我决心退学一定是去从事自己热爱的事业。

女：听了您的这些话，是不是可以说，您是自学成才的？

男：可以这么说吧，我学画漫画完全是出于兴趣爱好。我本身没有多少文化，也从来没有拜过老师。但是我相信，只要自己喜欢干，就一定能学好、干好。一个人想要有出息，必须靠自己。当然，"无师自通"不是无条件的，要达到较高的境界，必须如醉如痴地去追求。

女：您画漫画的目的是什么？

男：完全没有目的，就像我们聊天口渴了，就喝一口茶；中午饿了，就去找餐厅吃饭一样。在我眼里，漫画是一种非常有趣的表达方式。每当内心有所感悟时，就用画面传达给读者。为了达到漫画最高标准，我一直是全力以赴的。我每天7点钟起床，开车送女儿去上学，随后就去自己的工作室去画画儿，一直画到下午6点半。吃过晚饭后继续画，总是到凌晨两三点钟才上床休息。我很珍惜时间，在我生活中，没有昨天，也没有明天，只有今天。

26. 男的从小养成了怎样的个性？
8-29

27. 男的什么时候开始以漫画为职业？
8-30

28. 男的特别感激父亲的什么？
8-31

29. 男的把画画儿看做什么？
8-32

30. 关于男的，下列说法哪项正确？
8-33

第三部分

第 31 到 50 题，请选出正确答案。
现在开始第 31 到 33 题：

第 31 到 33 题是根据下面一段话：
8-34

　　一个农夫种了两棵苹果树，到了收获的季节，两棵苹果树都结满了果实。在农夫和孩子们的欢声笑语中，两棵苹果树被破坏得枝折叶落，伤痕累累。到了第二年，农夫和他的孩子们发现，只有一棵苹果树上结满了果实，而另一棵上一个果实也没结。沉浸在收获喜悦中的农夫和他的孩子们，虽然这回很小心地采摘苹果，可也弄得这棵结果的树损坏了不少枝叶，而另一棵没结果的则毫发无伤。不结果的苹果树得意地说："多亏我聪明，才保护了自己。"结果的苹果树说："多亏了农夫的精心照料，我才能长大成材，能给他们带来快乐，即使受点损伤，我也很高兴。"不结果的苹果树叹道："真愚蠢，连爱护自己都不懂！"第三年，到了收获的季节，相同的事情又发生了一遍。这年冬天，农夫想，反正这棵苹果树不结果子，砍了做柴禾烧算了。于是，砍倒了那棵不结果的苹果树。

31. 第二年发生了什么事？
8-35

32. 最后农夫的决定是什么？
8-36

33. 这个故事主要想告诉我们什么？
8-37

第 34 到 36 题是根据下面一段话：
8-38

　　你认识多少人以及有多少人认识你，决定着你能取得的成就的大小。成功85%来自人脉关系，15%来自于专业知识。古语有云"学而无友则孤陋寡闻"。交友是一件有意义的事，每个人都应该尽可能地去结识新朋友。因为朋友能扩大我们生活的领域，使我们更深刻地认识这个世界。一个人交际范围越广阔，获得财富的机会就会相应增加。如果你期待早日成功，就必须有良好的人际关系网。其实，所谓的"走运"，多半是有良好的人际关系做基础。尽可能多地去结交认同你做法、想法的朋友，他们一定会给你带来好运。

34. 说话人认为怎样才能成功？
8-39

35. 这段话中提到的"走运"是什么意思？
8-40

36. 这段话主要讲的是什么？
8-41

第 37 到 39 题是根据下面一段话：
8-42

　　在现实生活中，人们往往会更重视结果。虽然也有许多人会在意他们在过程中的表现，但只要最终的结果能够达到他们预想的目标，过程就显得不那么重要了。因为，他们同样更注重结果。实际上，结果固然重要，但其实都是在服务于一个大过程。这个过程就是我们人生的总过程。每个人从出生开始，就必然在走向死亡。每个人都知道自己最终的结果是什么，但他们仍在不断地努力着。因为他们明白，已经知道了结果的时候，过程就显得更重要了。他们希望可以在过程中，尽情体验生活中的酸甜苦辣、爱恨情仇，努力去丰富自己的经历，以便在面对结果的时候，有更多值得回忆的往事。由此看来，过程和结果，其实是相辅相成的。

37. 说话人认为，人们应该更重视什么？

8-43

38. 这段话中的大过程指的是什么？

8-44

39. 这段话主要谈什么？

8-45

第 40 到 43 题是根据下面一段话：

8-46

　　有一个关于楚王打猎的故事。在狩猎时，一只野兔从草丛中窜出。楚王张弓搭箭，刚要射箭时，突然从他的左边跑出一只山狼。于是，他调转箭头，将其对准了山狼。这时，从他的右面又跳出一只梅花鹿。楚王又调整方向，对准了梅花鹿。正在这时，树梢上又飞出了一只珍贵的苍鹰。楚王最终选择了苍鹰。但在他还未瞄准前，苍鹰已迅速在空中划过一道弧线，远遁而去。等到楚王回过头来找其他的猎物时，之前出现过的猎物早已不知所踪。楚王拿着箭比划了半天，结果一无所获。

　　人生有三只兔子不可追。少年时期，教室外面的嬉闹玩乐，是一只诱人的兔子。你若是追赶它，它就带给你荒废的一生。青年时期，校园外面的富贵荣华是一只诱人的兔子。你若去追赶它，它就带给你虚荣的一生。中年时期，社会上的灯红酒绿是一只诱人的兔子。你若去追赶它，它就带给你堕落

的一生。当你在打猎时，不要被草丛中窜来窜去的兔子弄得眼花缭乱，以免偏离了前进的方向。要记住，自己是在赶路。唯一要做的是，看着脚下的路，看着前方。

40. 楚王打猎的结果怎么样？

8-47

41. 根据这段话，少年时代要注意什么？

8-48

42. 这段话中的兔子比喻什么？

8-49

43. 这段话主要告诉我们什么？

8-50

第 44 到 47 题是根据下面一段话：

8-51

　　鲨鱼的攻击性极强，只要被鲨鱼发觉，很少有人能够逃离。不过，奇怪的是，有位海洋生物学家研究鲨鱼很多年，经常穿着潜水衣游到鲨鱼的身边，与鲨鱼近距离接触，可鲨鱼好像并不在意他的存在。他说："其实鲨鱼并不可怕，可怕的是你见到鲨鱼时，自己产生的恐慌。"的确如此，人在遇到鲨鱼时心跳就会加速，正是那快速跳动的心脏引起了鲨鱼的注意。鲨鱼就是通过快速跳动的心脏在水中发出的感应波来捕捉猎物的。如果在鲨鱼面前，你能够心情平静，毫不惊慌，那么鲨鱼就对你构不成任何危胁，哪怕他不小心触碰到你的身体也没关系。反之，你一见到鲨鱼就吓得浑身发抖、高声尖叫，只想赶快逃命，那么你将会成为鲨鱼的一顿美餐。看似凶险的东西，只要坦然地面对，有条有理地处理，最终都可以解决。有时，困住我们的正是我们自己。

44. 那位海洋生物学家认为什么更可怕？

8-52

45. 关于鲨鱼，下列哪项正确？

8-53

46. 遇到鲨鱼时，应该怎样保护自己？
8-54

47. 下列哪项是说话人的观点？
8-55

第48到50题是根据下面一段话：
8-56

　　关于儿童何时开始学习外语的问题，有的人主张越早越好，有的人主张在一个适当的年龄。还有人认为，三至六岁的孩子，学习语言的能力处于巅峰状态，这一时期是学习第二种语言的最理想时期。在这个年龄段的孩子，学习第二种语言，就像学习母语一样容易，并且无须任何准备的正式功课，只需要照老师教小孩子学习母语的方式教就可以了。也就是说，他只需要常常听某一个人，或某些人流利地对他说第二种语言即可。记住，不要在差不多同一时间内，既对孩子说母语，又对孩子说第二种语言，这会令孩子无所适从。应该在某些特定的时间，或特定的地方，对孩子只说第二种语言；或者特定的人，对孩子只说第二种语言。

48. 关于孩子学外语，下面哪项正确？
8-57

49. "这会令孩子无所适从"是什么意思？
8-58

50. 这段话主要告诉我们什么？
8-59

听力考试现在结束。

맛있는 중국어 HSK 6급 1000제

09회 모의고사

정답

듣기										
1. A	2. B	3. B	4. D	5. A	6. C	7. C	8. D	9. C	10. B
11. D	12. D	13. D	14. D	15. B	16. B	17. D	18. D	19. B	20. D
21. C	22. A	23. A	24. B	25. D	26. D	27. A	28. C	29. D	30. C
31. A	32. C	33. C	34. D	35. B	36. C	37. D	38. C	39. D	40. C
41. B	42. B	43. B	44. C	45. D	46. D	47. D	48. C	49. A	50. C

독해										
51. A	52. B	53. D	54. C	55. C	56. D	57. B	58. C	59. A	60. B
61. C	62. D	63. A	64. A	65. C	66. A	67. A	68. B	69. C	70. B
71. D	72. E	73. A	74. C	75. B	76. C	77. A	78. E	79. D	80. B
81. B	82. A	83. A	84. D	85. B	86. B	87. B	88. A	89. D	90. C
91. D	92. A	93. A	94. D	95. B	96. D	97. C	98. D	99. B	100. B

伯乐相马

一提起伯乐，可谓无人不知，无人不晓，他以高超的相马本领而享誉全中国。

传说春秋时代，伯乐受楚王委托寻找一匹能日行千里的骏马，他为此跑遍了大江南北，却连千里马的影子也没找到。

一个炎炎夏日，太阳火辣辣地照耀着大地。伯乐无精打采地走在从齐国返回楚国的路上，突然一匹拉着盐车的马映入了他的眼帘，他顿时眼睛一亮，心中升起了无限的希望。他赶紧走向前去，彬彬有礼地对车主说道："您能把这匹马卖给我吗?"车主觉得这匹马骨瘦如柴，又没有力气，就毫不犹豫地答应了。

伯乐将马牵到楚王面前，楚王一看马的样子，脸上露出了不悦的神情，怒气冲冲地说："你给我找的这是什么马?看起来连走路都困难，怎么上战场?"伯乐听后不紧不慢地说："这的确是匹千里马，因为照顾得不精心才变成这样，只要我们无微不至地照顾它，用不了多久，它就能成为一匹难得的骏马。"

时隔不久，这匹马果然变得精壮神骏，为楚王立下了不少功劳。后来人们便用"伯乐"比喻善于发现人才的人。

09회
모의고사

녹음 대본

(音乐，30秒，渐弱)

大家好！欢迎参加HSK(六级)考试。
大家好！欢迎参加HSK(六级)考试。
大家好！欢迎参加HSK(六级)考试。

HSK(六级)听力考试分三部分，共50题。
请大家注意，听力考试现在开始。

第一部分

第1到15题，请选出与所听内容一致的一项。
现在开始第1题：

1. 李先生为人吝啬。一天，他的两个朋友
   约他星期天聚会。一个朋友说带面包和
   9-01
   牛奶。另一个朋友说带一箱啤酒去。李
   先生说："那我带我弟弟。"

2. 豆汁是北京独具特色的民间小吃，已经
   流传了上千年，它是以绿豆为原料制成
   9-02
   的，颜色暗淡，味道酸甜。第一次品尝
   时，人们通常会觉得难以下咽，但多试
   几次，它醇厚的香味就会让你欲罢不能
   了。

3. 退一步并不总是代表怯弱无能，相反，
   有时恰恰是继续前进的一种策略。退是
   9-03
   为了更快、更有力地向前。正如跳高、
   跳远，我们退后的距离，也正是我们冲
   刺的跑道。适当地后退，可以让我们跳

得更远，跃得更高。

4. 人际关系与心际关系一样，太近了就
   容易发生摩擦、产生矛盾。保持适当的
   9-04
   距离是保证人际和谐的关键。如同在高
   速公路上，车与车之间，即使朝着同一
   方向，也要保持车距，否则就容易出事
   故。

5. 没有书本，知识将如何传播？这很难想
   象。仅仅是口耳相传，传播的力度实在
   9-05
   太有限了。书本通过印刷，可以大量地
   复制，这便有了知识的传播和思想交
   流。有人说，印刷术是文明之母，这是
   一点儿也不过分的。

6. 被人赏识是人最普遍的需求之一。不分
   年龄、地位，每个人都希望能够得到他
   9-06
   人的肯定，都不会拒绝他人的夸奖和赞
   扬。这一点，在中小学生身上，表现得
   尤为突出。

7. 《围城》发表以后在国内外引起强烈反
   响，有位美国记者想要采访作者钱钟
   9-07
   书。钱钟书再三婉拒，但记者仍然执意
   要见，钱钟书幽默地回答说："如果你
   吃了个鸡蛋觉得不错，何必一定要知道
   那只下蛋的母鸡呢？"

8. 人的知识是有限的，没有人可以在所有
   领域都精通。一个杰出的地质学家，不
   9-08
   一定能懂得工人的手艺；一个出色的钢
   琴家，也可能不会对数学有兴趣。一个
   人如果说自己什么都懂，这个人多半什
   么都不懂。

9. 中国有句老话，叫：授人以鱼，不如授
   人以渔。第一个"鱼"，是名词，指水里
   9-09

的鱼。第二个"渔"，是动词，指捕鱼的方法。这句话指的是，如果想永远有鱼吃，就不能只想要一条鱼，而是要懂得去要一个方法。

10.
9-10
农历8月15日是中国传统的中秋佳节，这时正好处于秋季的中期，所以被称为"中秋"。中秋节又称团圆节，这一天，人们观赏明月，期盼一家团圆，远在外地的游子也借此寄托对故乡和亲人的思念之情。

11.
9-11
唐三彩是一种盛行于唐代的陶器，以黄、白、绿为基本颜色。唐三彩已经有一千三百多年的历史了。它吸收了中国国画、雕塑等工艺美术的特点，是一种具有中国独特风格的传统工艺品。

12.
9-12
林海珍说她最大的失误是没有花光所有的钱。她用工作赚来的钱买了20多套房子，65岁时决定环游世界。每当钱花光了，她就卖掉一套房子。82岁去世前，还剩余数套房子，于是留下上述遗言。

13.
9-13
一项研究结果表明：当人们因为气愤而想发脾气时，如果能够及时发泄出来，会有利于自己的身体健康，也会给长寿带来更多可能。研究结果显示，那些寿命比较长的研究对象，大都属于有脾气就发的类型。

14.
9-14
药膳是在中医学、烹饪和营养学理论指导下制作而成的具有一定色、香、味、形的美味食品。它严格按药膳配方，将中药与某些具有药用价值的食物相配，采用中国独特的烹调技术和现代科学技术。

15.
9-15
"画蛇添足"这个成语的意思是，给画好的蛇添上脚，比喻做了多余的事，反而有害无益，徒劳无功。现实生活中，人们总是在追求完美。实际上，很多时候，我们在这个过程中，做了许多无用功。所以凡事应该适可而止。

第二部分

第16到30题，请选出正确答案。
现在开始第16到20题：

第16到20题是根据下面一段采访：
9-16

男：今天应邀前来的嘉宾是一位女摄影师，也是一位桃李满天下的教师。宋镜老师，您好！平遥摄影大赛即将举行，您是第几次参加？

女：我是第一次参加。我平时的创作主要是电影和电视广告。图片摄影，我虽然拍了十二年，然而一直是积累的过程。这次前来参加大赛，主要是觉得十几年的拍摄应该总结一下。

男：您作为一个专业人士，是怎样看待"平遥"这样一个越来越享有国际声誉的大赛呢？

女：平遥摄影节，据我所知，起初也是以发展地方旅游经济为目的展开的。现在不仅取得了如此高的成就，而且在业内，确定了它的权威性和全面性。对于世界来讲，它提供了一个窗口和桥梁，向世界介绍了中国摄影师，也帮助中国更多地了解到世界摄影。

男：您也是一位很了不起的老师，学生们

都很喜欢您上课的方式。您能不能给大家介绍一下？

女：我的教学形式是这样的：白天进行拍摄，晚上教学，用我们认可的纪实摄影大师的作品启发学生，用纪实摄影的理论引导学生应该怎么拍摄，告诉学生用心灵去感应。

男：对于您的学生来讲，您的授课方式使他们的专业技能得到了很大的提升，同时也开阔了他们的生活眼界。他们在这方面的收获是不是已经超出了您的预期？

女：确实如此。98年我就曾带着学生去山西体验生活。因为我一直奉行艺术向生活学习，所以我开始上生活摄影课的时候，就主张应该到生活里去。让学生换一种环境，比较具体地感受生活。当我们从山西回来，第一次办展览的时候，我真的觉得，学生的作品拍得太好了。你都不知道他们的力量有多大！

男：在人们看来，女性摄影是非常酷的职业。您是怎么开始您的摄影生涯的？

女：我从小学画画儿，后来考上了电影学院摄影系。当时，电影学院没有图片摄影系，都是电影摄影。我就进入了这个专业。我感觉自己对艺术有一点点天分，而且学得不累。

16. 女的平时主要从事哪方面的工作？
9-17

17. 举办平遥摄影节最初的目的是什么？
9-18

18. 女的采取什么样的教学形式？
9-19

19. 女的觉得学生的第一次展览怎么样？
9-20

20. 关于女的，下面哪项正确？
9-21

第 21 到 25 题是根据下面一段采访：
9-22

女：大家好，今天我们邀请到了当下最受关注的华人导演，李安导演。您好，您能跟大家介绍一下，平时的工作方式吗？

男：我有我特别个性化的工作方式，主要分为三个阶段，酝酿期、交流期和控制期。在酝酿期，我会收集大量我感兴趣的资料，让心中出现过的想法慢慢成形。然后到了交流期，我会挑选工作伙伴，挑选演员。接着不断地与他们交流，让他们清楚自己需要做的事。接下来就是控制期了，这也是正式开始拍摄的阶段。在这段时间，我的控制欲十分强烈，不会因为什么状况而轻易妥协。所以在第三阶段，我有一股狠劲儿。

女：我们知道，您所执导的剧本，都是自己写的。这对于您的电影来说十分重要吗？

男：我在成为电影导演以前，写了六年剧本。这对我来说是十分重要的经历。不管是否做导演，我觉得只要想从事电影这一行，都应该懂得剧本。现在，中文电影普遍缺少较强的编剧。编剧是什么？就是在纸上讲故事，构思一个能吸引观众注意力的故事。

女：您拍摄的影片题材是多变的，跳跃性也很大。这是为什么呢？

男：对我来说，拍影片就是一个冲动。电影让我活在梦想的世界里。当我有想要表达的东西时，就去拍相应的电影。好比一个走进去和走出来的过程。拍完电影后，在我宣传这部电影时，我会反复地讲述拍摄的动机。当这些都完成后，我就再也不想涉及相关题材的电影，也可以说是走出来了。在拍下一部电影时，我需要新鲜感。所以，又会有了个不一样的东西。

女：作为一个成功的导演，您能给现在的学生和正在做着电影梦的人一些建议吗？

男：拍电影其实并不难，你想要表达什么，才是最重要的。我的意思是说，技术是小事，道理才更重要。在人生历程中，你感悟到了什么？观众买票进来看电影，你又想让他们感受到什么？一定要充实自己的知识，必须建立心理文化。

21. 男的在第三个工作阶段表现得怎么样？
9-23

22. 在做导演之前，男的做过什么？
9-24

23. 男的拍摄的电影有什么特点？
9-25

24. 男的认为如何成为成功的导演？
9-26

25. 关于男的，可以知道什么？
9-27

第26到30题是根据下面一段采访：
9-28

男：您好，您觉得财富带来的好处有哪些？

女：我觉得财富带来的最大好处，是让你有不做自己不喜欢事情的权利。从这点上看，财富是非常值得拥有的。但如果妄图用财富去换取人性当中的爱、尊贵，却是永远无法办到的。想得到这些，是需要付出真心和真爱的。

男：女性是否应该建立自己的财富目标？

女：我觉得女性需要有基本的财富保证。经济独立很重要，就算选择做家庭主妇，也要有保障自己生活的能力，因为这事关一个人的尊严。很多资料表明，女性创业，大都出于兴趣爱好，而不是纯粹的精神目标。这是和男性大不相同的。至于你未来会有多少财富，则是可遇不可求的。

男：您认为未来中国哪些行业更适合女性？

女：我认为服务性的行业要更适合女性。它对人际交往、协调、沟通能力要求比较高。比如传媒领域，目前主要的从业者都是女性。还有秘书、保险、银行、咨询、律师、生活类设计师以及经营网络的很多小的行业。它不一定需要很大的投资，但需要有创意，有坚韧、细致入微的工作精神。这是女性更擅长的。

男：如果把财富圈比作一个俱乐部，在这个俱乐部里，女性是否真的实现了和男人平起平坐？

女：在中国，女性就业率普遍比西方国家高。但高层管理层的女性比例仍然十分小。女人们或许不会感觉到明显的歧视，但你需要更多的努力来证明自己。比如说，一个男人取得某一事业的成功后，别的男人就觉得可以跟他做生意了。但一个女人，往往需要几件事来证明自己，你的个性，你的能力，你的各个方面的才华。相对来说，女性要比男性付出更多。

26. 女的认为财富最大的好处是什么？
9-29

27. 女性创业主要考虑的是什么？
9-30

28. 关于财富目标，女的是什么观点？
9-31

29. 女的认为女性有什么特点？
9-32

30. 关于中国女性就业，下列哪项正确？

9-33

第三部分

第31到50题，请选出正确答案。
现在开始第31到33题：

第31到33题是根据下面一段话：

9-34

　　一百多年前，有一个商人去四川北部收购油。没想到的是，油还没榨出时，就已经被先到的商人订购一空。因此他什么也没买到。正在他颓废沮丧毫无办法的时候，一个叫卖着推销油桶的小商贩从他旁边经过。这突然激起了他的灵感。他四处向农民们打听，了解到今年油料作物获得了大丰收，于是对油桶的需求量也相应增加了。此时，油还没榨出，还没有人注意到这个商机。于是，他果断地把计划用于购买油的钱全部用来定购油桶，占有了四川北部所有的油桶货源，最终获得了丰厚的利润。

31. 这个商人为什么没买到油？

9-35

32. 谁给了这个商人启发？

9-36

33. 这段话说明了什么道理？

9-37

第34到36题是根据下面一段话：

9-38

　　好工作不是让你能发挥到别人的水平，而是发挥出你自己的能力。其实能力包括很多方面，这里特别强调一点，那就是性格。性格决定命运。比如说，有一些人性格相对比较外向，有热情、有活力，总是愿意研究新鲜事物，能忍受不确定感，适合做些灵活度比较高的工作。而有些相反，有的人做事按部就班，墨守成规。这种性格也适合做很多事情，比如一些规则性强的工作。但是，他们也存在很大的缺陷，就是创造性可能不够，缺乏灵活度。

　　所以，每个人在找工作的时候，要想到职业规划这个问题。就是你的性格特点是什么？你适合找什么样的工作？什么工作能发挥你的特长？而不是别人说这个工作好，社会推崇这个工作，你就非要去做。

34. 性格外向的人适合做什么样的工作？

9-39

35. 根据这段话，可以知道什么？

9-40

36. 这段话主要谈什么？

9-41

第37到39题是根据下面一段话：

9-42

　　起初狗仔队的名声并不坏，它由意大利语翻译过来，原意为"追踪摄影队"。意思是，一种不怕风吹雨打、勇于刻苦挖掘鲜为人知之事的、略带执着不屈性格的人。从某种意义上说，狗仔队的出现顺应了历史潮流。20世纪50年代，名人开始被偶像化，那些政商名流、演艺明星成为大家崇拜的对象。让人们好奇的是，聚光灯后的明星上不上厕所？会不会谈恋爱？来自四面八方的窥私欲就这样把追踪摄影队推上了历史舞台。

　　大概"狗仔队"这三个字一闻就是臭的，他们的镜头里你看不到什么美丽的事物，所看到的让人绝对无法认同他们记者的身份。很多社会记者用暗访的方法报道真相，赢得了尊重，但是当狗仔队用偷偷摸摸的方式报道真相，我们脑海里往往会浮现出一副丑陋的嘴脸，因为他们的真相没有让人看到社会责任的存在。如果没有狗仔队，你就不会知道明星们都出入什么场所，哪个明星在谈恋爱等等，总之，你的生活会少很多乐趣，但也仅此而已。

37. 为什么说狗仔队的诞生顺应了历史潮流？
9-43

38. 关于狗仔队，下列哪项正确？
9-44

39. 这段话主要想说明狗仔队怎么样？
9-45

第40到43题是根据下面一段话：
9-46

　　脚部动作常常会显露出一个人的真实心理。交谈时人们通常会把注意力集中在对方的脸部，很少对自己的脚进行有意识的控制。脚部动作就为我们提供了了解他人的线索。

　　首先，谈话时，如果发觉对方的脚不再对着你，而是朝着另外一个方向转动时，你就要意识到，可能出现什么问题了。如果有人与你交谈时，脚尖却不由自主地向反方向转动，这可能说明此人想要离开了。如果你发现，对方的脚在不断地转向摆动，这可能表示对方也许不愿意离开，但不得不走。

　　其次，当人的情绪高涨时，身体会不由自主地做出背离重力方向的动作。典型例子就是，人极度快乐时往往都会跳起来。所以不管是脚尖着地、脚跟抬起，还是脚跟着地、脚尖抬起，都是个人积极情绪的体现。

　　另外，无论是坐姿还是站姿，"叉开双腿"都能使人的身体姿态看起来更加稳重。实际上，这是一种强烈信号，显示出当事人的态度会较为强硬。如果你发现一个人的腿从并在一起到叉开，你基本上可以判定，这个人越来越不高兴。

40. 交谈时人们通常把注意力集中在哪儿？
9-47

41. 关于脚部动作，下面哪项正确？
9-48

42. 谈话人"叉开双腿"意味着什么？
9-49

43. 这段话主要谈什么？
9-50

第44到47题是根据下面一段话：
9-51

　　夏季天气炎热，人们外出旅游时，一定要掌握一些喝水的技巧，以免出现水中毒。

　　首先，应该在旅途中喝一些淡盐水，以补充因大量排汗而带走的无机盐。最好的方法是，在五百毫升饮用水里，放入一克盐，并适时饮用。这样可以补充机体需要。

　　此外，喝水要次多量少。许多人在生活中习惯以口渴与否来衡量是否需要喝水。实际上，这是不科学的。因为感到口渴就意味着人体水分已经失去平衡。在旅途中，口渴时不可以一次猛喝。应分多次喝，并少量饮用，以利于人体吸收。合理的安排是，每次以一百毫升至一百五十毫升为宜，每半个小时喝一次。

　　最后，尽量避免饮用温度过低的水。夏季旅游时，人体的体温通常较高，饮用大量冷饮容易引起消化系统疾病。专家建议，旅行者最好不要饮用低于五摄氏度的饮料，喝十摄氏度左右的淡盐水比较科学。因为，这样既能降温解渴，又不伤及肠胃，还能及时补充人体所需的盐分。

44. 夏季旅行时，应该喝什么水？
9-52

45. 根据这段话，旅途中喝水的正确方式
9-53 是什么？

46. 下列哪项不是喝淡盐水的好处？
9-54

47. 这段话主要谈什么？
9-55

第48到50题是根据下面一段话：
9-56

　　钱是有性格的。钱有自己的主见和爱
好，我们都想得到钱，但是不能强求，那样
很累。我们应该做的是，培养自己吸引钱的
气质，让钱自投罗网。这就是"你不用去找
钱，钱自己会来找你"的含义了。
　　问题是，怎样才算是拥有"吸引钱的气
质"呢？我认为，一是要有自己的核心竞争
力。钱的流动并非无章可循，而是奉行着价
值交换的原则。一个人只有拥有了可与外界
进行交换的价值，才能吸引钱流向自己，因
此我们要注重培养自己的一技之长。二是要
有诚信。因为钱是胆小的，所以钱喜欢和有
诚信的人打交道。缺少信用意味着可能让钱
有去无回。从长期来看，一个不讲诚信的
人是很难成为富人的。一个存在诚信危机的国
家也不可能成为富国。三是要乐于与人分
享。俗话说"财散人聚，财聚人散"，如果人
心散了，队伍就不好带，最终钱也必将散
去。

48. 怎样才能培养核心竞争力？
9-57

49. "财散人聚，财聚人散"这句话想告诉我
9-58 们什么？

50. 这段话主要谈的是什么？
9-59

听力考试现在结束。

정답

듣기										
1. A	2. D	3. B	4. D	5. A	6. C	7. B	8. A	9. B	10. C
11. D	12. B	13. B	14. D	15. C	16. B	17. B	18. A	19. B	20. B
21. C	22. D	23. D	24. B	25. D	26. D	27. A	28. C	29. C	30. A
31. D	32. D	33. D	34. B	35. D	36. A	37. D	38. D	39. A	40. C
41. D	42. B	43. C	44. C	45. D	46. A	47. B	48. D	49. C	50. D

독해										
51. B	52. C	53. D	54. B	55. B	56. A	57. B	58. B	59. B	60. D
61. C	62. C	63. C	64. A	65. C	66. B	67. B	68. A	69. B	70. C
71. A	72. C	73. B	74. E	75. D	76. C	77. D	78. B	79. A	80. E
81. C	82. A	83. B	84. C	85. D	86. A	87. B	88. C	89. B	90. C
91. B	92. A	93. A	94. C	95. C	96. D	97. A	98. D	99. C	100. A

快乐重生

　　奥美公司接到可口可乐公司的订单：设计以环保为主题的创意活动。主任将任务交给了安德鲁。安德鲁策划出了以"废旧瓶换饮料"为主题的活动方案。但主任以太普通为由否决了，他要求安德鲁必须有独一无二的创意。

　　安德鲁沮丧无比，一上午没有任何头绪。中午他应邀与大学同学共进午餐。午餐时，他们点了一瓶可乐。当安德鲁拧开瓶盖时，可乐突然从瓶口喷射而出，就像一个喷壶。

　　安德鲁灵机一动，有了灵感：如果给废旧的瓶子设计相应的盖子，瓶子不就能变身为新的工具了吗？

　　受到启发后，安德鲁迫不及待开始研究。他设计了几款不同的瓶盖，拧到旧可乐瓶上，瞬间瓶子变成了水枪、笔刷、照明灯等工具。这个方案得到主任的高度评价。

　　该方案得到了可口可乐公司的高度赞扬。2014年两家公司联名发起了名为"快乐重生"的活动。可口可乐免费提供16款功能不同的瓶盖，只需拧到旧瓶子上，就可将瓶子变为各种新工具。

　　生活中，只要有了创意，即使是一个被丢弃的废旧瓶子，也可变废为宝，快乐重生。

녹음 대본

(音乐，30秒，渐弱)

大家好！欢迎参加HSK (六级) 考试。
大家好！欢迎参加HSK (六级) 考试。
大家好！欢迎参加HSK (六级) 考试。

HSK (六级) 听力考试分三部分，共50题。
请大家注意，听力考试现在开始。

第一部分

第1到15题，请选出与所听内容一致的一项。
现在开始第1题：

1. 许多时候，我们只看到了成功者头上巨大的光环，却往往忽视了这背后流淌过的汗水。如果你只付出了一丁点儿努力，就不要奢望丰厚的回报。一分耕耘，一分收获，付出多少，就会得到多少。这个世界，就是这么公平。
10-01

2. 桂林位于广西东北部，它拥有"甲天下"的山水风光、悠久的历史文化、多姿的民族风情、一流的生态环境和独特的城市风貌。桂林是个适宜居住的城市，也是个可以满足人类多元化生活的国际旅游城市。
10-02

3. 不同年纪的人对睡眠的需求不同，婴儿除了吃奶就是睡觉。睡眠时间可能是十几个甚至二十个小时。随着年龄的增长，睡眠时间逐渐缩短，到了成年人，对大多数人来说，6~8个小时就够了。
10-03

4. 孤独寂寞时，阅读可以消遣。高谈阔论时，知识可供修饰。处世行事时，恰当地运用知识意味着才干。有实际经验的人虽然能够处理好个别性的事务，但若要运筹全局、获得成功，却唯有掌握知识方能办到。
10-04

5. 朋友给父母打电话，总是会拨两次。他说，有一次，他给家里打电话，由于母亲着急接电话，脚撞到桌子，肿了许多天。从那以后，朋友和父母约定，电话响了不能跑，他先拨一次通知他们，第二次才可以接。
10-05

6. 至今为止发现的世界上最早的地图，是1973年在湖南长沙马王堆出土的三幅汉代地图。图上绘制的是今天湖南、广东、广西三省的交界地区。令人惊奇的是，图中所绘的大小河流、山脉、城镇，与现代的地图基本相同。
10-06

7. 听很多垂钓迷朋友说过，钓鱼的好处就是可以静静地坐在那里，只是盯着水面，等鱼儿上钩。将那种心情说成是"望眼欲穿"可能有点儿夸张。但是垂钓时精神格外专注，平时生活中的琐事、烦心事全都会被抛在脑后。
10-07

8. 唠叨在某种程度上帮助女性延长了记忆和寿命。在唠叨中，她们对某一事或某一人的关注和记忆必然得到加强。女性比男性更乐于与人言语交流，而言语交流是不可或缺的心理宣泄方式。
10-08

9. 孩子想跟妈妈要两块钱。妈妈问："昨
10-09

天给你的钱呢?""我给了一个可怜的老奶奶。"他答道。"你真是个好孩子!"妈妈很高兴,"再给你两块钱。可是你为什么要把钱给那位老奶奶呢?""她是个卖糖的。"

10. "福如东海,寿比南山"是祝愿老年人吉祥如意、身体健康、长命百岁的意思,是中国人在给老年人祝寿时,经常要说的话。它体现了中国的孝道文化,包含着晚辈对长辈的孝心和祝福。

11. 人们普遍认为别人的言语比他们的外表对我们的影响更大。其实不尽然,我们会在不知不觉中以貌取人。实验证明,在寻求路人的帮助时,那些穿着整齐、相貌堂堂的人,要比那些不修边幅的人更容易成功。

12. 《西游记》是中国古代著名的长篇神话小说。书中最吸引读者的是孙悟空这一形象。他有勇有谋,本领高强,富于反抗精神,深受人们喜爱。这部小说充满了奇特的幻想,表现出极其丰富的艺术想象力,在中国影响极大。

13. 有一家餐饮店在门口放了一个很大的啤酒桶,上边写着"不可偷看"四个大字。路过的行人都很好奇,于是就走过来,想看个究竟。桶里写着:我店啤酒与众不同,五元一杯,请君品尝。

14. 袁隆平被美国科学院选定为外籍院士,院长介绍他当选的理由是:袁隆平先生发明水稻杂交技术,为全世界粮食安全做出了杰出的贡献,增产的粮食每年为世界解决了七千万人的吃饭问题。

15. 任何职业都要求劳动者掌握某些技能,具备某种能力。而一个人终其一生也不可能掌握所有技能。所以选择职业时,应该选择自己擅长的、有兴趣的。这样才可以发挥出自己的优势。

第二部分

第 16 到 30 题,请选出正确答案。
现在开始第 16 到 20 题:

第 16 到 20 题是根据下面一段采访:

女:大家好,欢迎光临我们的访谈室。现在坐在我旁边的是北京欢乐谷的副总经理郑维先生。您好!

男:您好!

女:欢乐谷是在主题公园建设受挫的情况下修建的。它的建立初衷是什么?

男:当时准备建立公园时,全国各处都在兴建主题公园,但整体经济情况并不乐观。我们对此进行了调查,发现当时的主题公园大多是观赏性的。但随着经济的发展,和人们需求的改变,大家变得更需要一种参与性强的公园。所以我们提出"生活就是体验,体验就是生活"这一理念。基于这个理念,我们便开始策划欢乐谷的兴建。

女:欢乐谷为什么要建在北京?

男:因为北京是中国的首都,作为一个国际型的大都市,单从旅游这个领域来看,北京拥有的大多是一些传统文化的旅游景点,时尚娱乐的东西很少。而纵观全世界所有类似的大都市,都有现代化的时尚公园与之相配套。而北京，恰恰缺这一个。

女：欢乐谷相对于嘉年华有什么特色？

男：我们公园由四个部分构成。其一是娱乐设备，各个方面跟嘉年华有点类似。不同之处在于，我们的设备大型和超大型的比较多。第二就是我们的景观建设。我们将大量资金投入到整个景观的建设上，包括建筑、雕塑、园艺等等。第三是表演，我们拥有庞大的演艺系统。整个欢乐谷演艺队伍有两百多人，每天都会向游客奉献二十多场表演。第四是主题活动。我们每隔一段时间，会根据市场需求推出不同的活动。暑假我们刚刚搞了梦想狂欢节。十一过后，我们会推出时尚狂欢节。

女：游乐设施、观赏景观、主题表演还有主题活动，会不会让游客觉得眼花缭乱，分不清主次？

男：在进入欢乐谷之前，我们会发给每位游客一个时间表和一张导游图。上面清楚地标明了当天有哪些设备项目，有哪些表演。游客可以依照自己的喜好和时间规划自己的游玩线路。所以相信每位游客都可以在欢乐谷尽情地享受。

16. 欢乐谷的设计理念是什么？
🎧 10-17

17. 欢乐谷建在北京的主要原因是什么？
🎧 10-18

18. 欢乐谷与嘉年华在哪方面有相似之处？
🎧 10-19

19. 十一过后，他们计划推出什么主题活动？
🎧 10-20

20. 进入欢乐谷之前，他们为游客提供什么？
🎧 10-21

第21到25题是根据下面一段采访：
🎧 10-22

男：说起创意，可能很多人都觉得高深莫测。例如我们平常开会，商讨一个项目时，往往在让大家拿出一个有创意的提议时，就很容易"冷场"。因为人们总是觉得自己缺乏创意。您对这个问题是怎么看的呢？

女：在我看来，创意是有一定的门槛的，但不是特别高。因为随着社会的进步，创意会演变成为很职业化的产业，会出现许多专门从事这方面的人员来开发不同的创意。也许是因为现在大家周围专门从事创意研究的人太少，所以就会觉得创意离自己很远。其实不是这样，任何人都能让自己的头脑充满创意。创意是一件很随意的事情，不要刻意地去追求每件事都要有创意，不要把创意变成大脑的一种负担。

男：您说创意研究会变得很职业化，我很认同这个观点。但是内地的大学还都没有开设创意产业研究课程。目前我们这些新闻出版出身的人对创意的需求是最大的，您能谈谈要如何才能培养起自己独特的创意吗？

女：我觉得要多思考，多观察生活，和身旁的人多交流。因为创意最终还是要满足社会的需求，你应该多去接触社会，而不能埋在书里一个人思考。我认为培养发掘创意，必须多动头脑，不断地思考总结。能从生活中的一些小事上有所发现，并且把它们转化为创意，我觉得就很好。

男：的确如此。那么您能不能举一个您自己身上的事例来论证这个观点呢？

女：是这样的，最近几年我都在专注于美食的研究，因此写了许多和饮食有关

01 02 03 04 05 06 07 08 09 10

的东西。我近期正在编写一本《18分钟做出一道菜》的书。因为我发现，现在的年轻人都不是特别喜欢自己动手做东西吃，如果你写本书告诉他们要三、四个小时才能做出一道能吃的菜，他们看到，肯定都吓跑了。因此，我就留心收集与这方面相关的材料。比如说煮饺子，擀皮儿很麻烦，他们可以去超市买现成的。不过吃饺子时用的酱汁儿，他们就得自己做。可能也就几分钟，但是确实能做出可口的食物，这就是创意。

男：总的来说，您的意思就是：观察生活，留心生活，通过一件小事发掘出一个点，进而培养出一个可行的创意？

女：对，就是这个意思。多观察，多动脑子，创意自然会越来越多。

21. 关于创意，女的是什么看法？
🎧 10-23

22. "冷场"主要是什么意思？
🎧 10-24

23. 女的认为怎样才能培养创意？
🎧 10-25

24. 近几年女的在做哪方面的研究？
🎧 10-26

25. 女的认为年轻人有什么特点？
🎧 10-27

第26到30题是根据下面一段采访：
🎧 10-28

女：我们今天有幸邀请到了台湾著名的收藏家王著先生，聊一聊老人家的收藏经历。请问您是什么时候开始对文物收藏感兴趣的？

男：上个世纪六十年代，那时候我在美国留学打工。有一天，在一家店里看到六把小紫砂壶，非常漂亮。老板开价

每把一百美元。我当时月薪只有三百美元。于是省吃俭用，全部都买下了。后来请人一鉴定，才知道其中一把壶已经流传了四十多年了。我的收藏就是这么开始的。后来，我去几个博物馆参观。一看那么多中国文物都在外国人的博物馆里，我就说，我将来有钱了，一定要做收藏，都给它们买回来。现在我想开了，在他们的博物馆，成千上万的人去参观，看到的也是中国的东西。

女：听说您的收藏品，台湾和大陆都有，捐出去的比卖的多。

男：这没有什么不好，只是你要换个角度想，有舍才有得。捐给博物馆，他们可以永久替我保存。凡有学校、博物馆能保护好这些文物，我都捐。

女：您把所有的财产都用来收藏文物，甚至卖房子也要买文物，您觉得值得吗？

男：我认为我做的，比我父亲留给我房子还要好。当时不知道，现在我认为我做对了。钱再多就多一个零吧，一百亿和一千亿根本没有区别。但我保护文物五十年如一日。现在树也长大了，花也开了，开始结果子了，是该收获的时候了。

女：您去年获得了北京大学的荣誉博士学位，这对您来说，算是一种收获吗？

男：我一个小商人，能拿到北大的博士学位，不是因为我有钱，是因为我保护中华文物五十年。

女：五十年，您收获了一个荣誉博士，您今后还打算收获些什么？

男：老天对我已经太厚爱了。我得到了我所有想要的东西。但我还有一个梦想。我收藏了一对明朝的刀，已经收藏三十年了。别人出多少钱我都不会卖。我想等我死了以后，一把送给大

陆，一把送给台湾。希望将来能存在一起。这两把刀应该留在我们中国。

26. 男的收藏的第一件文物是什么？
    10-29

27. 男的获得了哪个大学的荣誉博士学位？
    10-30

28. 男的收藏文物多少年了？
    10-31

29. 关于男的，下列哪项正确？
    10-32

30. 男的还有什么愿望？
    10-33

第三部分

第31到50题，请选出正确答案。
现在开始第31到33题：

第31到33题是根据下面一段话：
10-34

古代有一位国王，出了一千两黄金，想要买一匹千里马。可是三年过去了，连千里马的影子也没看到。这位国君手下有一位大臣，自告奋勇请求去寻找千里马，国君准许了。这位大臣用了三个月的时间，总算打听到某处有一户人家有一匹千里马，可是等他赶到这个地方时，马已经病死了。于是他就花了500两黄金买了马的骨头，回去献给国君。国君一听说花了那么多黄金却只买回来一堆马骨，心里很生气。买马骨的大臣连忙解释说，花这么多钱买马骨，看起来很不值，但是这样做就能让天下人都知道大王您是诚心诚意地想出高价钱买马，并不是欺骗别人，过不了多久，肯定会有很多人来献千

里马。果然，不久之后就有人献来了三匹千里马。

31. 那位大臣为什么没有买到千里马？
    10-35

32. 国王看到马骨时是什么反应？
    10-36

33. 这个故事主要想告诉我们什么？
    10-37

第34到36题是根据下面一段话：
10-38

鱼究竟可以活多少年？答案是千差万别的。鲤鱼寿命最长是25年，金鱼可以活到30年。当然，鱼类中也有短命者，例如弹涂鱼，它的寿命就不到一年。

那么科学家到底是如何推知鱼的年龄的呢？原来他们是根据鱼的鳞片上的环纹来确定的。大多数鱼在生命的第一年，全身就长满了鳞片，而且鳞片会随年龄的增长而不断长大。

鱼的生长速度因季节而异，通常春夏生长快，秋季生长慢，冬季则停止生长。鳞片也是这样，春夏生长的部分较宽阔，结构疏松；秋季生长的部分较狭窄，结构致密。两者之间有明显的界限，这就形成了鱼的年轮。年轮多的鱼年龄大，反之就小。

掌握鱼的年龄的好处是可以帮助我们测出鱼群的年龄组成，做到捕大留小，适时捕捞，以达到保护和恰到好处地利用水产资源的目的。

34. 科学家根据什么推知鱼的年龄？
    10-39

35. 根据这段话，可以知道什么？
    10-40

36. 知道鱼的年龄有什么好处？
    10-41

第 37 到 39 题是根据下面一段话:

10-42

　　一提起吃零食,许多人都认为是不好的习惯,不利于身体健康。其实,人有时是需要零食的。在适当的时间吃零食,反而可以让你更健康。如果三餐时间固定,上午10点和下午3点左右是吃零食的最佳时间,此时正处于两餐之间,人体血糖值较低,适当补充些能量,可以消除疲劳,调节心情,舒缓压力。此时,吃两粒坚果,喝一杯酸奶,再吃点儿水果,对身体很有好处。广东等地流行的下午茶,就是这样。一杯红茶或咖啡,配上几块儿饼干或蛋糕,不仅驱除了饥饿感,还能使人心情愉悦,从而提高工作效率。但是这时所选的零食,热量不能太高,否则会影响接下来的工作和下一餐的进食。如果三餐时间不固定,作为替补品的零食当然是越早吃越好,以便及时为身体补充能量。

37. 关于适当吃零食对人的影响,下列说
10-43　　法错误的是?

38. 吃零食应该注意什么?
10-44

39. 根据这段话,下列哪项正确?
10-45

第 40 到 43 题是根据下面一段话:
10-46

　　你相信吗? 就算是婴儿也懂得分辨友好和不友好的伙伴,并且知道该和谁一起玩儿。

　　有实验表明6个月到10个月大的婴儿,在他们能开口说话以前,就已经表现出了十分重要的社交判断立场。在实验过程中,婴儿们目睹了一个木制的大眼睛娃娃在爬过山车,接着有其他的大眼睛娃娃过来,有的协助它爬过去,有的把它推倒,还有的则什么也不做。研究人员把所有大眼睛娃娃拿给婴儿,看他们会选择跟哪一个一起玩儿。差不多所有婴儿都选择了帮助别人的娃娃,而不去选择把人推倒的那些。另外,相比起捣乱的娃娃,婴儿们也会选择那些中立的娃娃,也就是那些既不帮忙,也不捣乱的。但如果让他们在帮忙和中立的娃娃之间做选择的话,他们还是会选择那些帮忙的。

　　婴儿们能有这样的行为,真是让人无法相信。这项研究的负责人说:"这说明他们不用别人教,就已经掌握了一些基本的社交技巧。"

40. 这些婴儿有什么特点?
10-47

41. 婴儿们首先选择什么样的娃娃?
10-48

42. 实验表明,婴儿具有哪方面的能力?
10-49

43. 那位负责人认为,婴儿的这种能力来
10-50　　自哪里?

第 44 到 47 题是根据下面一段话:
10-51

　　夏日里昼长夜短,身体容易疲倦,忙碌于办公室里的白领们午后难免困乏。我们有时会感到困倦,但其实并非都是因缺少睡眠引起的。有时睡得越多,反而会越困,越没有精神。这时,你不妨反其道而行,利用中午时间,安排一些阳光下的户外活动。时间不要太长,强度也不要太大。这样一来,既可以缓解压力,舒展筋骨,有利于气血运行,又可以使大脑得到休息。

　　对于白领们来说,散步是最适宜的午休活动。午饭后去办公楼周围的街心花园、绿化带等空气清新的场所散步,还可以选择

倒走或侧走的方式，让温暖的阳光照在你的背上。晒背的同时，又可以锻炼腰部肌肉。在人少的空地上做几节广播体操、或瑜伽伸展动作，让自己微微出汗，就可以恢复充沛的体力和愉快的心情。此外，杂乱无序的办公桌会让人心情烦躁。可以利用午休时间整理办公桌，让工作环境尽量整洁有序。还可以顺手做点儿体力活儿，给桌上的花草浇点儿水，为绿植清洗叶片；擦拭一下键盘和显示屏，给主机除除尘。如果时间允许，还可以把上午的工作简单整理一下，将下午的事情分分类。这些简单的工作可以让你从放松的休息状态自然过渡到工作状态，让下午的办公时光更轻松。

44. 对于白领来说，什么是最适宜的午休活动？
10-52

45. 中午的户外活动应该注意什么？
10-53

46. 关于说话人的建议，下列哪项正确？
10-54

47. 这段话主要谈什么？
10-55

第 48 到 50 题是根据下面一段话：
10-56

　　一日，宋太宗摆酒设宴款待两个大臣，结果两个大臣都喝醉了，竟然当着皇帝的面比起功劳来。他们越比越来劲儿，最后干脆斗起嘴来，完全把君臣礼节抛在脑后了。侍卫在旁边看着，觉得他们俩实在不像话，便奏请宋太宗将这两人抓起来治罪。宋太宗没有同意，只是草草撤了酒宴，派人分别把他俩送回了家。

　　次日清晨，他们俩酒醒后，想起昨天的事惶恐万分，连忙进宫请罪。宋太宗看到他们战战兢兢的样子，轻描淡写地说："昨

天我也喝醉了，什么都记不起来了。"

　　宽容是一个领导者必备的美德。

48. 两个大臣喝醉后，做了什么？
10-57

49. 宋太宗是如何处理这件事的？
10-58

50. 宋太宗的做法给管理者什么启示？
10-59

　　　　　　　　　　　　　听力考试现在结束。

汉语水平考试 HSK（六级）答题卡 ■

一、听力

1. [A] [B] [C] [D]   6. [A] [B] [C] [D]   11. [A] [B] [C] [D]   16. [A] [B] [C] [D]   21. [A] [B] [C] [D]
2. [A] [B] [C] [D]   7. [A] [B] [C] [D]   12. [A] [B] [C] [D]   17. [A] [B] [C] [D]   22. [A] [B] [C] [D]
3. [A] [B] [C] [D]   8. [A] [B] [C] [D]   13. [A] [B] [C] [D]   18. [A] [B] [C] [D]   23. [A] [B] [C] [D]
4. [A] [B] [C] [D]   9. [A] [B] [C] [D]   14. [A] [B] [C] [D]   19. [A] [B] [C] [D]   24. [A] [B] [C] [D]
5. [A] [B] [C] [D]   10. [A] [B] [C] [D]   15. [A] [B] [C] [D]   20. [A] [B] [C] [D]   25. [A] [B] [C] [D]

26. [A] [B] [C] [D]   31. [A] [B] [C] [D]   36. [A] [B] [C] [D]   41. [A] [B] [C] [D]   46. [A] [B] [C] [D]
27. [A] [B] [C] [D]   32. [A] [B] [C] [D]   37. [A] [B] [C] [D]   42. [A] [B] [C] [D]   47. [A] [B] [C] [D]
28. [A] [B] [C] [D]   33. [A] [B] [C] [D]   38. [A] [B] [C] [D]   43. [A] [B] [C] [D]   48. [A] [B] [C] [D]
29. [A] [B] [C] [D]   34. [A] [B] [C] [D]   39. [A] [B] [C] [D]   44. [A] [B] [C] [D]   49. [A] [B] [C] [D]
30. [A] [B] [C] [D]   35. [A] [B] [C] [D]   40. [A] [B] [C] [D]   45. [A] [B] [C] [D]   50. [A] [B] [C] [D]

二、阅读

51. [A] [B] [C] [D]   56. [A] [B] [C] [D]   61. [A] [B] [C] [D]   66. [A] [B] [C] [D]   71. [A] [B] [C] [D] [E]
52. [A] [B] [C] [D]   57. [A] [B] [C] [D]   62. [A] [B] [C] [D]   67. [A] [B] [C] [D]   72. [A] [B] [C] [D] [E]
53. [A] [B] [C] [D]   58. [A] [B] [C] [D]   63. [A] [B] [C] [D]   68. [A] [B] [C] [D]   73. [A] [B] [C] [D] [E]
54. [A] [B] [C] [D]   59. [A] [B] [C] [D]   64. [A] [B] [C] [D]   69. [A] [B] [C] [D]   74. [A] [B] [C] [D] [E]
55. [A] [B] [C] [D]   60. [A] [B] [C] [D]   65. [A] [B] [C] [D]   70. [A] [B] [C] [D]   75. [A] [B] [C] [D] [E]

76. [A] [B] [C] [D] [E]   81. [A] [B] [C] [D]   86. [A] [B] [C] [D]   91. [A] [B] [C] [D]   96. [A] [B] [C] [D]
77. [A] [B] [C] [D] [E]   82. [A] [B] [C] [D]   87. [A] [B] [C] [D]   92. [A] [B] [C] [D]   97. [A] [B] [C] [D]
78. [A] [B] [C] [D] [E]   83. [A] [B] [C] [D]   88. [A] [B] [C] [D]   93. [A] [B] [C] [D]   98. [A] [B] [C] [D]
79. [A] [B] [C] [D] [E]   84. [A] [B] [C] [D]   89. [A] [B] [C] [D]   94. [A] [B] [C] [D]   99. [A] [B] [C] [D]
80. [A] [B] [C] [D] [E]   85. [A] [B] [C] [D]   90. [A] [B] [C] [D]   95. [A] [B] [C] [D]   100. [A] [B] [C] [D]

三、书写

101.

接背面

汉 语 水 平 考 试 HSK（六级）答 题 卡

接正面

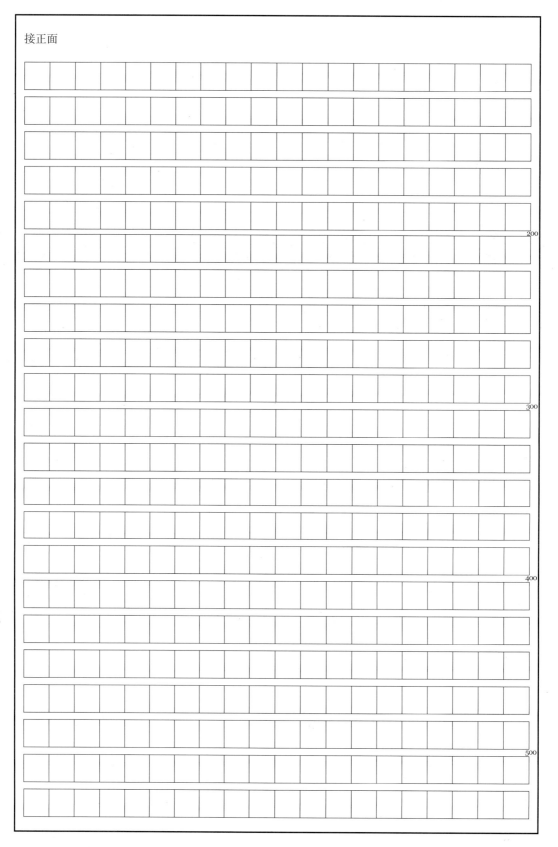

200

300

400

500

汉语水平考试 HSK（六级）答题卡 ■

注意 | 请用2B铅笔这样写： ■

一、听力

1. [A] [B] [C] [D]
2. [A] [B] [C] [D]
3. [A] [B] [C] [D]
4. [A] [B] [C] [D]
5. [A] [B] [C] [D]

6. [A] [B] [C] [D]
7. [A] [B] [C] [D]
8. [A] [B] [C] [D]
9. [A] [B] [C] [D]
10. [A] [B] [C] [D]

11. [A] [B] [C] [D]
12. [A] [B] [C] [D]
13. [A] [B] [C] [D]
14. [A] [B] [C] [D]
15. [A] [B] [C] [D]

16. [A] [B] [C] [D]
17. [A] [B] [C] [D]
18. [A] [B] [C] [D]
19. [A] [B] [C] [D]
20. [A] [B] [C] [D]

21. [A] [B] [C] [D]
22. [A] [B] [C] [D]
23. [A] [B] [C] [D]
24. [A] [B] [C] [D]
25. [A] [B] [C] [D]

26. [A] [B] [C] [D]
27. [A] [B] [C] [D]
28. [A] [B] [C] [D]
29. [A] [B] [C] [D]
30. [A] [B] [C] [D]

31. [A] [B] [C] [D]
32. [A] [B] [C] [D]
33. [A] [B] [C] [D]
34. [A] [B] [C] [D]
35. [A] [B] [C] [D]

36. [A] [B] [C] [D]
37. [A] [B] [C] [D]
38. [A] [B] [C] [D]
39. [A] [B] [C] [D]
40. [A] [B] [C] [D]

41. [A] [B] [C] [D]
42. [A] [B] [C] [D]
43. [A] [B] [C] [D]
44. [A] [B] [C] [D]
45. [A] [B] [C] [D]

46. [A] [B] [C] [D]
47. [A] [B] [C] [D]
48. [A] [B] [C] [D]
49. [A] [B] [C] [D]
50. [A] [B] [C] [D]

二、阅读

51. [A] [B] [C] [D]
52. [A] [B] [C] [D]
53. [A] [B] [C] [D]
54. [A] [B] [C] [D]
55. [A] [B] [C] [D]

56. [A] [B] [C] [D]
57. [A] [B] [C] [D]
58. [A] [B] [C] [D]
59. [A] [B] [C] [D]
60. [A] [B] [C] [D]

61. [A] [B] [C] [D]
62. [A] [B] [C] [D]
63. [A] [B] [C] [D]
64. [A] [B] [C] [D]
65. [A] [B] [C] [D]

66. [A] [B] [C] [D]
67. [A] [B] [C] [D]
68. [A] [B] [C] [D]
69. [A] [B] [C] [D]
70. [A] [B] [C] [D]

71. [A] [B] [C] [D] [E]
72. [A] [B] [C] [D] [E]
73. [A] [B] [C] [D] [E]
74. [A] [B] [C] [D] [E]
75. [A] [B] [C] [D] [E]

76. [A] [B] [C] [D] [E]
77. [A] [B] [C] [D] [E]
78. [A] [B] [C] [D] [E]
79. [A] [B] [C] [D] [E]
80. [A] [B] [C] [D] [E]

81. [A] [B] [C] [D]
82. [A] [B] [C] [D]
83. [A] [B] [C] [D]
84. [A] [B] [C] [D]
85. [A] [B] [C] [D]

86. [A] [B] [C] [D]
87. [A] [B] [C] [D]
88. [A] [B] [C] [D]
89. [A] [B] [C] [D]
90. [A] [B] [C] [D]

91. [A] [B] [C] [D]
92. [A] [B] [C] [D]
93. [A] [B] [C] [D]
94. [A] [B] [C] [D]
95. [A] [B] [C] [D]

96. [A] [B] [C] [D]
97. [A] [B] [C] [D]
98. [A] [B] [C] [D]
99. [A] [B] [C] [D]
100. [A] [B] [C] [D]

三、书写

101.

■ 不要写到框线以外！ 接背面

接正面

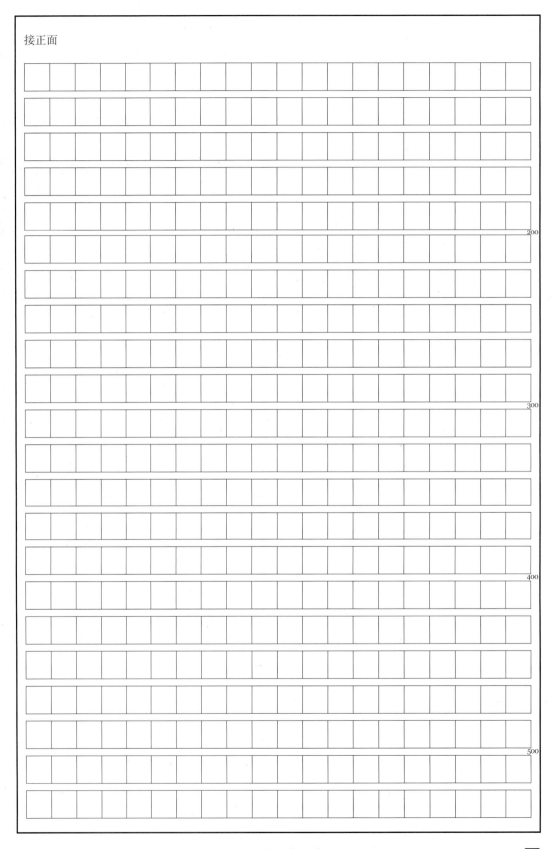

200

300

400

500

汉语水平考试 HSK(六级)答题卡 ■

注意 请用2B铅笔这样写: ■■

一、听力

1. [A] [B] [C] [D]
2. [A] [B] [C] [D]
3. [A] [B] [C] [D]
4. [A] [B] [C] [D]
5. [A] [B] [C] [D]

6. [A] [B] [C] [D]
7. [A] [B] [C] [D]
8. [A] [B] [C] [D]
9. [A] [B] [C] [D]
10. [A] [B] [C] [D]

11. [A] [B] [C] [D]
12. [A] [B] [C] [D]
13. [A] [B] [C] [D]
14. [A] [B] [C] [D]
15. [A] [B] [C] [D]

16. [A] [B] [C] [D]
17. [A] [B] [C] [D]
18. [A] [B] [C] [D]
19. [A] [B] [C] [D]
20. [A] [B] [C] [D]

21. [A] [B] [C] [D]
22. [A] [B] [C] [D]
23. [A] [B] [C] [D]
24. [A] [B] [C] [D]
25. [A] [B] [C] [D]

26. [A] [B] [C] [D]
27. [A] [B] [C] [D]
28. [A] [B] [C] [D]
29. [A] [B] [C] [D]
30. [A] [B] [C] [D]

31. [A] [B] [C] [D]
32. [A] [B] [C] [D]
33. [A] [B] [C] [D]
34. [A] [B] [C] [D]
35. [A] [B] [C] [D]

36. [A] [B] [C] [D]
37. [A] [B] [C] [D]
38. [A] [B] [C] [D]
39. [A] [B] [C] [D]
40. [A] [B] [C] [D]

41. [A] [B] [C] [D]
42. [A] [B] [C] [D]
43. [A] [B] [C] [D]
44. [A] [B] [C] [D]
45. [A] [B] [C] [D]

46. [A] [B] [C] [D]
47. [A] [B] [C] [D]
48. [A] [B] [C] [D]
49. [A] [B] [C] [D]
50. [A] [B] [C] [D]

二、阅读

51. [A] [B] [C] [D]
52. [A] [B] [C] [D]
53. [A] [B] [C] [D]
54. [A] [B] [C] [D]
55. [A] [B] [C] [D]

56. [A] [B] [C] [D]
57. [A] [B] [C] [D]
58. [A] [B] [C] [D]
59. [A] [B] [C] [D]
60. [A] [B] [C] [D]

61. [A] [B] [C] [D]
62. [A] [B] [C] [D]
63. [A] [B] [C] [D]
64. [A] [B] [C] [D]
65. [A] [B] [C] [D]

66. [A] [B] [C] [D]
67. [A] [B] [C] [D]
68. [A] [B] [C] [D]
69. [A] [B] [C] [D]
70. [A] [B] [C] [D]

71. [A] [B] [C] [D] [E]
72. [A] [B] [C] [D] [E]
73. [A] [B] [C] [D] [E]
74. [A] [B] [C] [D] [E]
75. [A] [B] [C] [D] [E]

76. [A] [B] [C] [D] [E]
77. [A] [B] [C] [D] [E]
78. [A] [B] [C] [D] [E]
79. [A] [B] [C] [D] [E]
80. [A] [B] [C] [D] [E]

81. [A] [B] [C] [D]
82. [A] [B] [C] [D]
83. [A] [B] [C] [D]
84. [A] [B] [C] [D]
85. [A] [B] [C] [D]

86. [A] [B] [C] [D]
87. [A] [B] [C] [D]
88. [A] [B] [C] [D]
89. [A] [B] [C] [D]
90. [A] [B] [C] [D]

91. [A] [B] [C] [D]
92. [A] [B] [C] [D]
93. [A] [B] [C] [D]
94. [A] [B] [C] [D]
95. [A] [B] [C] [D]

96. [A] [B] [C] [D]
97. [A] [B] [C] [D]
98. [A] [B] [C] [D]
99. [A] [B] [C] [D]
100. [A] [B] [C] [D]

三、书写

101.

不要写到框线以外!   接背面

接正面

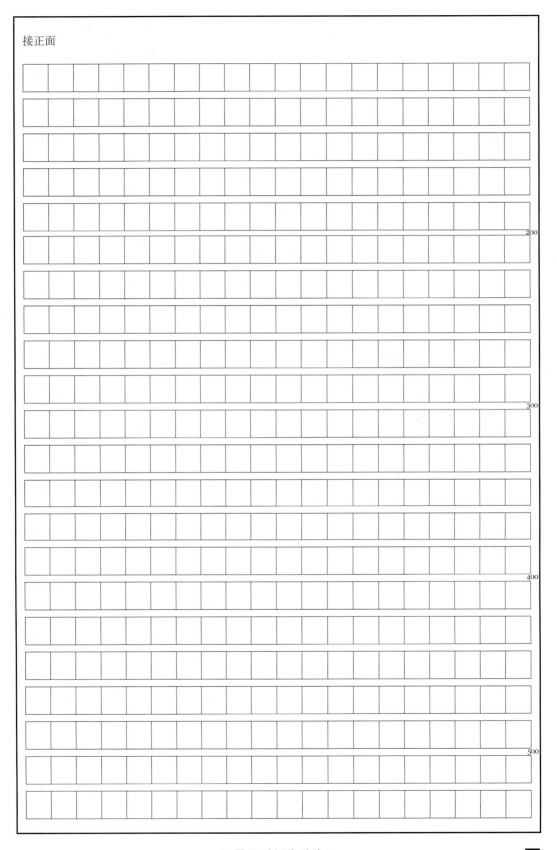

200

300

400

500

■ 汉语水平考试 HSK(六级)答题卡 ■

———请填写考生信息———

按照考试证件上的姓名填写：

姓名

如果有中文姓名，请填写：

中文姓名

考生序号	[0] [1] [2] [3] [4] [5] [6] [7] [8] [9]
	[0] [1] [2] [3] [4] [5] [6] [7] [8] [9]
	[0] [1] [2] [3] [4] [5] [6] [7] [8] [9]
	[0] [1] [2] [3] [4] [5] [6] [7] [8] [9]
	[0] [1] [2] [3] [4] [5] [6] [7] [8] [9]

———请填写考点信息———

考点代码	[0] [1] [2] [3] [4] [5] [6] [7] [8] [9]
	[0] [1] [2] [3] [4] [5] [6] [7] [8] [9]
	[0] [1] [2] [3] [4] [5] [6] [7] [8] [9]
	[0] [1] [2] [3] [4] [5] [6] [7] [8] [9]
	[0] [1] [2] [3] [4] [5] [6] [7] [8] [9]
	[0] [1] [2] [3] [4] [5] [6] [7] [8] [9]
	[0] [1] [2] [3] [4] [5] [6] [7] [8] [9]

国籍	[0] [1] [2] [3] [4] [5] [6] [7] [8] [9]
	[0] [1] [2] [3] [4] [5] [6] [7] [8] [9]
	[0] [1] [2] [3] [4] [5] [6] [7] [8] [9]

| 年龄 | [0] [1] [2] [3] [4] [5] [6] [7] [8] [9] |
| | [0] [1] [2] [3] [4] [5] [6] [7] [8] [9] |

| 性别 | 男 [1] | 女 [2] |

| 注意 | 请用2B铅笔这样写：■ |

一、听力

1. [A] [B] [C] [D]
2. [A] [B] [C] [D]
3. [A] [B] [C] [D]
4. [A] [B] [C] [D]
5. [A] [B] [C] [D]

6. [A] [B] [C] [D]
7. [A] [B] [C] [D]
8. [A] [B] [C] [D]
9. [A] [B] [C] [D]
10. [A] [B] [C] [D]

11. [A] [B] [C] [D]
12. [A] [B] [C] [D]
13. [A] [B] [C] [D]
14. [A] [B] [C] [D]
15. [A] [B] [C] [D]

16. [A] [B] [C] [D]
17. [A] [B] [C] [D]
18. [A] [B] [C] [D]
19. [A] [B] [C] [D]
20. [A] [B] [C] [D]

21. [A] [B] [C] [D]
22. [A] [B] [C] [D]
23. [A] [B] [C] [D]
24. [A] [B] [C] [D]
25. [A] [B] [C] [D]

26. [A] [B] [C] [D]
27. [A] [B] [C] [D]
28. [A] [B] [C] [D]
29. [A] [B] [C] [D]
30. [A] [B] [C] [D]

31. [A] [B] [C] [D]
32. [A] [B] [C] [D]
33. [A] [B] [C] [D]
34. [A] [B] [C] [D]
35. [A] [B] [C] [D]

36. [A] [B] [C] [D]
37. [A] [B] [C] [D]
38. [A] [B] [C] [D]
39. [A] [B] [C] [D]
40. [A] [B] [C] [D]

41. [A] [B] [C] [D]
42. [A] [B] [C] [D]
43. [A] [B] [C] [D]
44. [A] [B] [C] [D]
45. [A] [B] [C] [D]

46. [A] [B] [C] [D]
47. [A] [B] [C] [D]
48. [A] [B] [C] [D]
49. [A] [B] [C] [D]
50. [A] [B] [C] [D]

二、阅读

51. [A] [B] [C] [D]
52. [A] [B] [C] [D]
53. [A] [B] [C] [D]
54. [A] [B] [C] [D]
55. [A] [B] [C] [D]

56. [A] [B] [C] [D]
57. [A] [B] [C] [D]
58. [A] [B] [C] [D]
59. [A] [B] [C] [D]
60. [A] [B] [C] [D]

61. [A] [B] [C] [D]
62. [A] [B] [C] [D]
63. [A] [B] [C] [D]
64. [A] [B] [C] [D]
65. [A] [B] [C] [D]

66. [A] [B] [C] [D]
67. [A] [B] [C] [D]
68. [A] [B] [C] [D]
69. [A] [B] [C] [D]
70. [A] [B] [C] [D]

71. [A] [B] [C] [D] [E]
72. [A] [B] [C] [D] [E]
73. [A] [B] [C] [D] [E]
74. [A] [B] [C] [D] [E]
75. [A] [B] [C] [D] [E]

76. [A] [B] [C] [D] [E]
77. [A] [B] [C] [D] [E]
78. [A] [B] [C] [D] [E]
79. [A] [B] [C] [D] [E]
80. [A] [B] [C] [D] [E]

81. [A] [B] [C] [D]
82. [A] [B] [C] [D]
83. [A] [B] [C] [D]
84. [A] [B] [C] [D]
85. [A] [B] [C] [D]

86. [A] [B] [C] [D]
87. [A] [B] [C] [D]
88. [A] [B] [C] [D]
89. [A] [B] [C] [D]
90. [A] [B] [C] [D]

91. [A] [B] [C] [D]
92. [A] [B] [C] [D]
93. [A] [B] [C] [D]
94. [A] [B] [C] [D]
95. [A] [B] [C] [D]

96. [A] [B] [C] [D]
97. [A] [B] [C] [D]
98. [A] [B] [C] [D]
99. [A] [B] [C] [D]
100. [A] [B] [C] [D]

三、书写

101.

接正面

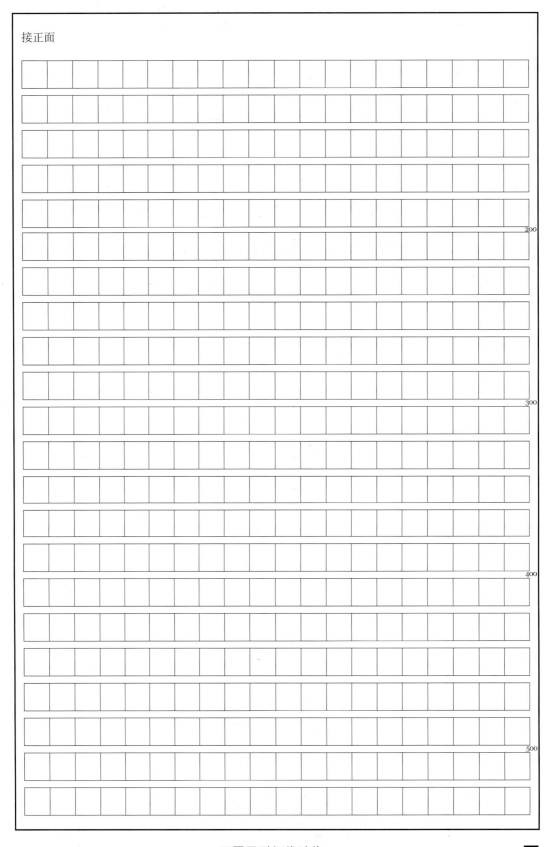

■ 汉 语 水 平 考 试 HSK（六级）答 题 卡 ■

一、听力

1. [A] [B] [C] [D]
2. [A] [B] [C] [D]
3. [A] [B] [C] [D]
4. [A] [B] [C] [D]
5. [A] [B] [C] [D]

6. [A] [B] [C] [D]
7. [A] [B] [C] [D]
8. [A] [B] [C] [D]
9. [A] [B] [C] [D]
10. [A] [B] [C] [D]

11. [A] [B] [C] [D]
12. [A] [B] [C] [D]
13. [A] [B] [C] [D]
14. [A] [B] [C] [D]
15. [A] [B] [C] [D]

16. [A] [B] [C] [D]
17. [A] [B] [C] [D]
18. [A] [B] [C] [D]
19. [A] [B] [C] [D]
20. [A] [B] [C] [D]

21. [A] [B] [C] [D]
22. [A] [B] [C] [D]
23. [A] [B] [C] [D]
24. [A] [B] [C] [D]
25. [A] [B] [C] [D]

26. [A] [B] [C] [D]
27. [A] [B] [C] [D]
28. [A] [B] [C] [D]
29. [A] [B] [C] [D]
30. [A] [B] [C] [D]

31. [A] [B] [C] [D]
32. [A] [B] [C] [D]
33. [A] [B] [C] [D]
34. [A] [B] [C] [D]
35. [A] [B] [C] [D]

36. [A] [B] [C] [D]
37. [A] [B] [C] [D]
38. [A] [B] [C] [D]
39. [A] [B] [C] [D]
40. [A] [B] [C] [D]

41. [A] [B] [C] [D]
42. [A] [B] [C] [D]
43. [A] [B] [C] [D]
44. [A] [B] [C] [D]
45. [A] [B] [C] [D]

46. [A] [B] [C] [D]
47. [A] [B] [C] [D]
48. [A] [B] [C] [D]
49. [A] [B] [C] [D]
50. [A] [B] [C] [D]

二、阅读

51. [A] [B] [C] [D]
52. [A] [B] [C] [D]
53. [A] [B] [C] [D]
54. [A] [B] [C] [D]
55. [A] [B] [C] [D]

56. [A] [B] [C] [D]
57. [A] [B] [C] [D]
58. [A] [B] [C] [D]
59. [A] [B] [C] [D]
60. [A] [B] [C] [D]

61. [A] [B] [C] [D]
62. [A] [B] [C] [D]
63. [A] [B] [C] [D]
64. [A] [B] [C] [D]
65. [A] [B] [C] [D]

66. [A] [B] [C] [D]
67. [A] [B] [C] [D]
68. [A] [B] [C] [D]
69. [A] [B] [C] [D]
70. [A] [B] [C] [D]

71. [A] [B] [C] [D] [E]
72. [A] [B] [C] [D] [E]
73. [A] [B] [C] [D] [E]
74. [A] [B] [C] [D] [E]
75. [A] [B] [C] [D] [E]

76. [A] [B] [C] [D] [E]
77. [A] [B] [C] [D] [E]
78. [A] [B] [C] [D] [E]
79. [A] [B] [C] [D] [E]
80. [A] [B] [C] [D] [E]

81. [A] [B] [C] [D]
82. [A] [B] [C] [D]
83. [A] [B] [C] [D]
84. [A] [B] [C] [D]
85. [A] [B] [C] [D]

86. [A] [B] [C] [D]
87. [A] [B] [C] [D]
88. [A] [B] [C] [D]
89. [A] [B] [C] [D]
90. [A] [B] [C] [D]

91. [A] [B] [C] [D]
92. [A] [B] [C] [D]
93. [A] [B] [C] [D]
94. [A] [B] [C] [D]
95. [A] [B] [C] [D]

96. [A] [B] [C] [D]
97. [A] [B] [C] [D]
98. [A] [B] [C] [D]
99. [A] [B] [C] [D]
100. [A] [B] [C] [D]

三、书写

101.

接正面

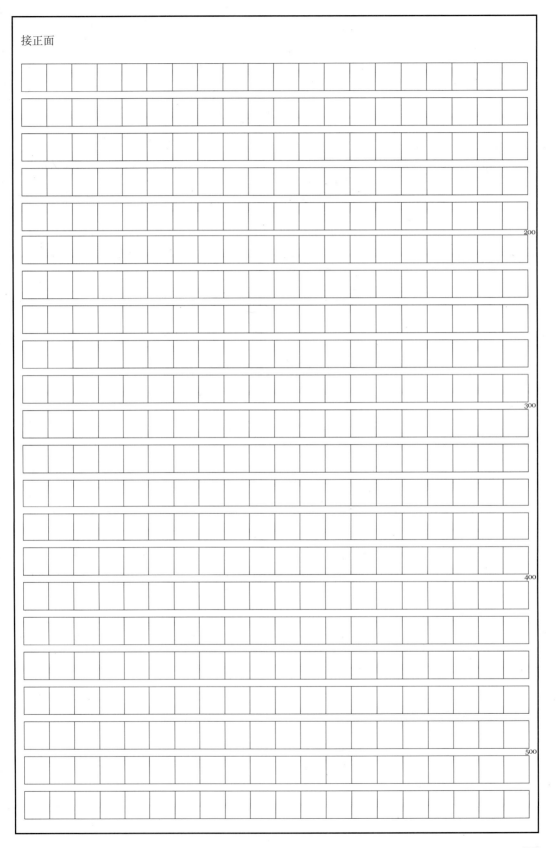

200

300

400

500

汉语水平考试 HSK(六级)答题卡 ■

| 注意 | 请用2B铅笔这样写：■ |

一、听力

1. [A] [B] [C] [D]
2. [A] [B] [C] [D]
3. [A] [B] [C] [D]
4. [A] [B] [C] [D]
5. [A] [B] [C] [D]

6. [A] [B] [C] [D]
7. [A] [B] [C] [D]
8. [A] [B] [C] [D]
9. [A] [B] [C] [D]
10. [A] [B] [C] [D]

11. [A] [B] [C] [D]
12. [A] [B] [C] [D]
13. [A] [B] [C] [D]
14. [A] [B] [C] [D]
15. [A] [B] [C] [D]

16. [A] [B] [C] [D]
17. [A] [B] [C] [D]
18. [A] [B] [C] [D]
19. [A] [B] [C] [D]
20. [A] [B] [C] [D]

21. [A] [B] [C] [D]
22. [A] [B] [C] [D]
23. [A] [B] [C] [D]
24. [A] [B] [C] [D]
25. [A] [B] [C] [D]

26. [A] [B] [C] [D]
27. [A] [B] [C] [D]
28. [A] [B] [C] [D]
29. [A] [B] [C] [D]
30. [A] [B] [C] [D]

31. [A] [B] [C] [D]
32. [A] [B] [C] [D]
33. [A] [B] [C] [D]
34. [A] [B] [C] [D]
35. [A] [B] [C] [D]

36. [A] [B] [C] [D]
37. [A] [B] [C] [D]
38. [A] [B] [C] [D]
39. [A] [B] [C] [D]
40. [A] [B] [C] [D]

41. [A] [B] [C] [D]
42. [A] [B] [C] [D]
43. [A] [B] [C] [D]
44. [A] [B] [C] [D]
45. [A] [B] [C] [D]

46. [A] [B] [C] [D]
47. [A] [B] [C] [D]
48. [A] [B] [C] [D]
49. [A] [B] [C] [D]
50. [A] [B] [C] [D]

二、阅读

51. [A] [B] [C] [D]
52. [A] [B] [C] [D]
53. [A] [B] [C] [D]
54. [A] [B] [C] [D]
55. [A] [B] [C] [D]

56. [A] [B] [C] [D]
57. [A] [B] [C] [D]
58. [A] [B] [C] [D]
59. [A] [B] [C] [D]
60. [A] [B] [C] [D]

61. [A] [B] [C] [D]
62. [A] [B] [C] [D]
63. [A] [B] [C] [D]
64. [A] [B] [C] [D]
65. [A] [B] [C] [D]

66. [A] [B] [C] [D]
67. [A] [B] [C] [D]
68. [A] [B] [C] [D]
69. [A] [B] [C] [D]
70. [A] [B] [C] [D]

71. [A] [B] [C] [D] [E]
72. [A] [B] [C] [D] [E]
73. [A] [B] [C] [D] [E]
74. [A] [B] [C] [D] [E]
75. [A] [B] [C] [D] [E]

76. [A] [B] [C] [D] [E]
77. [A] [B] [C] [D] [E]
78. [A] [B] [C] [D] [E]
79. [A] [B] [C] [D] [E]
80. [A] [B] [C] [D] [E]

81. [A] [B] [C] [D]
82. [A] [B] [C] [D]
83. [A] [B] [C] [D]
84. [A] [B] [C] [D]
85. [A] [B] [C] [D]

86. [A] [B] [C] [D]
87. [A] [B] [C] [D]
88. [A] [B] [C] [D]
89. [A] [B] [C] [D]
90. [A] [B] [C] [D]

91. [A] [B] [C] [D]
92. [A] [B] [C] [D]
93. [A] [B] [C] [D]
94. [A] [B] [C] [D]
95. [A] [B] [C] [D]

96. [A] [B] [C] [D]
97. [A] [B] [C] [D]
98. [A] [B] [C] [D]
99. [A] [B] [C] [D]
100. [A] [B] [C] [D]

三、书写

101.

100

接正面

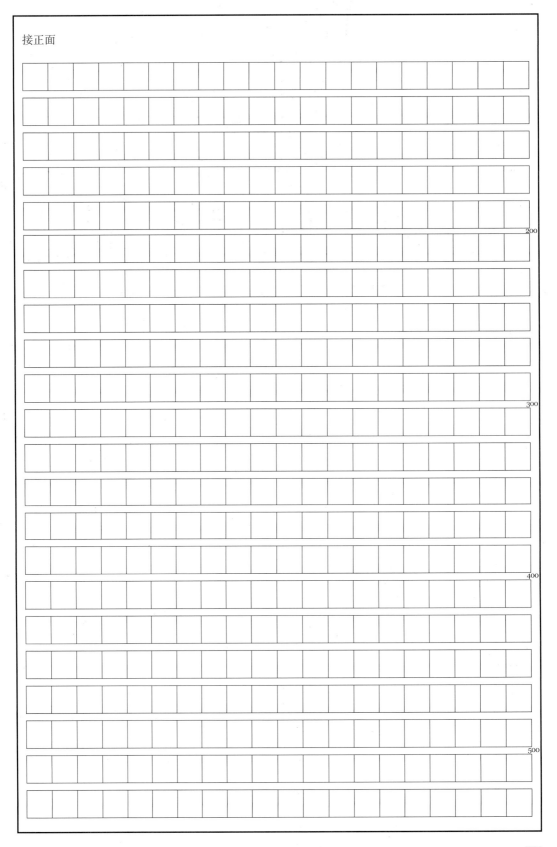

200

300

400

500

■ 汉语水平考试 HSK（六级）答题卡 ■

一、听力

1. [A] [B] [C] [D]　　6. [A] [B] [C] [D]　　11. [A] [B] [C] [D]　　16. [A] [B] [C] [D]　　21. [A] [B] [C] [D]
2. [A] [B] [C] [D]　　7. [A] [B] [C] [D]　　12. [A] [B] [C] [D]　　17. [A] [B] [C] [D]　　22. [A] [B] [C] [D]
3. [A] [B] [C] [D]　　8. [A] [B] [C] [D]　　13. [A] [B] [C] [D]　　18. [A] [B] [C] [D]　　23. [A] [B] [C] [D]
4. [A] [B] [C] [D]　　9. [A] [B] [C] [D]　　14. [A] [B] [C] [D]　　19. [A] [B] [C] [D]　　24. [A] [B] [C] [D]
5. [A] [B] [C] [D]　　10. [A] [B] [C] [D]　　15. [A] [B] [C] [D]　　20. [A] [B] [C] [D]　　25. [A] [B] [C] [D]

26. [A] [B] [C] [D]　　31. [A] [B] [C] [D]　　36. [A] [B] [C] [D]　　41. [A] [B] [C] [D]　　46. [A] [B] [C] [D]
27. [A] [B] [C] [D]　　32. [A] [B] [C] [D]　　37. [A] [B] [C] [D]　　42. [A] [B] [C] [D]　　47. [A] [B] [C] [D]
28. [A] [B] [C] [D]　　33. [A] [B] [C] [D]　　38. [A] [B] [C] [D]　　43. [A] [B] [C] [D]　　48. [A] [B] [C] [D]
29. [A] [B] [C] [D]　　34. [A] [B] [C] [D]　　39. [A] [B] [C] [D]　　44. [A] [B] [C] [D]　　49. [A] [B] [C] [D]
30. [A] [B] [C] [D]　　35. [A] [B] [C] [D]　　40. [A] [B] [C] [D]　　45. [A] [B] [C] [D]　　50. [A] [B] [C] [D]

二、阅读

51. [A] [B] [C] [D]　　56. [A] [B] [C] [D]　　61. [A] [B] [C] [D]　　66. [A] [B] [C] [D]　　71. [A] [B] [C] [D] [E]
52. [A] [B] [C] [D]　　57. [A] [B] [C] [D]　　62. [A] [B] [C] [D]　　67. [A] [B] [C] [D]　　72. [A] [B] [C] [D] [E]
53. [A] [B] [C] [D]　　58. [A] [B] [C] [D]　　63. [A] [B] [C] [D]　　68. [A] [B] [C] [D]　　73. [A] [B] [C] [D] [E]
54. [A] [B] [C] [D]　　59. [A] [B] [C] [D]　　64. [A] [B] [C] [D]　　69. [A] [B] [C] [D]　　74. [A] [B] [C] [D] [E]
55. [A] [B] [C] [D]　　60. [A] [B] [C] [D]　　65. [A] [B] [C] [D]　　70. [A] [B] [C] [D]　　75. [A] [B] [C] [D] [E]

76. [A] [B] [C] [D] [E]　　81. [A] [B] [C] [D]　　86. [A] [B] [C] [D]　　91. [A] [B] [C] [D]　　96. [A] [B] [C] [D]
77. [A] [B] [C] [D] [E]　　82. [A] [B] [C] [D]　　87. [A] [B] [C] [D]　　92. [A] [B] [C] [D]　　97. [A] [B] [C] [D]
78. [A] [B] [C] [D] [E]　　83. [A] [B] [C] [D]　　88. [A] [B] [C] [D]　　93. [A] [B] [C] [D]　　98. [A] [B] [C] [D]
79. [A] [B] [C] [D] [E]　　84. [A] [B] [C] [D]　　89. [A] [B] [C] [D]　　94. [A] [B] [C] [D]　　99. [A] [B] [C] [D]
80. [A] [B] [C] [D] [E]　　85. [A] [B] [C] [D]　　90. [A] [B] [C] [D]　　95. [A] [B] [C] [D]　　100. [A] [B] [C] [D]

三、书写

101.

接正面

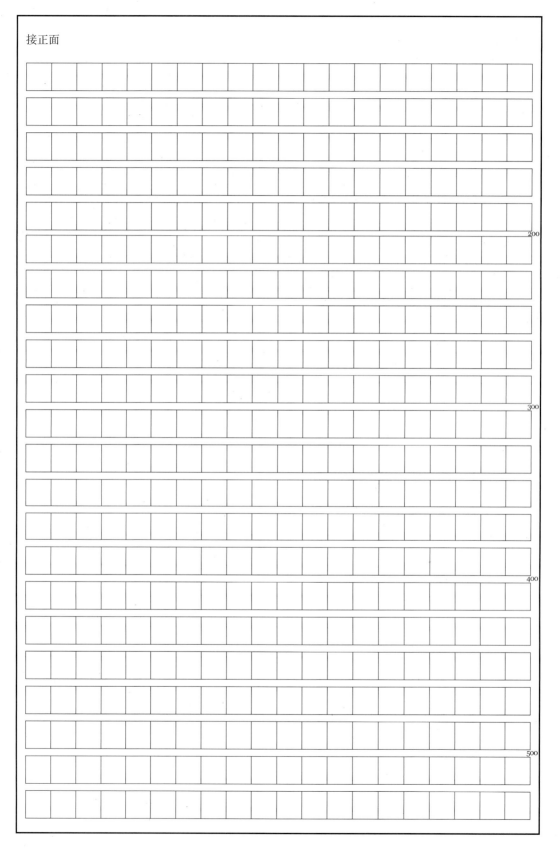

200

300

400

500

■ 汉语水平考试 HSK（六级）答题卡 ■

──请填写考生信息──   ──请填写考点信息──

按照考试证件上的姓名填写：

| 姓名 | |

|考点代码|
[0] [1] [2] [3] [4] [5] [6] [7] [8] [9]
[0] [1] [2] [3] [4] [5] [6] [7] [8] [9]
[0] [1] [2] [3] [4] [5] [6] [7] [8] [9]
[0] [1] [2] [3] [4] [5] [6] [7] [8] [9]
[0] [1] [2] [3] [4] [5] [6] [7] [8] [9]
[0] [1] [2] [3] [4] [5] [6] [7] [8] [9]
[0] [1] [2] [3] [4] [5] [6] [7] [8] [9]

如果有中文姓名，请填写：

| 中文姓名 | |

国籍
[0] [1] [2] [3] [4] [5] [6] [7] [8] [9]
[0] [1] [2] [3] [4] [5] [6] [7] [8] [9]
[0] [1] [2] [3] [4] [5] [6] [7] [8] [9]

考生序号
[0] [1] [2] [3] [4] [5] [6] [7] [8] [9]
[0] [1] [2] [3] [4] [5] [6] [7] [8] [9]
[0] [1] [2] [3] [4] [5] [6] [7] [8] [9]
[0] [1] [2] [3] [4] [5] [6] [7] [8] [9]
[0] [1] [2] [3] [4] [5] [6] [7] [8] [9]

年龄
[0] [1] [2] [3] [4] [5] [6] [7] [8] [9]
[0] [1] [2] [3] [4] [5] [6] [7] [8] [9]

性别　　男 [1]　　　　女 [2]

注意　请用2B铅笔这样写：■

一、听力

1. [A] [B] [C] [D]　　6. [A] [B] [C] [D]　　11. [A] [B] [C] [D]　　16. [A] [B] [C] [D]　　21. [A] [B] [C] [D]
2. [A] [B] [C] [D]　　7. [A] [B] [C] [D]　　12. [A] [B] [C] [D]　　17. [A] [B] [C] [D]　　22. [A] [B] [C] [D]
3. [A] [B] [C] [D]　　8. [A] [B] [C] [D]　　13. [A] [B] [C] [D]　　18. [A] [B] [C] [D]　　23. [A] [B] [C] [D]
4. [A] [B] [C] [D]　　9. [A] [B] [C] [D]　　14. [A] [B] [C] [D]　　19. [A] [B] [C] [D]　　24. [A] [B] [C] [D]
5. [A] [B] [C] [D]　　10. [A] [B] [C] [D]　　15. [A] [B] [C] [D]　　20. [A] [B] [C] [D]　　25. [A] [B] [C] [D]

26. [A] [B] [C] [D]　　31. [A] [B] [C] [D]　　36. [A] [B] [C] [D]　　41. [A] [B] [C] [D]　　46. [A] [B] [C] [D]
27. [A] [B] [C] [D]　　32. [A] [B] [C] [D]　　37. [A] [B] [C] [D]　　42. [A] [B] [C] [D]　　47. [A] [B] [C] [D]
28. [A] [B] [C] [D]　　33. [A] [B] [C] [D]　　38. [A] [B] [C] [D]　　43. [A] [B] [C] [D]　　48. [A] [B] [C] [D]
29. [A] [B] [C] [D]　　34. [A] [B] [C] [D]　　39. [A] [B] [C] [D]　　44. [A] [B] [C] [D]　　49. [A] [B] [C] [D]
30. [A] [B] [C] [D]　　35. [A] [B] [C] [D]　　40. [A] [B] [C] [D]　　45. [A] [B] [C] [D]　　50. [A] [B] [C] [D]

二、阅读

51. [A] [B] [C] [D]　　56. [A] [B] [C] [D]　　61. [A] [B] [C] [D]　　66. [A] [B] [C] [D]　　71. [A] [B] [C] [D] [E]
52. [A] [B] [C] [D]　　57. [A] [B] [C] [D]　　62. [A] [B] [C] [D]　　67. [A] [B] [C] [D]　　72. [A] [B] [C] [D] [E]
53. [A] [B] [C] [D]　　58. [A] [B] [C] [D]　　63. [A] [B] [C] [D]　　68. [A] [B] [C] [D]　　73. [A] [B] [C] [D] [E]
54. [A] [B] [C] [D]　　59. [A] [B] [C] [D]　　64. [A] [B] [C] [D]　　69. [A] [B] [C] [D]　　74. [A] [B] [C] [D] [E]
55. [A] [B] [C] [D]　　60. [A] [B] [C] [D]　　65. [A] [B] [C] [D]　　70. [A] [B] [C] [D]　　75. [A] [B] [C] [D] [E]

76. [A] [B] [C] [D] [E]　　81. [A] [B] [C] [D]　　86. [A] [B] [C] [D]　　91. [A] [B] [C] [D]　　96. [A] [B] [C] [D]
77. [A] [B] [C] [D] [E]　　82. [A] [B] [C] [D]　　87. [A] [B] [C] [D]　　92. [A] [B] [C] [D]　　97. [A] [B] [C] [D]
78. [A] [B] [C] [D] [E]　　83. [A] [B] [C] [D]　　88. [A] [B] [C] [D]　　93. [A] [B] [C] [D]　　98. [A] [B] [C] [D]
79. [A] [B] [C] [D] [E]　　84. [A] [B] [C] [D]　　89. [A] [B] [C] [D]　　94. [A] [B] [C] [D]　　99. [A] [B] [C] [D]
80. [A] [B] [C] [D] [E]　　85. [A] [B] [C] [D]　　90. [A] [B] [C] [D]　　95. [A] [B] [C] [D]　　100. [A] [B] [C] [D]

三、书写

101.

汉语水平考试 HSK（六级）答题卡

接正面

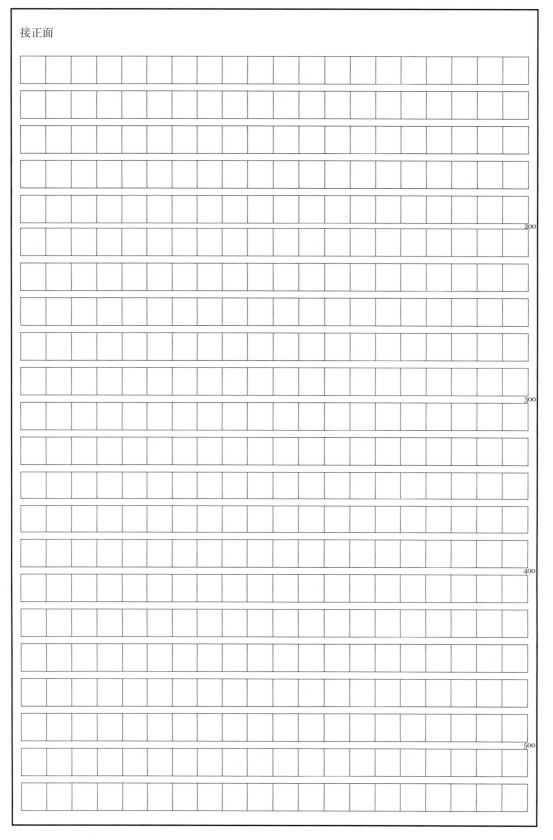

200

300

400

500

不要写到框线以外！

汉语水平考试 HSK(六级)答题卡 ■

一、听力

1. [A] [B] [C] [D]   6. [A] [B] [C] [D]   11. [A] [B] [C] [D]   16. [A] [B] [C] [D]   21. [A] [B] [C] [D]
2. [A] [B] [C] [D]   7. [A] [B] [C] [D]   12. [A] [B] [C] [D]   17. [A] [B] [C] [D]   22. [A] [B] [C] [D]
3. [A] [B] [C] [D]   8. [A] [B] [C] [D]   13. [A] [B] [C] [D]   18. [A] [B] [C] [D]   23. [A] [B] [C] [D]
4. [A] [B] [C] [D]   9. [A] [B] [C] [D]   14. [A] [B] [C] [D]   19. [A] [B] [C] [D]   24. [A] [B] [C] [D]
5. [A] [B] [C] [D]   10. [A] [B] [C] [D]   15. [A] [B] [C] [D]   20. [A] [B] [C] [D]   25. [A] [B] [C] [D]

26. [A] [B] [C] [D]   31. [A] [B] [C] [D]   36. [A] [B] [C] [D]   41. [A] [B] [C] [D]   46. [A] [B] [C] [D]
27. [A] [B] [C] [D]   32. [A] [B] [C] [D]   37. [A] [B] [C] [D]   42. [A] [B] [C] [D]   47. [A] [B] [C] [D]
28. [A] [B] [C] [D]   33. [A] [B] [C] [D]   38. [A] [B] [C] [D]   43. [A] [B] [C] [D]   48. [A] [B] [C] [D]
29. [A] [B] [C] [D]   34. [A] [B] [C] [D]   39. [A] [B] [C] [D]   44. [A] [B] [C] [D]   49. [A] [B] [C] [D]
30. [A] [B] [C] [D]   35. [A] [B] [C] [D]   40. [A] [B] [C] [D]   45. [A] [B] [C] [D]   50. [A] [B] [C] [D]

二、阅读

51. [A] [B] [C] [D]   56. [A] [B] [C] [D]   61. [A] [B] [C] [D]   66. [A] [B] [C] [D]   71. [A] [B] [C] [D] [E]
52. [A] [B] [C] [D]   57. [A] [B] [C] [D]   62. [A] [B] [C] [D]   67. [A] [B] [C] [D]   72. [A] [B] [C] [D] [E]
53. [A] [B] [C] [D]   58. [A] [B] [C] [D]   63. [A] [B] [C] [D]   68. [A] [B] [C] [D]   73. [A] [B] [C] [D] [E]
54. [A] [B] [C] [D]   59. [A] [B] [C] [D]   64. [A] [B] [C] [D]   69. [A] [B] [C] [D]   74. [A] [B] [C] [D] [E]
55. [A] [B] [C] [D]   60. [A] [B] [C] [D]   65. [A] [B] [C] [D]   70. [A] [B] [C] [D]   75. [A] [B] [C] [D] [E]

76. [A] [B] [C] [D] [E]   81. [A] [B] [C] [D]   86. [A] [B] [C] [D]   91. [A] [B] [C] [D]   96. [A] [B] [C] [D]
77. [A] [B] [C] [D] [E]   82. [A] [B] [C] [D]   87. [A] [B] [C] [D]   92. [A] [B] [C] [D]   97. [A] [B] [C] [D]
78. [A] [B] [C] [D] [E]   83. [A] [B] [C] [D]   88. [A] [B] [C] [D]   93. [A] [B] [C] [D]   98. [A] [B] [C] [D]
79. [A] [B] [C] [D] [E]   84. [A] [B] [C] [D]   89. [A] [B] [C] [D]   94. [A] [B] [C] [D]   99. [A] [B] [C] [D]
80. [A] [B] [C] [D] [E]   85. [A] [B] [C] [D]   90. [A] [B] [C] [D]   95. [A] [B] [C] [D]   100. [A] [B] [C] [D]

三、书写

101.

不要写到框线以外！

汉 语 水 平 考 试 HSK(六 级)答 题 卡 ■

接正面

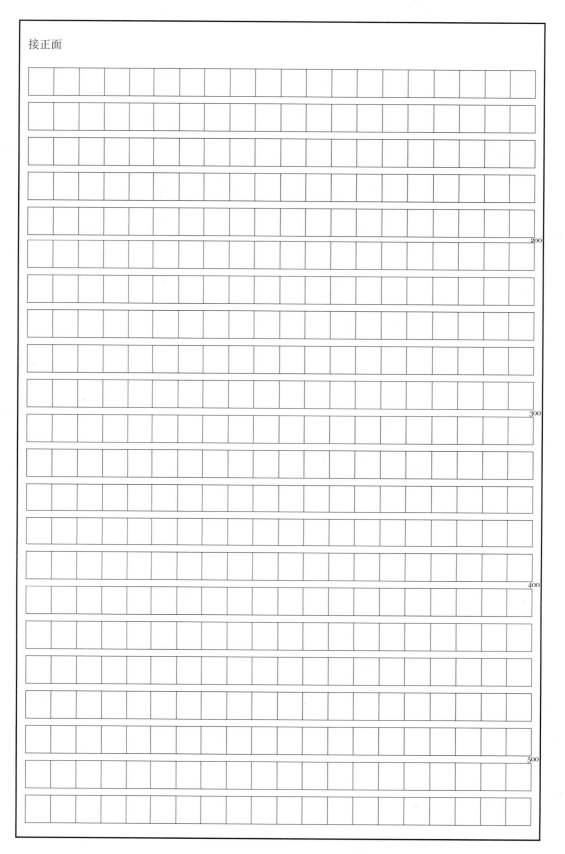

200

300

400

500

不要写到框线以外!

汉语水平考试 HSK（六级）答题卡 ■

━━请填写考生信息━━

按照考试证件上的姓名填写：

姓名

如果有中文姓名，请填写：

中文姓名

考生序号	[0] [1] [2] [3] [4] [5] [6] [7] [8] [9]
	[0] [1] [2] [3] [4] [5] [6] [7] [8] [9]
	[0] [1] [2] [3] [4] [5] [6] [7] [8] [9]
	[0] [1] [2] [3] [4] [5] [6] [7] [8] [9]
	[0] [1] [2] [3] [4] [5] [6] [7] [8] [9]

━━请填写考点信息━━

考点代码	[0] [1] [2] [3] [4] [5] [6] [7] [8] [9]
	[0] [1] [2] [3] [4] [5] [6] [7] [8] [9]
	[0] [1] [2] [3] [4] [5] [6] [7] [8] [9]
	[0] [1] [2] [3] [4] [5] [6] [7] [8] [9]
	[0] [1] [2] [3] [4] [5] [6] [7] [8] [9]
	[0] [1] [2] [3] [4] [5] [6] [7] [8] [9]
	[0] [1] [2] [3] [4] [5] [6] [7] [8] [9]

国籍	[0] [1] [2] [3] [4] [5] [6] [7] [8] [9]
	[0] [1] [2] [3] [4] [5] [6] [7] [8] [9]
	[0] [1] [2] [3] [4] [5] [6] [7] [8] [9]

| 年龄 | [0] [1] [2] [3] [4] [5] [6] [7] [8] [9] |
| | [0] [1] [2] [3] [4] [5] [6] [7] [8] [9] |

| 性别 | 男 [1]　　　女 [2] |

注意　请用2B铅笔这样写：■

一、听力

1. [A] [B] [C] [D]
2. [A] [B] [C] [D]
3. [A] [B] [C] [D]
4. [A] [B] [C] [D]
5. [A] [B] [C] [D]

6. [A] [B] [C] [D]
7. [A] [B] [C] [D]
8. [A] [B] [C] [D]
9. [A] [B] [C] [D]
10. [A] [B] [C] [D]

11. [A] [B] [C] [D]
12. [A] [B] [C] [D]
13. [A] [B] [C] [D]
14. [A] [B] [C] [D]
15. [A] [B] [C] [D]

16. [A] [B] [C] [D]
17. [A] [B] [C] [D]
18. [A] [B] [C] [D]
19. [A] [B] [C] [D]
20. [A] [B] [C] [D]

21. [A] [B] [C] [D]
22. [A] [B] [C] [D]
23. [A] [B] [C] [D]
24. [A] [B] [C] [D]
25. [A] [B] [C] [D]

26. [A] [B] [C] [D]
27. [A] [B] [C] [D]
28. [A] [B] [C] [D]
29. [A] [B] [C] [D]
30. [A] [B] [C] [D]

31. [A] [B] [C] [D]
32. [A] [B] [C] [D]
33. [A] [B] [C] [D]
34. [A] [B] [C] [D]
35. [A] [B] [C] [D]

36. [A] [B] [C] [D]
37. [A] [B] [C] [D]
38. [A] [B] [C] [D]
39. [A] [B] [C] [D]
40. [A] [B] [C] [D]

41. [A] [B] [C] [D]
42. [A] [B] [C] [D]
43. [A] [B] [C] [D]
44. [A] [B] [C] [D]
45. [A] [B] [C] [D]

46. [A] [B] [C] [D]
47. [A] [B] [C] [D]
48. [A] [B] [C] [D]
49. [A] [B] [C] [D]
50. [A] [B] [C] [D]

二、阅读

51. [A] [B] [C] [D]
52. [A] [B] [C] [D]
53. [A] [B] [C] [D]
54. [A] [B] [C] [D]
55. [A] [B] [C] [D]

56. [A] [B] [C] [D]
57. [A] [B] [C] [D]
58. [A] [B] [C] [D]
59. [A] [B] [C] [D]
60. [A] [B] [C] [D]

61. [A] [B] [C] [D]
62. [A] [B] [C] [D]
63. [A] [B] [C] [D]
64. [A] [B] [C] [D]
65. [A] [B] [C] [D]

66. [A] [B] [C] [D]
67. [A] [B] [C] [D]
68. [A] [B] [C] [D]
69. [A] [B] [C] [D]
70. [A] [B] [C] [D]

71. [A] [B] [C] [D] [E]
72. [A] [B] [C] [D] [E]
73. [A] [B] [C] [D] [E]
74. [A] [B] [C] [D] [E]
75. [A] [B] [C] [D] [E]

76. [A] [B] [C] [D] [E]
77. [A] [B] [C] [D] [E]
78. [A] [B] [C] [D] [E]
79. [A] [B] [C] [D] [E]
80. [A] [B] [C] [D] [E]

81. [A] [B] [C] [D]
82. [A] [B] [C] [D]
83. [A] [B] [C] [D]
84. [A] [B] [C] [D]
85. [A] [B] [C] [D]

86. [A] [B] [C] [D]
87. [A] [B] [C] [D]
88. [A] [B] [C] [D]
89. [A] [B] [C] [D]
90. [A] [B] [C] [D]

91. [A] [B] [C] [D]
92. [A] [B] [C] [D]
93. [A] [B] [C] [D]
94. [A] [B] [C] [D]
95. [A] [B] [C] [D]

96. [A] [B] [C] [D]
97. [A] [B] [C] [D]
98. [A] [B] [C] [D]
99. [A] [B] [C] [D]
100. [A] [B] [C] [D]

三、书写

101.

汉语水平考试 HSK（六级）答题卡

接正面

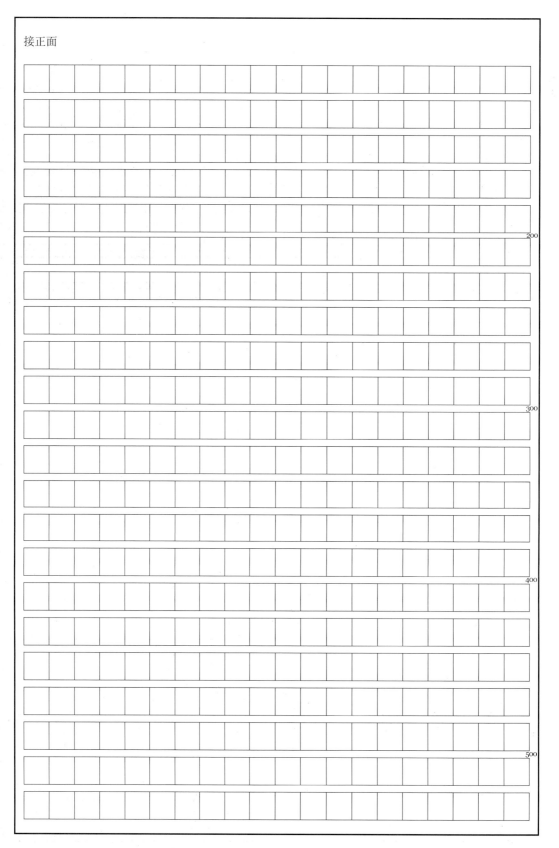

200

300

400

500

맛있는스쿨

THE 강력해진
FULL PACK 시리즈로
돌아왔다!

영어 인강 신규 론칭!

| 맛있는스쿨 ▼ | 🔍 |

회원 가입만 하면 누구나 72시간 전 강좌 무료 수강!

영어
전 강좌

FULL PACK

토익, 회화, 비즈 등
영어 전 강좌 무한 반복 수강

중국어
전 강좌

FULL PACK

HSK, 회화, 어린이, 통대 등
중국어 전 강좌 무한 반복 수강

프리미엄
전 외국어

FULL PACK

중국어, 일본어, 베트남어,
스페인어 전 강좌 무한 반복 수강

맛있는 스쿨
www.cyberJRC.com

맛있는중국어와
카카오톡 플러스친구 맺으면
1만원 할인권 증정!

KakaoTalk P 플러스친구

친구 등록하고 실시간 상담 받기
@맛있는중국어JRC